CFP®

现代国际金融理财标准（上海）有限公司 / 指导

国际金融理财师认证考试参考用书

个人税务与遗产筹划

北京当代金融培训有限公司 / 组织编写

Tax and Estate Planning

中国人民大学出版社

· 北京 ·

丛书序

自 2004 年被引进到中国以来，CFP 系列认证经过十多年的发展，已经成为金融机构和理财专业人士广泛认可的专业认证，并逐步为社会大众所认知。CFP 的英文全称是 Certified Financial Planner（中文译为“国际金融理财师”），是一个全球性的金融理财师专业认证，至今已有近 50 年的历史。它以公众利益为核心，以理财相关各方（理财专业人士、金融机构、监管机构、消费者、教育机构、政府代表等）的经验为基础，恪守“客户至上”的理念，遵循严格的“4E”［即教育（education）、考试（examination）、从业经验（experience）、职业道德（ethics）］标准，推行严格的金融理财执业标准，赢得了全球金融机构、理财专业人士和社会大众的广泛认可与尊重。

关于国际金融理财标准委员会（FPSB）和国际标准

国际金融理财标准委员会（Financial Planning Standards Board，FPSB）是一个非营利组织，它为各类金融理财机构开发、管理和运作认证、教育和其他相关项目，通过在金融理财领域建立、维护和推广全球职业标准，使社会各方受益。FPSB 的总部位于美国丹佛，现有 26 个成员组织，覆盖了全球主要的国家和地区。截至 2017 年底，全球 CFP 持证人达到 175 573 人。此外，还有十多个亚洲、欧洲和南美洲的金融理财组织正在积极地申请加入 FPSB。

CFP 认证的历史可以追溯到 20 世纪 60 年代末。1969 年，美国金融咨询业的一些专业人员创立了首家金融理财的专业协会——国际金融理财协会（International Association for Financial Planning，IAFP）。三年后，IAFP 创立了自己下属的专门的教育、培训机构——美国金融理财学院（College for Financial Planning）。此后，该学院毕业生发起设立了国际金融理财师学会（Institute of Certified Financial Planners，ICFP）。经过十余年的努力，美国金融理财学院和国际金融理财师学会在 1985 年共同设立了国际金融理财师标准和实践委员会（International Board of Standards and Practices for Certified Financial Planners，IBCFP）。1994 年，IBCFP 改名为美国 CFP 标准委员会（CFP Board of Standards）。

CFP 认证制度的国际化始于 1990 年。澳大利亚是第一个与 IBCFP 签署联署协议获得 CFP 商标国际许可证的国家。两年之后，1992 年，IBCFP 与日本签署了协议。随后，英国、加拿大、新西兰、法国、德国等陆续加入。为了管理这些国际成员组织，IBCFP 于 1994 年成立了国际 CFP 理事会（International CFP Council）。国际 CFP 理事会于 2004 年发展成为 FPSB。

CFP 认证制度至今已有近 50 年的历史，期间历经多个经济周期，为什么依然保持着强大的生命力，而且越来越受到社会的认可和尊重？这个问题的答案可以从 FPSB 的使命中找到。FPSB 的使命是“在金融理财领域通过建立、维护和推广全球性的职业标准来造福社会”。为此，FPSB 针对金融理财建立了一系列的标准，并在全球范围内推广。这些标准主要包括：

1.《金融理财师竞争力标准》

《金融理财师竞争力标准》规定了金融理财专业人士与客户共同制订金融理财规划时所需要的知识、技能、能力、态度和判断力。它是高质量职业认证的基石。

2.《金融理财执业标准》

《金融理财执业标准》规定了金融理财师无论在何时、何地、何种背景、何种付酬方式下提供金融理财服务都应该达到的执业标准。

3.《金融理财师道德准则和专业责任》

在《金融理财师道德准则和专业责任》中，FPSB 规定并界定了金融理财专业人士在日常的金融理财活动中应遵守的八大道德准则：客户至上、正直诚信、客观公正、公平合理、专业精神、专业胜任、保守秘密和恪尽职守。

4.《金融理财师行为准则》

《金融理财师行为准则》是《金融理财师道德准则和专业责任》和《金融理财执业标准》的补充强化机制。《金融理财师行为准则》规定了金融理财专业人士应当遵守的 37 条行为准则，对使用 FPSB 商标系列的个人和单位均具有约束力。

5.《金融理财教育体系》

《金融理财教育体系》用来指导成员组织的金融理财教育，尤其是用来反映 CFP 专业人士所需要的认知水平和学习成果。它为构建理财规划培训模块和课程提供了指导框架，提高了全球各地区课程教学要求和标准的一致性。

上述的一系列标准对金融理财师从培训、认证到执业提出了全面的规范要求，从而使获得 CFP 系列认证的从业人员具备良好的职业道德、素养和技能，能够更好地服务社会大众，也因此得到社会的广泛认可与尊重。

关于 FPSB China 和 CFP 系列认证

2002 年 11 月，中美金融策划论坛在北京举行，拉开了 CFP 认证进入中国的序幕。经过数年的沟通和准备，在 2005 年，中国以准会员身份加入 FPSB，并在 2006 年成为 FPSB 的第 19 个正式会员。FPSB China 是唯一取得 FPSB 授权在中国进行 CFP 认证和 CFP 商标管理的机构。FPSB China 由两部分组成，即金融理财标准指导委员会和现代国际金融理财标准（上海）有限公司。

金融理财标准指导委员会由金融实务界和学术界有丰富从业经验和学术地位、有社会责任感和热心金融理财事业的人士组成，指导 CFP 系列认证在中国的组织和实施。作为 FPSB 的会员单位，现代国际金融理财标准（上海）有限公司负责 CFP 认证项目的全面管理和运营。

在过去的十多年里，FPSB China 与授权培训机构一起付出了巨大的心血，建立了一个包括培训、考试、认证、继续教育、再认证的完整体系。从这个意义上讲，CFP 认证在中国不仅仅是一个证书，更像理财专业人士的职业生涯导师和伙伴。

CFP 认证体系的一个很大的特点就是将国际标准和本土实践相结合。在 FPSB 全球统一标准的指导和要求下，各成员组织要根据本国或本地区的实际情况来制定适宜的标准用以指导该国或该地区持证人的学习和实践。中国的 CFP 系列认证包括 CFP、AFP、EFP、CPB 认证。其中，AFP（金融理财师）是 CFP（国际金融理财师）的初级阶段；EFP（金融理财管理师）主要面向金融理财管理人员；CPB（认证私人银行家）面向服务高端财富人士的专业人员。所有的标准均由 FPSB 制定或认定，委托 FPSB China 在中国执行，并由 FPSB 统一颁发证书。这种“接地气”的制度安排，使得 CFP 系列认证在全球和中国都取得了长足的发展。

2004 年 11—12 月，在北京举行了首期 240 学时的 CFP 认证培训班。2005 年 6 月，经 FPSB 认可，CFP 认证在中国实施两级认证制度，即 AFP 认证和 CFP 认证，培训也相应地分为两个部分，即 AFP 培训（108 学时）和 CFP 培训（132 学时）。2006 年 9 月，首届 EFP 培训班开班。2008 年初，首届 CPB 培训班开班。之后，CFP 认证事业蒸蒸日上，参与学习和认证的专业人士越来越多。截至 2018 年 6 月 30 日，由 FPSB 认证的中国 CFP 系列持证人总数为 220 618 人，其中 AFP 持证人 185 899 人，CFP 持证人 28 504 人，EFP 持证人 3 853 人，CPB 持证人 2 362 人。他们为数十万的客户提供了优质的理财服务，是中国金融理财行业的中坚力量。

随着持证人队伍的不断壮大，不仅社会对 CFP 认证的认可度越来越高，一些地方政府也纷纷将 CFP 持证人看作高端金融人才而特别优待。例如，上海、深圳、杭州、成都等地的政府将 CFP 认证列入当地金融业发展的“十三五”规划，广州将通过 CFP 认证的人员列为金融高级专业人才，等等。未来，我们坚信，随着理财师队伍的不断壮大，CFP 认证一定会受到社会越来越多的认可，越来越具有特殊的品牌价值。同时，中国大众也能享受到更多的专业的、符合国际标准的、有职业道德的金融理财服务。

FPSB China

现代国际金融理财标准（上海）有限公司

2018 年 10 月

2019 年版前言

CFP 系列认证来到中国，已经走过了 15 个年头。

此刻，CFP 系列认证教材将同读者见面了。修订出版 2019 年版系列教材是北京当代金融培训有限公司最近 5 年内所做的较为庞大的一次工程。在修订过程中，我们对所有的知识模块都重新做了梳理，对当前全球最前沿的业界发展动态、经济政策变化，以及大众最关心的热点问题和理论知识进行了关联整合。教材出版前经过了一线专家、学者及金融街知名实务工作者们的认真审读及校对，我们希望呈现给大家的不仅仅是一套教材，更是一批精致的作品。

作为 CFP 系列认证教材的一个模块，2019 年版《个人税务与遗产筹划》的更新修改主要有以下四方面。

第一，对原知识体系中已经不符合当前环境和条件的知识点和数据进行了更新。本教材中的所有涉税法规均采用了截止到 2019 年 3 月底的现行有效规定；所有案例及数据都按最新规定进行了编写或更新替换。

第二，重视知识体系的完整性。比如，在“中国税制概述”中，首先，本书梳理了与个人投资理财相关的税种，增加了环境保护税的相关政策内容。其次，本书对 AFP 考试教材中与个人所得税相关的内容进行了简要回顾和总结。再比如，在“个人涉税活动的税务优化”中，本书对各种不同的投资品，按取得、持有、转让三个交易环节进行了整体论述。

第三，更重视知识体系对实务操作的指导意义。比如，“具体税种的优化设计”一方面介绍了各个税种实务操作合法节省税收支出的常用方法，另一方面指出了各个常用方法适用的局限性，给实务操作者提供了参考意见。再比如，“个人涉税活动的税务优化”结合操作实务，指出了分红险税法适用方面的争议，可为实践中税企争议找到突破口。

第四，更重视知识体系的严肃性。从教材框架结构看，经过内外专家的多次沟通确认，本书整体的知识体系更有逻辑层次。从教材内容看，坚持原文引用相关法规条款的原则，力求严谨。比如，在涉外税收制度方面，相关税法制度文件均来自相应国家或地区税务主管机关网站的对外公开的外文资料。在翻译过程中，除个别地方借鉴现有的翻译资料外，大部分条款均翻译原文，为了便于读者理解，仅对个别条款稍做解释。

在 2019 年版《个人税务与遗产筹划》的修订过程中，众多专业人士倾注了大量的智慧，付出了辛勤的劳动，他们是值得我们记录的。负责统稿工作的老师包括闫淑青、张珊珊；参与新编更新工作的老师包括闫淑青、陶芳、屠卫、刘东华、徐得臣、宋健等；参与翻译工作的老师包括闫淑青、李经纬等；参与终审的老师包括宋健、黄桦、杨虹、王亭喜、陶芳等。

自 2004 年 11 月国内首套 CFP 系列教材出版至今，众多专家、学者、授课教师和相关工作人员参与了教材的编订工作，在各版教材前言中已有列示。本次教材编写更新工作得到了以往各版教材编写人员的大力支持，许多参与 CFP 系列认证培训教学的教师也提出了宝贵意见；中国人民大学出版社相关编辑为 2019 年版系列教材的出版提供了大量帮助，在此一并致谢。

当然，我们没有理由相信，前面提到的各位专家会完全认同我们在教材中的全部观点，但是，他们的观点对于本教材的付梓提供了非常有建设性的帮助。

最后，谨以此教材向一直以来为中国金融理财人才培养付出努力的各位同仁致敬。“心诚求之，虽不中，不远矣”，让我们以此共勉。

北京当代金融培训有限公司教材编写组

2019 年 4 月于北京

目 录

CONTENTS

第一章

中国税制概述

在个人理财业务中，一个很重要的内容就是税务优化。在现代社会中，税收已经渗透到我们生活的各个方面。当我们的工资、薪金达到一定标准时，要缴纳税款；当我们兴办一个企业进行经营，取得收入时，要缴纳税款；当我们购置房产、汽车等大宗财产时，要缴纳税款；当我们买卖股票，或者进行其他金融投资时，也要缴纳税款。另外，我们到市场上采购商品，或到餐馆吃饭，虽然没有纳税，但由于商品价格中包含税收，我们实际上也承担了一定的税收。从个人理财的角度看，我们缴纳的税收是一种无偿的付出，不会得到直接的利益回报，因此，我们希望在不违反国家法律、法规及税法相关规定的前提下尽可能降低自己的税收负担，这样就需要对我们日常的各种涉税事项进行策划，即我们通常所说的税务优化。

进行税务优化的前提是必须了解国家的涉税法律、法规体系，以便为我们的税务优化行为界定明确的法律界限。我国现行的税收制度（简称税制）是由多个税种共同构成的复合型税制体系，国家对每一税种都规定了征税范围、课税对象、纳税人、税率等详细的制度要素，而且，各税种相互之间也有一定的联系。我们进行纳税筹划，有时是仅对某一税种进行简单税务优化，但更多的时候是对所涉及的多个税种进行综合税负的比较，或者说，要进行综合税务优化，才能选出总体税负最轻的方案。为此，我们需要全面了解国家现行的税制体系，了解各税种的主要法律法规，并了解各主要税种之间的联系。

我国现行税制体系如图 1-1 所示。

从图 1-1 中可见，我国现行税制包括 18 个税种。按照课税对象不同，可将这些税种分为货物与劳务税（也称流转税）、所得税、行为税、资源税、财产税、特定目的税和农业税七大类。国家通过不同的税种征收的税有多有少，或者说，从纳税人总体来讲，其在一定时期内所缴纳的各税种税款有多有少。其中，征缴税款较多的税种被称为主体税种。货物与劳务税和所得税是我国现行税制体系中的主体税种。

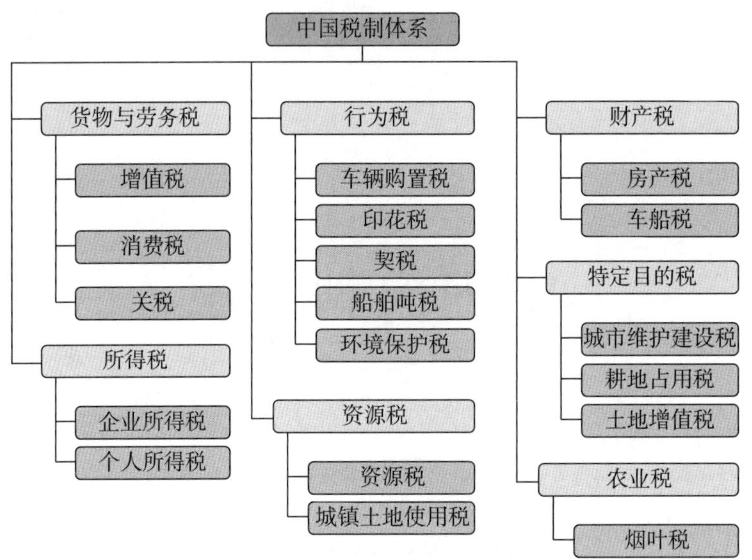

图 1-1　我国现行税制体系

第一节　货物与劳务税

货物与劳务税，也称流转税，是指在生产、流通或服务过程中，以货物与劳务的流转额（或数量）为课税对象的一类税的统称。

我国现行开征的货物与劳务税的主要税种有：增值税、消费税和关税。这三种税都是流转环节的税，它们之间的关系是：大部分有形物质产品（商品）的生产销售要缴纳增值税，如人们穿的衣服、吃的面包、用的电脑以及其他各种日用品都是要缴纳增值税的；一部分特定的商品（消费品），如烟、酒、金银首饰、小汽车、实木地板、高档手表等不仅要缴纳增值税，而且要缴纳消费税。或者说，缴纳增值税的商品未必缴纳消费税，但是，缴纳消费税的商品一定要缴纳增值税，即这两种税是同时征收的。销售各种劳务（如交通运输服务、邮政服务、电信服务、建筑服务、金融服务、现代服务、生活服务等）取得的收入，在营业税改征增值税（简称“营改增”）之前缴纳的是营业税，在“营改增”之后缴纳的是增值税。进口的大多数商品要缴纳关税，同时，在国内需要缴纳增值税的商品，在进口时还要缴纳增值税；在国内需要缴纳增值税、消费税的商品，在进口时需要同时缴纳增值税和消费税。

一、增值税现行税制

增值税是以货物与劳务的增值额为课税对象的一种货物与劳务税。

增值税是商品税的现代形式。在 1954 年法国率先实行增值税以前，各国商品税制度都是以商品的全部流转额作为计税依据计算征收的，也就是说，下一个环节的计税依据中包含上一个环节所缴纳的税款，这样就不可避免地存在重复计税的问题，流转环节越多，税负越重，由此造成税负不公的矛盾。而增值税采用仅以商品销售额减去进项金额的余额（即本环节的增值额）作为计税依据的方法，将纳税人购进原材料、机器设备等已缴纳的增值税税金在计税时扣除，从而避免了重复课税现象。

目前，全球已有100多个国家在征收增值税，而各国增值税的类型不完全相同。按照对纳税人计征税款时可否扣除购进固定资产所含增值税税款，以及按什么标准扣除，可将增值税分为三种类型，即生产型增值税、收入型增值税和消费型增值税。

生产型增值税是指对纳税人计税时只允许将购入的原材料等所含税款从销项税额中扣除，而购入的固定资产（如机器设备等）所含税款不允许扣除。由于其计税依据（即法定增值额）相当于国民生产总值，因此被称为生产型增值税。

收入型增值税是指对纳税人计税时允许按固定资产当期折旧所含税款从销项税额中扣除。由于其计税依据相当于国民收入，因此被称为收入型增值税。

消费型增值税是指对纳税人计税时可按当期购入的固定资产全值所含税款从销项税额中扣除。由于其计税依据相当于国民消费，因此被称为消费型增值税。

显然，在生产型增值税税制下，增值税的计税依据最大，纳税人的税负最重，购进固定资产所含税款不能扣除，仍然存在一定程度的重复计税现象；收入型增值税的纳税人税负较轻；消费型增值税的纳税人税负最轻。我国自1994年起，至2008年年底实行的增值税是生产型增值税。后经逐步推进试点，在2009年1月1日全面完成增值税从生产型转为消费型的改革。

为优化税制，2011年10月26日，国务院常务会议决定，从2012年1月1日起，在上海交通运输业和部分现代服务业企业开展增值税扩围改革试点，将征收营业税逐渐转变为征收增值税，即“营改增”。后经几个阶段逐渐推进，从2016年5月1日开始全面实施“营改增”试点，营业税从此退出中国税制体系。增值税现行税制主要内容包括增值税的征税范围、纳税人、税率、应纳税额的计算、含税销售额的换算、组成计税价格的确定等。

根据中华人民共和国财政部（简称财政部）公布的数据，2018年我国国内增值税收入为61 529亿元（不含进口环节增值税）。2018年我国国内增值税收入占税收总收入的比重为39.34%。

（一）征税范围

在中国境内销售货物，加工、修理修配劳务（简称劳务），服务，无形资产，不动产及进口货物，都属于增值税的征收范围。进口货物此处不予介绍，其他具体内容如下。

1. 销售货物

销售货物是指有偿转让货物的所有权。货物是指有形动产，包括电力、热力、气体在内。

2. 销售加工、修理修配劳务

销售加工、修理修配劳务是指有偿提供加工、修理修配劳务。

加工是指受托加工货物，即委托方提供原料及主要材料，受托方按照委托方的要求制造货物并收取加工费的业务。

修理修配是指受托对损伤和丧失功能的货物进行修复，使其恢复原状和功能的业务。

3. 销售服务

销售服务是指提供交通运输服务、邮政服务、电信服务、建筑服务、金融服务、现代服务、生活服务。

(1) 交通运输服务。

交通运输服务包括陆路运输服务、水路运输服务、航空运输服务和管道运输服务。

(2) 邮政服务。

邮政服务是指中国邮政集团公司（简称中国邮政）及其所属邮政企业提供邮件寄递、邮政汇兑和机要通信等邮政基本服务的业务活动，包括邮政普遍服务、邮政特殊服务和其他邮政服务。

(3) 电信服务。

电信服务是指利用有线、无线的电磁系统或者光电系统等各种通信网络资源，提供语音通话服务，传送、发射、接收、应用图像或短信等电子数据和信息的业务活动，包括基础电信服务和增值电信服务。

(4) 建筑服务。

建筑服务是指各类建筑物和构筑物及其附属设施的建造、修缮、装饰，线路、管道、设备、设施等的安装，以及其他工程作业的业务活动，包括工程服务、安装服务、修缮服务、装饰服务和其他建筑服务。

(5) 金融服务。

金融服务是指经营金融保险的业务活动，包括贷款服务、直接收费金融服务、保险服务和金融商品转让。

①贷款服务。

贷款是指将资金贷与他人使用而取得利息收入的业务活动。

各种占用、拆借资金取得的收入，包括金融商品持有期间（含到期）利息（保本收益、报酬、资金占用费、补偿金等）收入、信用卡透支利息收入、买入返售金融商品利息收入、融资融券收取的利息收入，以及融资性售后回租、押汇、罚息、票据贴现、转贷等业务取得的利息及利息性质的收入，需要按照贷款服务缴纳增值税。

融资性售后回租是指承租方以融资为目的，将资产出售给从事融资性售后回租业务的企业后，从事融资性售后回租业务的企业将该资产出租给承租方的业务活动。

以货币资金投资收取的固定利润或者保底利润需要按照贷款服务缴纳增值税。

②直接收费金融服务。

直接收费金融服务是指为货币资金融通及其他金融业务提供相关服务并且收取费用的业务活动，包括提供货币兑换、账户管理、电子银行、信用卡、信用证、财务担保、资产管理、信托管理、基金管理、金融交易场所（平台）管理、资金结算、资金清算、金融支付等服务。

③保险服务。

保险服务是指投保人根据合同约定向保险人支付保险费，保险人对因合同约定的可能发生的事故实际发生所造成的财产损失而承担赔偿保险金责任，或者当被保险人死亡、伤残、生病、达到合同约定的年龄和期限等条件时承担给付保险金责任的商业保险行为，包括人身保险服务和财产保险服务。

人身保险服务是指以人的寿命和身体为保险标的的保险业务活动。

财产保险服务是指以财产及其有关利益为保险标的的保险业务活动。

④金融商品转让。

金融商品转让是指转让外汇、有价证券、非货物期货和其他金融商品所有权的业务活动。

其他金融商品转让包括基金、信托、理财产品等各类资产管理产品和各种金融衍生品的转让。

（6）现代服务。

现代服务是指围绕制造业、文化产业、现代物流产业等提供技术性和知识性服务的业务活动，包括研发和技术服务、信息技术服务、文化创意服务、物流辅助服务、租赁服务、鉴证咨询服务、广播影视服务、商务辅助服务和其他现代服务。

其中，租赁服务包括融资租赁服务和经营租赁服务。

经纪代理服务属于商务辅助服务，是指各类经纪、中介、代理服务，包括金融代理、知识产权代理、货物运输代理、代理报关、法律代理、房地产中介、职业中介、婚姻中介、代理记账、拍卖等。

（7）生活服务。

生活服务是指为满足城乡居民日常生活需求而提供的各类服务活动，包括文化体育服务、教育医疗服务、旅游娱乐服务、餐饮住宿服务、居民日常服务和其他生活服务。

餐饮住宿服务包括餐饮服务和住宿服务。餐饮服务是指通过同时提供饮食和饮食场所的方式为消费者提供饮食消费服务的业务活动。提供餐饮服务的纳税人销售的外卖食品需要按照餐饮服务缴纳增值税。住宿服务是指提供住宿场所及配套服务等的活动，包括由宾馆、旅馆、旅社、度假村和其他经营性住宿场所提供的住宿服务。

4. 销售无形资产

销售无形资产指转让无形资产所有权或者使用权的业务活动。无形资产是指不具备实物形态，但能带来经济利益的资产，包括技术、商标、著作权、商誉、自然资源使用权和其他权益性无形资产。

5. 销售不动产

销售不动产指转让不动产所有权的业务活动。

（二）纳税人

1. 纳税人和扣缴义务人

（1）纳税人。

凡在中国境内销售货物，加工、修理修配劳务，服务，无形资产，不动产及进口货物的单位和个人，都是增值税的纳税人。

两个或者两个以上的纳税人，经财政部和中华人民共和国国家税务总局（简称国家税务总局）批准可以视为一个纳税人合并纳税。

（2）扣缴义务人。

中国境外的单位或者个人在中国境内发生应税行为，在中国境内未设有经营机构的，以其中国境内代理人为扣缴义务人；在中国境内没有代理人的，以购买方为扣缴义务人。

2. 增值税一般纳税人与增值税小规模纳税人

（1）增值税一般纳税人。

增值税一般纳税人是指经营规模达到规定标准、会计核算健全的增值税纳税人，通常为年应征增值税的销售额超过财政部规定的小规模纳税人标准的纳税人。

（2）增值税小规模纳税人。

增值税小规模纳税人是指因经营规模较小，或会计核算不健全，或不能提供准确税务资料，而实行简易办法征收增值税的纳税人。

（3）增值税小规模纳税人的标准。

根据《关于统一增值税小规模纳税人标准的通知》，自 2018 年 5 月 1 日起，增值税小规模纳税人标准统一为年应征增值税销售额 500 万元及以下。

自然人按增值税小规模纳税人纳税。

（4）增值税一般纳税人与增值税小规模纳税人的身份管理。

认定增值税一般纳税人与增值税小规模纳税人的权限在县级以上国家税务机关。自 2015 年 4 月 1 日起，增值税一般纳税人资格实行登记制，登记事项由增值税一般纳税人向其主管税务机关办理。

纳税人年应税销售额超过财政部、国家税务总局规定标准，且符合有关政策规定，选择按小规模纳税人纳税的，应当向主管税务机关提交书面说明。

个体工商户以外的其他个人年应税销售额超过规定标准的，不需要向主管税务机关提交书面说明。

根据《关于统一增值税小规模纳税人标准的通知》，按照旧标准登记为增值税一般纳税人的原增值税纳税人，未达到增值税一般纳税人新认定标准的，在 2018 年 12 月 31 日前，可转登记为增值税小规模纳税人。

根据《关于小规模纳税人免征增值税政策有关征管问题的公告》，转登记日前连续 12 个月（以 1 个月为 1 个纳税期）或者连续 4 个季度（以 1 个季度为 1 个纳税期）累计销售额未超过 500 万元的增值税一般纳税人，在 2019 年 12 月 31 日前，可选择转登记为增值税小规模纳税人。

除国家税务总局另有规定外，纳税人一经认定为增值税一般纳税人，不得转为增值税小规模纳税人。

(5) 增值税一般纳税人与增值税小规模纳税人的增值税专用发票使用权限。

增值税一般纳税人与增值税小规模纳税人的增值税专用发票使用权限不同。

除财政部、国家税务总局另有规定外，纳税人自其增值税一般纳税人资格生效之日起，按照增值税一般计税方法计算应纳税额，并按照规定从主管税务机关领购增值税专用发票，发生销售业务时，可以向购买方开具增值税专用发票。

自2016年8月1日起，国家税务总局开展了增值税小规模纳税人自行开具增值税专用发票试点工作，先后将住宿业，鉴证咨询业，建筑业，工业，信息传输、软件和信息技术服务业5个行业纳入试点范围。自2019年3月1日起，又将租赁和商务服务业，科学研究和技术服务业，居民服务、修理和其他服务业3个行业纳入试点范围。

上述纳税人销售其取得的不动产，需要开具增值税专用发票的，仍应当按照有关规定向当地税务机关申请代开。

除以上特殊规定外，增值税小规模纳税人发生销售业务时，如需开具增值税专用发票，则只能由主管税务机关代其开具。

(三) 税率

1. 基本税率

基本税率适用采用一般计税方法计算增值税应纳税额的纳税人。我国现行的增值税基本税率包括四档，分别为13%税率、9%税率、6%税率、零税率。

(1) 13%税率。

纳税人销售货物、劳务、有形动产租赁服务或者进口货物，除适用9%税率、零税率的之外，均适用13%税率。

(2) 9%税率。

纳税人销售交通运输、邮政、基础电信、建筑、不动产租赁服务，销售不动产，转让土地使用权，销售或者进口下列货物，税率为9%。

①粮食等农产品、食用植物油、食用盐；

②自来水、暖气、冷气、热水、煤气、石油液化气、天然气、二甲醚、沼气、居民用煤炭制品；

③图书、报纸、杂志、音像制品、电子出版物；

④饲料、化肥、农药、农机、农膜；

⑤国务院规定的其他货物。

(3) 6%税率。

纳税人销售服务、无形资产，除适用13%税率、9%税率、零税率的之外，税率均为6%。

(4) 零税率。

①纳税人出口货物，税率为零，国务院另有规定的除外。

②中国境内单位和个人跨境销售国务院规定范围内的服务、无形资产，税率为零。

2. 征收率

目前，我国增值税征收率适用于采用简易计税方法的纳税人或增值税应税行

为。征收率共分为三档：5%征收率、3%征收率、1.5%征收率。

（1）5%征收率。

适用5%征收率的增值税应税行为主要与不动产、土地使用权相关，具体见表1-1。

表1-1　　适用5%征收率的增值税应税行为

纳税人	增值税应税行为	销售额
增值税一般纳税人	非房地产开发企业销售其2016年4月30日前取得（不含自建）的不动产	全部价款和价外费用减去该项不动产购置原价或者取得不动产时的作价
	非房地产开发企业销售其2016年4月30日前自建的不动产	全部价款和价外费用
	房地产开发企业销售自行开发的房地产老项目	
	试点前开工的一级公路、二级公路、桥、闸通行费	
	中外合作油（气）田按合同开采的原油、天然气	
	出租2016年4月30日前取得的不动产	租赁费
	转让2016年4月30日前取得的土地使用权	全部价款和价外费用减去取得该土地使用权的原价
	2016年4月30日前签订的不动产融资租赁合同	全部价款和价外费用（不含本金）减去对外支付的借款利息（包括外汇借款和人民币借款利息）、发行债券利息
	用2016年4月30日前取得的不动产提供的融资租赁服务	
	提供劳务派遣服务，选择差额征税	全部价款和价外费用减去代用工单位支付给劳务派遣员工的工资、福利和为其办理的社会保险及住房公积金
	提供安全保护服务，选择差额征税	
	提供人力资源外包服务，选择简易计税	全部价款和价外费用减去代为向客户单位员工发放的工资和代理缴纳的社会保险、住房公积金
增值税小规模纳税人	非房地产开发企业（不含个体工商户和其他个人）销售其取得（不含自建）的不动产	全部价款和价外费用减去该项不动产购置原价或者取得不动产时的作价
	其他个人销售其取得（不含自建）的不动产（不含其购买的住房）	
	非房地产开发企业销售其自建的不动产	全部价款和价外费用
	房地产开发企业销售自行开发的房地产项目	
	出租其取得的不动产（不含个人出租住房）	租赁费
	其他个人出租其取得的不动产（不含住房）	
	转让2016年4月30日前取得的土地使用权	全部价款和价外费用减去取得该土地使用权的原价
	提供劳务派遣服务，选择差额征税	全部价款和价外费用减去代用工单位支付给劳务派遣员工的工资、福利和为其办理的社会保险及住房公积金
	提供安全保护服务，选择差额征税	

实例 1－1 贾某 2012 年 3 月购入商铺 1 间，支付价款 650 万元，于 2019 年 8 月卖出，共取得价款 1 200 万元。请计算贾某处置商铺应缴纳的增值税。

解析：

贾某销售的不动产是商铺而非住房，该商铺是在 2012 年 3 月购入的，因此，应按销售价与原价的差额计算增值税，适用 5%征收率。

(1 200－650)÷(1＋5%)×5%×10 000＝261 905(元)

(2) 3%征收率。

①增值税小规模纳税人的增值税征收率为 3%，国务院另有规定的除外。

②增值税一般纳税人发生表 1－2 中的增值税应税行为，选择或者适用简易计税方法的，按 3%征收率计算增值税。

增值税一般纳税人一旦选择简易计税方法，36 个月内不得变更。适用简易计税方法期间，与该货物、服务收入相关的进项税额不得抵扣。

表 1－2　　增值税一般纳税人适用 3%征收率的增值税应税行为

增值税应税行为	销售额
销售自己使用过的固定资产	全部价款和价外费用（属于“营改增”之前的增值税应税行为）
销售自来水	
县级及县级以下小型水力发电单位［装机容量为 5 万（含）千瓦以下］销售生产的电力	
药品经营企业销售兽用生物制品	
销售自产的用微生物、微生物代谢产物、动物毒素、人或动物的血液或组织制成的生物制品	
单采血浆站销售非临床用人体血液	
典当业销售死当物品	
寄售商店代销寄售物品（包括居民个人寄售的物品在内）	
生产建筑用和生产建筑材料用的砂、土、石料	
以自己采掘的砂、土、石料或其他矿物，连续生产的砖、瓦、石灰（不含黏土实心砖、瓦）	
销售自产的商品混凝土（仅限于以水泥为原料生产的水泥混凝土）	
非企业性单位提供的研发和技术服务、信息技术服务、鉴证咨询服务，以及销售技术、著作权等无形资产	全部价款和价外费用
提供教育辅助服务	
收取试点前开工的高速公路的车辆通行费	
为开发动漫产品提供的动漫脚本编撰、形象设计、背景设计、动画设计、分镜、动画制作、摄制、描线、上色、画面合成、配音、配乐、音效合成、剪辑、字幕制作、压缩转码（面向网络动漫、手机动漫格式适配）服务，以及在中国境内转让动漫版权（包括动漫品牌、形象或者内容的授权及再授权）	
提供电影放映服务、仓储服务、装卸搬运服务和收派服务	
生产销售和批发、零售罕见病药品	

续前表

增值税应税行为	销售额
以清包工方式提供建筑服务、为甲供工程提供建筑服务、为建筑工程老项目提供建筑服务	全部价款和价外费用减去支付的分包款
提供物业管理服务的纳税人向服务接受方收取自来水水费	全部价款和价外费用减去其对外支付的自来水水费
销售电梯、机器设备的同时提供安装服务	安装服务收入
农村信用社、村镇银行、农村资金互助社、由银行业机构全资发起设立的贷款公司、法人机构在县（县级市、区、旗）及县以下地区的农村合作银行和农村商业银行提供金融服务	金融服务收入
中国农业银行纳入三农金融事业部改革试点的各省、自治区、直辖市、计划单列市分行下辖的县域支行和新疆生产建设兵团分行下辖的县域支行（也称县事业部），提供农户贷款、农村企业和农村各类组织贷款并取得利息收入	利息收入
资管产品管理人运营资管产品过程中发生增值税应税行为	金融商品转让差价收入
以“营改增”前购进或者自制的有形动产为标的物（也称标的）提供经营租赁服务	租赁费

(3) 1.5%征收率。

个人出租住房，应按照5%的征收率减按1.5%计算应纳税额。

(四) 计税方法

增值税的计税方法包括一般计税方法、简易计税方法、扣缴税款计税方法和进口货物计税方法。

1. 一般计税方法

增值税一般纳税人销售货物，加工、修理修配劳务，服务，无形资产，不动产，适用一般计税方法。

增值税一般纳税人应当先分别计算当期销项税额和进项税额，然后以销项税额减去进项税额之后的余额为应纳税额。

2. 简易计税方法

增值税小规模纳税人销售货物，加工、修理修配劳务，服务，无形资产，不动产，适用简易计税方法。增值税一般纳税人的特定项目适用简易计税方法。

在简易计税方法下，将销售额与征收率的乘积作为应纳税额。

3. 扣缴税款计税方法

在中国境外的单位、个人在中国境内提供应税行为，且没有在中国境内设立经营机构的，扣缴义务人按扣缴税款计税方法扣缴增值税税额。

应扣缴增值税税额为接受方服务应支付价款的不含增值税税额与适用税率的乘积。

实例1-2 新加坡管理咨询服务公司向中国境内A企业提供企业管理咨询服务，按合同约

定，共收取 40 万美元（含增值税服务费），当日汇率为 1 美元＝6.368 8 元。除该公司的员工甲某出差到中国境内 5 天外，该公司在中国境内无实际经营机构。请计算该业务的增值税税额。

解析：

因该新加坡管理咨询服务公司有员工入境，因此其提供的企业管理咨询服务不是完全发生在中国境外的服务，且其中国境内无实际经营机构，因此，中国境内 A 企业在向该公司支付款项时，应履行增值税代扣代缴义务。管理咨询服务适用税率为 6%。

(40×6.368 8)÷(1+6%)×6%×10 000=144 199.25(元)

4. 进口货物计税方法

纳税人进口应税货物，应当以进口货物组成计税价格作为计税依据，按照法定的适用税率计算应纳增值税税额。

通常情况下，有

进口货物组成计税价格＝关税完税价格＋关税

关税完税价格是指海关规定的对进出口货物计征关税时使用的价格。进口货物以进口货物运达我国输入地点的到岸价格即 CIF 价为完税价格。

关税＝关税完税价格×关税税率

如果进口货物属于消费税应税消费品，进口货物组成计税价格中还要包括进口环节已缴纳的消费税，即

进口货物组成计税价格＝关税完税价格＋关税＋消费税

或者

进口货物组成计税价格＝(关税完税价格＋关税)÷(1－消费税税率)

实例 1-3 自然人孙某于 2019 年 6 月通过某外贸公司购进雷克萨斯轿车一辆，我国海关核定关税完税价格为 80 万元。轿车进口关税适用税率为 25%，消费税适用税率为 5%。请计算孙某应缴纳的增值税。

解析：

(1) 计算该进口轿车的组成计税价格。

该进口轿车的组成计税价格＝80×(1＋25%)÷(1－5%)＝105.26(万元)

(2) 2019 年 6 月，轿车的增值税税率为 13%。因此，

孙某应缴纳的增值税＝105.26×13%＝13.68(万元)

（五）应纳税额

1. 增值税一般纳税人应纳税额的计算

增值税一般纳税人应纳税额的计算公式为：

应纳税额＝销项税额－进项税额

销项税额是指纳税人销售货物或者提供应税劳务，按照销售额或应税劳务收入和规定的税率计算，并向购买方收取的增值税税额。其计算公式为：

销项税额＝应税销售额×适用税率

进项税额是指纳税人因购进货物或应税劳务所支付或负担的增值税税额。

当期销项税额小于当期进项税额不足抵扣的，可以结转下期继续抵扣。

进项税额抵扣的相关规定包括以下几个方面。

（1）准予从销项税额中抵扣的进项税额。

①从销售方取得的增值税专用发票上注明的增值税税款。

②从海关取得的增值税专用缴款书上注明的增值税税款。

③从 2019 年 4 月 1 日起，纳税人购进农产品，准予按照买价和 9％的扣除率计算扣除进项税额。纳税人购进用于生产销售或委托加工 13％税率货物的农产品，按照 10％的扣除率计算准予抵扣的进项税额。

准予抵扣的进项税额＝买价×扣除率

④自中国境外单位或者个人购进劳务、服务、无形资产或者中国境内的不动产，从税务机关或者扣缴义务人处取得的代扣代缴税款的完税凭证上注明的增值税税额。

（2）不得从销项税额中抵扣的进项税额。

①用于简易计税方法计税项目、免征增值税项目、集体福利或者个人消费的购进货物、劳务、服务、无形资产和不动产。

其中涉及的固定资产、无形资产、不动产，仅指专用于上述项目的固定资产、无形资产（不包括其他权益性无形资产）、不动产。

纳税人的交际应酬消费属于个人消费。

②非正常损失的购进货物，以及相关的劳务和交通运输服务。

③非正常损失的在产品和产成品所耗用的购进货物（不包括固定资产）、劳务和交通运输服务。

④国务院规定的其他项目。

a. 购进的贷款服务、餐饮服务、居民日常服务和娱乐服务。

b. 纳税人接受贷款服务向贷款方支付的与该笔贷款直接相关的投融资顾问费、手续费、咨询费等费用。

c. 非正常损失的不动产，以及该不动产所耗用的购进货物、设计服务和建筑服务。

d. 非正常损失的不动产在建工程所耗用的购进货物、设计服务和建筑服务。

非正常损失是指因管理不善造成货物被盗、丢失、霉烂变质，以及因违反法律和法规造成货物或者不动产被依法没收、销毁、拆除的情形。

比如，仓库管理人员违反公司仓库保管条例，在仓库内吸烟导致火灾。火灾烧毁了仓库内所有库存商品，那么，该损失要不要做进项税转出？从现行增值税规定来看，做进项税转出的非正常损失强调两方面的内容：一是损失的原因，二是造成的后果。以“管理不善”为损失原因，造成的后果是“被盗、丢失、霉烂变质”；以“违反法律法规”为损失原因，造成的后果是“依法没收、销毁、拆除”。很明显，仓库火灾损失是由“管理不善”引起的，而毁损不在后果之内，因此，该损失不应做进项税转出。

(3) 进项税额加计抵减政策。

自2019年4月1日至2021年12月31日，提供邮政服务、电信服务、现代服务、生活服务的纳税人，其取得的销售额占全部销售额的比重超过50%的，按照当期可抵减（又称抵扣）进项税额加计10%抵减应纳税额，即加计抵减政策。

当期计提加计抵减额＝当期可抵减进项税额×10%

①抵减前的应纳税额＝0，当期可抵减加计抵减额全部结转下期抵减。

②抵减前的应纳税额＞0，且抵减前的应纳税额＞当期可抵减加计抵减额，当期可抵减加计抵减额全额从抵减前的应纳税额中抵减。

③抵减前的应纳税额＞0，且抵减前的应纳税额≤当期可抵减加计抵减额，以当期可抵减加计抵减额抵减应纳税额至零。未抵减完的当期可抵减加计抵减额，结转下期继续抵减。

需要注意的是，按照现行规定不得从销项税额中抵减的进项税额，不得计提加计抵减额。纳税人出口货物和劳务、发生跨境应税行为不适用加计抵减政策，其对应的进项税额不得计提加计抵减额。纳税人可计提但未计提的加计抵减额，可在确定适用加计抵减政策当期一并计提。

纳税人确定适用加计抵减政策后，当年内不再调整，以后年度是否适用，根据上年度销售额计算确定。

实例1-4 2019年5月，某物流企业购进一幢仓库作为物流配送中心，增值税专用发票注明税额650万元，另外发生汽油费、汽车修理费、水电费等取得增值税专用发票，注明税额39万元。上述发票当月认证抵减。假设该物流企业可适用进项税抵减政策。那么该物流企业2019年5月可抵减进项税额为多少元?

解析:

2019年5月，该物流企业没有不得抵减的进项税额，其取得的增值税专用发票认证税额为689（＝650＋39）万元，且适用进项税额加计抵减政策，当期可加计抵减额为68.9（＝689×10%）万元。

因此，该物流企业2019年5月可抵减进项税额为757.9（＝689＋68.9）万元。

(4) 难以准确划分的进项税额抵扣。

适用一般计税方法的纳税人，兼营简易计税方法计税项目、免征增值税项目而无法划分不得抵减的进项税额，按照下列公式计算不得抵减的进项税额：

不得抵减的进项税额＝当期无法划分的全部进项税额
×(当期简易计税方法计税项目销售额
＋免征增值税项目销售额)÷当期全部销售额

主管税务机关可以按照上述公式依据年度数据对不得抵减的进项税额进行清算。

实例1-5 2018年1—3月，某信托机构购进办公用品，取得增值税专用发票，税额合计15 000元；发生水电费取得增值税专用发票，税额合计1 200元；发生办公场所租赁费支出18.9万元，取得增值税专用发票，注明税额9 000元。适用简易计税方法的资管产品收入为100万元，适用一般计税方法的其他金融服务收入为150万元。以上增值税专用发票均于2018年第一季度认证通过。请计算在2018年第一季度，该信托机构不得抵减的进项税额。

解析：

（1）根据《关于租入固定资产进项税额抵扣等增值税政策的通知》，自 2018 年 1 月 1 日起，纳税人租入固定资产、不动产，既用于一般计税方法计税项目，又用于简易计税方法计税项目、免征增值税项目、集体福利或者个人消费的，其进项税额准予从销项税额中全额抵扣，因此，与办公场所租赁费支出相关的 9 000 元进项税额可以全部抵减。

（2）发生的水电费、办公用品支出，取得的进项税额应在简易计税方法计税项目和一般计税方法计税项目之间进行划分。

不得抵减的进项税额=(15 000+1 200)×1 000 000÷(1 000 000+1 500 000)=6 480(元)

2. 增值税小规模纳税人应纳税额的计算

增值税小规模纳税人销售货物或者提供应税劳务，按照不含增值税的销售额和规定的征收率计算应纳税额，不能抵减任何进项税额。其计算公式为：

应纳税额=应税销售额×征收率

3. 含税销售额与不含税销售额的换算

增值税是价外税，是以不含增值税的销售额作为计税依据的税种。增值税应纳税额计算公式中所列的销售额是纳税人销售货物或者提供应税劳务向购买方收取的全部价款和价外费用，但不包括收取的销项税额。

价外费用包括价外向购买方收取的手续费、补贴、基金、集资费、返还利润、奖励费、违约金、滞纳金、延期付款利息、赔偿金、代收款项、代垫款项、包装费、包装物租金、储备费、优质费、运输装卸费及其他各种性质的价外收费。代政府、其他委托方收取的费用不包含在价外费用内。价外费用是含增值税费用，其税率与纳税人销售的货物、提供的服务适用的税率一致。

在计算增值税应纳税额时，含税销售额不能直接作为计税依据，而应首先将其换算为不含税销售额（应税销售额），换算公式如下：

应税销售额=含税销售额÷[1+增值税税率(或征收率)]

实例 1-6 2019 年 11 月，A 公司向 B 公司销售设备一批，含增值税价款 58 万元；另外收取运费 3 万元，负责将设备运至 B 公司指定地点；代保险公司收取保险费 1 万元，并将保险公司的保单转交 B 公司。请计算 A 公司该笔交易的销项税额。

解析：

（1）A 公司以保险公司名义代收的保险费不属于价外费用。

（2）A 公司为将设备运至目的地而向 B 公司收取的运费属于价外费用，设备税率为 13%。因此，

A 公司该笔交易的销售额=(58+3)÷(1+13%)×10 000=539 823.01(元)

（3）A 公司该笔交易的销项税额计算如下。

A 公司该笔交易的销项税额=539 823.01×13%=70 176.99(元)

4. 特殊销售行为

（1）兼营。

兼营是指在纳税人经营的业务中，各业务适用的增值税税目不同。对兼营销

售货物、劳务、服务、无形资产或者不动产等应税行为，各应税行为适用不同税率或者征收率，因此，纳税人应当分别核算适用不同税率或者征收率的销售额；未分别核算的，从高适用税率。

比如某书店同时销售咖啡、糕点，该书店就应在会计核算上区分销售图书的收入和销售咖啡、糕点的收入，前者适用9%税率，后者适用13%税率。如果没有单独核算，所有销售收入（含销售图书及咖啡、糕点等）应从高适用13%税率。

（2）混合销售。

一项销售行为如果既涉及服务又涉及货物，则为混合销售。混合销售行为的特点是：销售货物与提供服务在同一个销售行为中；货物与服务的提供者是同一个销售者，接受者也是同一个购买者。混合销售适用的税率按照经营者的主业确定。

比如，批发零售门窗为主的企业，在销售门窗的同时提供安装服务，安装服务收入的适用税率是13%，而不是9%。

（3）视同销售。

关于“视同销售”的理解是，在一般情况下，增值税纳税人销售商品且按市场价格取得相应的收入，并在此基础上计算增值税。但在一些特定的情形中，货物或者服务虽然发生移送，即转移了所有权和控制权，但没有收到收入，例如纳税人将一部分自产商品发放给本企业职工作为节假日福利，虽然这样的移送没有形成财务意义上的“销售”，但在增值税征管上也要按销售处理并计征增值税，这种情形则为视同销售。增值税相关法规明确规定，下列行为应当按视同销售处理。

①单位或者个体工商户的下列行为，视同销售货物。

a. 将货物交付他人代销；

b. 销售代销货物；

c. 设有两个以上机构并实行统一核算的纳税人，将货物从一个机构移送其他机构用于销售，但相关机构设在同一县（市）的除外；

d. 将自产或委托加工的货物用于非应税项目；

e. 将自产、委托加工或购买的货物作为投资，提供给其他单位或个体经营者；

f. 将自产、委托加工或购买的货物分配给股东或投资者；

g. 将自产、委托加工的货物用于集体福利或个人消费；

h. 将自产、委托加工或购买的货物无偿赠送他人。

②单位或者个体工商户向其他单位或者个人无偿提供服务，但用于公益事业或者以社会公众为对象的除外。

③单位或者个人向其他单位或者个人无偿转让无形资产或者不动产，但用于公益事业或者以社会公众为对象的除外。

④财政部和国家税务总局规定的其他情形。

纳税人发生视同销售行为应按下列顺序确定销售额。

①按纳税人当月同类货物的平均销售价格确定；

②按纳税人最近时期同类货物的平均销售价格确定；

③按组成计税价格确定。组成计税价格的公式为：

$$组成计税价格=成本\times(1+成本利润率)$$

属于应征消费税的货物，其组成计税价格中应加计消费税。

组成计税价格公式中的成本含义如下：销售自产货物的为实际生产成本，销售外购货物的为实际采购成本。组成计税价格公式中的成本利润率由国家税务总局确定。

实例 1-7 2019 年 6 月，白酒生产企业 M 公司将本单位生产的白酒 400 箱免费发给员工作为春节福利，M 公司对外批发价格为 400 元/箱。请计算 M 公司本项支出的销项税额。

解析：

（1）M 公司白酒的对外批发价格是含增值税价格，应先折算为不含税价格。

不含税价格＝400÷(1＋13%)×400＝141 592.92(元)

（2）M 公司本项支出的销项税额计算如下。

销项税额＝141 592.92×13%＝18 407.08(元)

（4）其他特殊销售行为的销售额。

①纳税人采取以物易物方式销售的产品，按纳税人销售同类材料、产品的市场价格计算销售额。

②纳税人采取以旧换新方式销售货物，应按新货物的同期销售价格确定销售额。

③纳税人采取还本销售方式销售货物，不得从销售额中减去还本支出。

④纳税人为销售货物而出租、出借包装物收取的押金，单独记账核算的，不并入销售额征税。但对因逾期未收回包装物不再退还的押金，应按所包装货物的适用税率征收增值税。

⑤纳税人采取折扣方式销售货物，销售额和折扣额在同一张发票上分别注明的，可按折扣后的销售额征收增值税；如果将折扣额另开发票，不论其在财务上如何处理，均不得从销售额中减去折扣额。

⑥货物期货交易增值税的计税依据为交割时的不含税价格（不含增值税的实际成交额）。

⑦金融商品转让以卖出价减去买入价后的余额为销售额。

转让金融商品出现的正负差以盈亏相抵后的余额为销售额。若相抵后出现负差，可结转下一纳税期与转让金融商品销售额相抵，但年末时仍出现负差的，不得转入下一个会计年度。

金融商品的买入价，可以选择按照加权平均法或者移动加权平均法进行核算，选择后 36 个月内不得变更。

（六）税收优惠

1. 增值税免税项目

免税是免征增值税的简称，即属于征税范围但给予免税的优惠。通常免税是免除本环节所应缴纳的增值税，即销项税额扣除进项税额的差额。根据增值税的计算原理，先不得抵扣购进货物或者劳务环节所缴纳的增值税，再免征销售环节计提的销项税额，即可实现增值税免税。

《中华人民共和国增值税暂行条例》（简称《增值税暂行条例》）中明确的增值税免税项目如下。

（1）农业生产者销售的自产农产品；

（2）避孕药品和用具；

（3）古旧图书；

（4）直接用于科学研究、科学试验和教学的进口仪器和设备；

（5）外国政府、国际组织无偿援助的进口物资和设备；

（6）由残疾人的组织直接进口供残疾人专用的物品；

（7）销售的自己使用过的物品。

《关于全面推开营业税改征增值税试点的通知》也明确了若干免税项目，本章将以专栏的形式简要呈现，详见专栏 1-1。

专栏 1-1

“营改增”试点过渡政策之免征增值税项目（与个人相关）

1. 托儿所、幼儿园提供的保育和教育服务。

2. 养老机构提供的养老服务。

3. 残疾人福利机构提供的育养服务。

4. 婚姻介绍服务。

5. 殡葬服务。

6. 残疾人员本人为社会提供的服务。

7. 学生勤工俭学提供的服务。

8. 农业机耕、排灌、病虫害防治、植物保护、农牧保险以及相关技术培训业务，家禽、牲畜、水生动物的配种和疾病防治。

9. 个人转让著作权。

10. 个人销售自建自用住房。

11. 纳税人提供的直接或者间接国际货物运输代理服务。

12. 国债、地方政府债利息收入。

13. 下列金融商品转让收入。

（1）合格中国境外投资者（QFII）委托中国境内公司在中国从事证券买卖业务。

（2）香港市场投资者（包括单位和个人）通过沪港通买卖在上海证券交易所（简称上交所）上市的 A 股。

（3）香港市场投资者（包括单位和个人）通过基金互认买卖内地基金份额。

（4）个人从事金融商品转让业务。

14. 纳税人提供技术转让、技术开发以及与之相关的技术咨询和技术服务。

15. 家政服务企业由员工制家政服务员提供家政服务取得的收入。

16. 将土地使用权转让给农业生产者用于农业生产。

17. 涉及家庭财产分割的个人无偿转让不动产、土地使用权。

18. 土地所有者出让土地使用权和土地使用者将土地使用权归还土地所有者。

19. 县级以上地方人民政府或自然资源行政主管部门出让、转让或收回自然资源使用权（不含土地使用权）。

20. 随军家属就业。

21. 军队转业干部就业。

2. 增值税不征税项目

增值税不征税项目是在增值税的范围内不予征收增值税的项目，通俗地理解，即不属于增值税征税范围内的项目。主要包括：

(1) 根据国家指令无偿提供的铁路运输服务、航空运输服务，属于《关于全面推开营业税改征增值税试点的通知》规定的用于公益事业的服务。

(2) 存款利息。

(3) 被保险人获得的保险赔付。

(4) 房地产主管部门或者其指定机构、公积金管理中心、开发企业以及物业管理单位代收的住宅专项维修资金。

(5) 在资产重组过程中，通过合并、分立、出售、置换等方式，将全部或者部分实物资产以及与其相关联的债权、负债和劳动力一并转让给其他单位和个人，其中涉及的不动产、土地使用权转让行为。

3. 起征点

起征点又称征税起点或起税点，是指税法规定对征税对象开始征税的起点数额。征税对象的数额达到起征点的对全部数额征税，未达到起征点的不征税。增值税起征点幅度如下：

(1) 按期纳税的，为月销售额 5 000～20 000 元（含本数）。

(2) 按次纳税的，为每次（日）销售额 300～500 元（含本数）。

根据《关于实施小微企业普惠性税收减免政策的通知》，自 2019 年 1 月 1 日至 2021 年 12 月 31 日，对月销售额不超过 10 万元或者季度销售额不超过 30 万元的增值税小规模纳税人免征增值税。

实例 1－8 李先生拥有一家食品加工厂，被认定为增值税一般纳税人。2019 年 5 月，该加工厂业务情况如下。

(1) 零售粮食、豆油等取得含增值税销售额 10.9 万元。

(2) 销售方便面、酸奶等取得不含增值税销售额 20 万元。

(3) 采取零售方式销售食品，取得含增值税销售额 6.78 万元。

(4) 生产加工一批新型酸奶 450 箱。每箱成本价 9 元（无同类产品市场价格），全部赠与本企业职工（成本利润率为 10%）。

(5) 购入生产机器一台，取得的增值税专用发票上注明税款 3.2 万元。

(6) 向农民购入大米、大豆等农产品，用于加工食品，收购价款为 5 万元，取得收购凭证，支付运费取得增值税专用发票，发票上注明税款 0.5 万元；当月由于库管员酗酒，导致该批货物被盗 50%。

假设进项发票均已认证并在本期抵扣，请计算该食品加工厂当月应缴纳增值税。

解析：

(1) 对于零售粮食、豆油等，应将含税价格折算为不含税价格计算销项税额。

销项税额＝10.9÷(1＋9%)×9%×10 000＝9 000(元)

(2) 对于销售方便面、酸奶等，

销项税额＝20×13%×10 000＝26 000(元)

（3）对于采取零售方式销售食品，

销项税额＝6.78÷(1＋13%)×13%×10 000＝7 800(元)

（4）赠送本企业职工的酸奶按视同销售计征增值税，因无同类产品市场价格，按成本加成法确认销售额。

视同销售销项税额＝450×9×(1＋10%)×13%＝579.15(元)

（5）购进生产机器可抵扣进项税额 32 000 元。

（6）向农民购入的农产品可按 10%的抵扣率抵扣进项税额 5 450(＝5×10%×10 000＋0.5×9%×10 000）元。

因发生被盗损失属于非正常损失，该部分进项税额应转出 2 725［＝(5×10%×10 000＋0.5×9%×10 000)×50%］元。

因此，该食品加工厂当月应缴纳增值税计算如下。

当月应缴纳增值税＝9 000＋26 000＋7 800＋579.15－32 000－5 450＋2 725
＝8 654.15(元)

实例 1－9 某银行于 2019 年 4 月 21 日向某大型企业发放一笔本金为 5 000 万元的贷款，期限为 1 年，利率为 6%，还款方式为按月付息，到期一次还本，每个月 20 日为结息日。2019 年 8 月 15 日，企业发生重大责任事故，导致资金链断裂，自 2019 年 8 月 20 日起，无法按期支付利息。请问该银行在 2019 年就该笔贷款业务应如何计算增值税（为简化计算，每月按 30 日计算）?

解析：

2019 年，该笔贷款按借款合同应结息 7 次，其中 8 月 20 日、9 月 20 日的利息是自结息日起 90 天后发生的应收而未收利息，可暂不缴纳增值税。因此，2019 年，该银行就该笔贷款业务的增值税为：

增值税＝(50 000 000×6%÷12×5)÷(1＋6%)×6%＝70 754.72（元）

实例 1－10 某证券公司于 2018 年 8 月以 10 元的价格买入 A 股 100 万股，以 15 元的价格买入 B 股 100 万股，分别支付 1 000 万元、1 500 万元。2018 年 9 月，该证券公司以 13 元的价格将 A 股与 B 股全部卖出，分别取得收入 1 300 万元、1 300 万元。求该证券公司在 2018 年 9 月的增值税应纳税额。

解析：

证券公司买卖证券应按金融商品转让计算增值税，即按照卖出价扣除买入价后的余额为销售额。转让多种金融商品的，转让金融商品出现的正负差，以盈亏相抵后的余额为销售额。因此，该证券公司在 2018 年 9 月的增值税应纳税额计算如下。

增值税应纳税额＝[(1 300－1 000)＋(1 300－1 500)]÷(1＋6%)×6%＝5.66(万元)

实例 1－11 某银行为增值税一般纳税人，2018 年 12 月发生了如下业务。

（1）2018 年 12 月 31 日，该银行收到金融同业往来利息收入 300 万元，同时开具了增值税普通发票。

（2）2018 年 12 月 1 日，该银行向 B 企业发放一笔贷款，贷款金额为 1 000 万元，贷款期限为 1 年，合同约定按月结息。2018 年 12 月 31 日，银行收到 B 企业支付的贷款利息

5.3 万元，同时开具了增值税普通发票。

(3) 2018 年 11 月，该银行买入股票，买入价为 30 万元。2018 年 12 月 31 日，该银行卖出股票，卖出价为 25 万元，未开具发票。

(4) 该银行对金融服务业务直接收费，管理资金 1 060 万元，按 2%收取管理费，并开具了增值税专用发票。

(5) 该银行购进办公用品等低值易耗品，取得的增值税专用发票注明价款为 45 000 元，税额为5 850元。

(6) 该银行购买员工午餐全年支出 2 万元，取得招标单位开具的增值税专用发票。发生员工差旅费 2.18 万元，取得相应火车票或者飞机票（不考虑燃油附加费）。

求该银行的增值税应纳税额。

解析：

(1) 金融同业往来利息收入 300 万元免征增值税。

(2) 贷款利息为含税收入，需要先折算为不含税销售额。

不含税销售额＝5.3÷(1＋6%)＝5(万元)
销项税额＝5×6%＝0.3(万元)

(3) 金融商品转让以卖出价与买入价的差价为销售额。转让金融商品出现的正负差，以盈亏相抵后的余额为销售额，由于卖出价减买入价等于－5（＝25－30）万元，因此，当月金融商品转让销项税额为 0 元。

(4) 该银行对金融服务业务的直接收费为含税收入，因此需要先折算为不含税销售额。

不含税销售额＝1 060×2%÷(1＋6%)＝20(万元)
销项税额＝20×6%＝1.2(万元)

(5) 购进办公用品允许抵扣的进项税额为 5 850 元。

(6) 员工午餐属于个人消费、员工福利项目，进项税额不得抵扣；员工差旅费取得的火车票、飞机票属于旅客运输服务进项税额，可以抵扣的进项税额为 0.18 [＝2.18÷(1＋9%) ×9%] 万元。

因此，

该银行增值税应纳税额＝(0.3＋1.2－0.18)×10 000－5 850＝7 350(元)

(七) 增值税纳税申报

1. 纳税期限

增值税的纳税期限分别为 1 日、3 日、5 日、10 日、15 日、1 个月或者 1 个季度。纳税人的具体纳税期限，由主管税务机关根据纳税人应纳税额的大小分别核定；不能按照固定期限纳税的，可以按次纳税。

纳税人以 1 个月或者 1 个季度为 1 个纳税期的，自期满之日起 15 日内申报纳税；以 1 日、3 日、5 日、10 日或者 15 日为 1 个纳税期的，自期满之日起 5 日内预缴税款，于次月 1 日起 15 日内申报纳税并结清上月应纳税款。

扣缴义务人解缴税款的期限，依照上述纳税人纳税期限的规定执行。

2. 纳税地点

固定业户应当向其机构所在地的主管税务机关申报纳税。总机构和分支机构不在同一县（市）的，应当分别向各自所在地的主管税务机关申报纳税；经国务院财政、税务主管部门，或者其授权的财政、税务机关批准，可以由总机构汇总后向总机构所在地的主管税务机关申报纳税。

固定业户到外县（市）销售货物或者应税劳务，应当向其机构所在地的主管税务机关申请开具外出经营活动税收管理证明，并向其机构所在地的主管税务机关申报纳税；未开具证明的，应当向销售地或者劳务发生地的主管税务机关申报纳税；未向销售地或者劳务发生地的主管税务机关申报纳税的，由其机构所在地的主管税务机关补征税款。

非固定业户销售货物或者应税劳务，应当向销售地或者劳务发生地的主管税务机关申报纳税；未向销售地或者劳务发生地的主管税务机关申报纳税的，由其机构所在地或者居住地的主管税务机关补征税款。

进口货物，应当向报关地海关申报纳税。

扣缴义务人应当向其机构所在地或者居住地的主管税务机关申报缴纳其扣缴的税款。

二、消费税现行税制

消费税是以特定消费品为课税对象而征收的一种税。我国现行消费税是在1994年税制改革中新设置的一个税种。在对货物普遍征收增值税的基础上，选择少数消费品再征一道消费税，目的是调节产品消费结构以引导消费方向。根据财政部公布的数据，2018年，我国国内消费税实现收入10 632亿元（不含进口消费税）；我国国内消费税收入占税收总收入的比重为6.80%。

消费税现行税制主要包括消费税的征收范围、纳税人与征税环节、税率、应纳税额、纳税申报等。

（一）征收范围

消费税采用“正列举”的方式确定征收范围。即对税法明确列举的消费品征收消费税，这些消费品也称“应税消费品”；对税法未列举的消费品不征消费税。

消费税以明确列举“税目”的方式确定征收范围。

我国消费税设置了15个税目，具体包括：烟、酒、高档化妆品、贵重首饰及珠宝玉石、鞭炮和焰火、成品油、摩托车、小汽车、高尔夫球及球具、高档手表、游艇、木制一次性筷子、实木地板、电池、涂料。

（二）纳税人与征税环节

《中华人民共和国消费税暂行条例》（简称《消费税暂行条例》）规定，凡在中国境内从事生产、委托加工和进口应税消费品的单位和个人为消费税的纳税人。

我国对主要应税消费品的消费税的征收都是在其生产经营的起始环节（包括

生产环节、进口环节）；对金银首饰、钻石及钻石饰品的消费税的征收已由生产销售环节改为零售环节。

自2009年5月1日起，在卷烟批发环节加征一道5%的从价税。自2015年5月10日起，将卷烟批发环节从价税税率由5%提高至11%，并按0.005元/支加征从量税。

自2016年12月1日起，对不含增值税且零售价格在130万元以上的超豪华小汽车，在生产/进口环节按现行税率征收消费税的基础上，在零售环节加征消费税，税率为10%。

（三）税率

消费税对不同应税消费品采用了不同的税率形式，包括比例税率、定额税率和复合税率。消费税税目税率表如表1-3所示。

表1-3 消费税税目税率表

税目	税率
一、烟	
1. 卷烟	
（1）甲类卷烟	56%加0.003元/支
（2）乙类卷烟	36%加0.003元/支
（3）卷烟批发	11%加0.005元/支
2. 雪茄烟	36%
3. 烟丝	30%
二、酒	
1. 白酒	20%加0.5元/500克（或者500毫升）
2. 黄酒	240元/吨
3. 啤酒	
（1）甲类啤酒	250元/吨
（2）乙类啤酒	220元/吨
4. 其他酒	10%
三、高档化妆品	15%
四、贵重首饰及珠宝玉石	
1. 金银首饰、铂金首饰和钻石及钻石饰品	5%
2. 其他贵重首饰和珠宝玉石	10%
五、鞭炮、焰火	15%
六、成品油	
1. 汽油	1.52元/升
2. 柴油	1.20元/升
3. 航空煤油	1.20元/升（暂缓征收）
4. 石脑油	1.52元/升

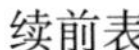

续前表

税目	税率
5. 溶剂油	1.52 元/升
6. 润滑油	1.52 元/升
7. 燃料油	1.20 元/升
七、摩托车	
1. 气缸容量（排气量，下同）为 250 毫升的	3%
2. 气缸容量在 250 毫升以上的	10%
八、小汽车	
1. 乘用车	
(1) 气缸容量（排气量，下同）在 1.0 升（含 1.0 升）以下的	1%
(2) 气缸容量在 1.0 升以上至 1.5 升（含 1.5 升）的	3%
(3) 气缸容量在 1.5 升以上至 2.0 升（含 2.0 升）的	5%
(4) 气缸容量在 2.0 升以上至 2.5 升（含 2.5 升）的	9%
(5) 气缸容量在 2.5 升以上至 3.0 升（含 3.0 升）的	12%
(6) 气缸容量在 3.0 升以上至 4.0 升（含 4.0 升）的	25%
(7) 气缸容量在 4.0 升以上的	40%
2. 中轻型商用客车	5%
九、高尔夫球及球具	10%
十、高档手表	20%
十一、游艇	10%
十二、木制一次性筷子	5%
十三、实木地板	5%
十四、电池	4%
十五、涂料	4%

注：①甲类卷烟，即每标准条（200 支）调拨价格在 70 元（不含增值税）以上（含 70 元）的卷烟。

②乙类卷烟，即每标准条（200 支）调拨价格在 70 元（不含增值税）以下的卷烟。

（四）应纳税额

1. 计税方法

消费税分别采用从价定率和从量定额的不同方法计算应纳税额。其中，从价定率征税计算公式为：

应纳税额＝应税消费品的计税销售额×(适用)税率

从量定额征税计算公式为：

应纳税额＝应税消费品的计税数量×(适用)单位税额

从价定率与从量定额复合征税计算公式为：

应纳税额＝应税消费品的计税销售额×消费税比例税率
　　　　＋应税消费品的计税数量×消费税单位税额

2. 计税销售额的确定

应税消费品的计税销售额为纳税人销售应税消费品向购买方收取的全部价款和价外费用（但不包括向购买方收取的增值税税款）。

其换算公式为：

$$应税消费品的计税销售额=\frac{含增值税的销售额}{1+增值税税率}$$

价外费用是指价外向购买方收取的手续费、补贴、基金、集资费、返还利润、奖励费、违约金、滞纳金、延期付款利息、赔偿金、代收款项、代垫款项、包装费、包装物租金、储备费、优质费、运输装卸费及其他各种性质的价外收费。但下列项目不包括在内。

（1）同时符合以下条件的代垫运输费用。

①承运部门的运输费用发票开具给购买方的；

②纳税人将该项发票转交购买方的。

（2）同时符合以下条件代为收取的政府性基金或者行政事业性收费。

①由国务院或者财政部批准设立的政府性基金，由国务院或者省级人民政府及其财政、价格主管部门批准设立的行政事业性收费；

②收取时开具省级以上财政部门印制的财政票据；

③所收款项全额上缴财政。

各类应税消费品的纳税额计算如下。

（1）纳税人自产自用的应税消费品。

按照纳税人生产的同类消费品的销售价格计算纳税，没有同类消费品销售价格的，按组成计税价格计算纳税。

实行从价定率办法计算纳税的组成计税价格计算公式为：

$$组成计税价格=(成本+利润)\div(1-比例税率)$$

实行复合计税办法计算纳税的组成计税价格计算公式为：

$$组成计税价格=(成本+利润+自产自用数量\times定额税率)\div(1-比例税率)$$

实例 1-12 2019 年 3 月，某珠宝生产企业将新研制的 200 套珠宝产品在妇女节赠与本厂女职工作为职工福利，每套成本为 800 元，消费税税率为 10%，增值税税率为 13%（全部生产程序由本企业完成，当月无原材料购进进项抵扣），成本利润率为 6%。那么该企业每发放一套珠宝应缴的消费税、增值税各是多少？

解析：

$$应缴消费税=800\times(1+6\%)\div(1-10\%)\times10\%=94.2(元)$$
$$应缴增值税=800\times(1+6\%)\div(1-10\%)\times13\%=122.49(元)$$

（2）委托加工的应税消费品。

按照受托方的同类消费品的销售价格计算纳税；没有同类消费品销售价格的，按照组成计税价格计算纳税。

实行从价定率办法计算纳税的组成计税价格计算公式为：

组成计税价格＝(材料成本＋加工费)÷(1－比例税率)

实行复合计税办法计算纳税的组成计税价格计算公式为：

组成计税价格＝(材料成本＋加工费＋委托加工数量×定额税率)÷(1－比例税率)

实例 1-13 甲实木地板生产企业（简称甲企业）委托乙实木地板生产企业（简称乙企业）为其客户加工指定型号实木地板，甲企业提供木材成本 10 万元，另外，乙企业向甲企业收取加工费 5 万元。乙企业无同类实木地板，实木地板消费税税率为 5%。请计算乙企业应代收代缴的消费税。

解析：

由于乙企业无同类实木地板，因此其代收代缴的消费税计税依据是组成计税价格。

组成计税价格＝(10＋5)÷(1－5%)×10 000＝157 894.74(元)

乙企业应代收代缴的消费税＝157 894.74×5%＝7 894.74(元)

(3) 进口的应税消费品。

按照组成计税价格计算纳税。实行从价定率办法计算纳税的组成计税价格计算公式为：

组成计税价格＝(关税完税价格＋关税)÷(1－消费税比例税率)

实行复合计税办法计算纳税的组成计税价格计算公式为：

组成计税价格＝(关税完税价格＋关税＋进口数量×消费税定额税率)÷(1－消费税比例税率)

实例 1-14 某企业于 2018 年 6 月进口一套高档化妆品。该化妆品在我国海关的关税完税价格为每套5 000元。关税税率为 40%，高档化妆品消费税税率为 15%。那么这套高档化妆品应缴的关税、消费税、增值税各是多少？

解析：

应缴关税＝5 000×40%＝2 000(元)

应缴消费税＝(5 000＋2 000)÷(1－15%)×15%＝1 235.29(元)

应缴增值税＝(5 000＋2 000)÷(1－15%)×13%＝1 070.59(元)

在前面讲解增值税应纳税额的计算时，我们暂时只介绍了在流转环节单纯征收增值税，以及对不同类型应税消费品征收消费税的货物计税价格的确定方法与公式。学习了消费税的基本知识后，我们知道，凡是征收消费税的应税消费品，是要同时征收增值税的。税法规定，此时增值税的计税价格与消费税的计税价格是一样的，因此，确定了应税消费品计征消费税的计税价格，也就确定了该消费品增值税的计税价格。增值税是价外税（以不含税价格为计税依据），消费税是价内税（以含税价格为计税依据）。消费税与增值税同时计征时，两税计税价格相同，税基一致，均以不含增值税、含消费税价格为计税价格。

（五）纳税申报

1. 纳税期限

消费税的纳税期限分别为 1 日、3 日、5 日、10 日、15 日、1 个月或者 1 个季度。纳税人的具体纳税期限，由主管税务机关根据纳税人应纳税额的大小分别核定；不能按照固定期限纳税的，可以按次纳税。

纳税人以 1 个月或者 1 个季度为 1 个纳税期的，自期满之日起 15 日内申报纳税；以 1 日、3 日、5 日、10 日或者 15 日为 1 个纳税期的，自期满之日起 5 日内预缴税款，于次月 1 日起 15 日内申报纳税并结清上月应纳税款。

2. 纳税地点

纳税人销售的应税消费品，以及自产自用的应税消费品，除国务院财政、税务主管部门另有规定外，应当向纳税人机构所在地或者居住地的主管税务机关申报纳税。

委托加工的应税消费品，除受托方为个人外，由受托方向机构所在地或者居住地的主管税务机关解缴消费税税款。

进口的应税消费品，应当向报关地海关申报纳税。

第二节　所得税

一、所得税概述

所得税是指由以个人或法人的各种所得为课税对象的多个税种组成的课税体系。

所得税的主要税种包括企业所得税和个人所得税。

（一）税收管辖权

税收管辖权是一国国家主权在税收上的具体体现。在确定税收管辖权时，通常有两个原则：一是属人主义原则，即一国政府对本国居民纳税人无论是来源于本国境内还是来源于本国境外的所得都有权征税，由此原则确立的税收管辖权称为居民税收管辖权；二是属地主义原则，即一国政府对来源于本国境内，无论是本国纳税人还是外国纳税人的所得都有权征税，由此原则确立的税收管辖权称为地域税收管辖权。

目前，大多数国家采用属人主义原则与属地主义原则相结合的原则行使税收管辖权。

（二）所得税的税基

所得税的税基是应纳税所得额。

对个人来说，应纳税所得额是指纳税人的各项所得按照税法规定扣除为取得收入所需费用之后的余额。如果是对个人的工资、薪金、劳务报酬等计征个人所得税，则需要考虑扣减费用 6 万元/年、专项扣除、专项附加扣除和其他扣除。如果是对个人经营活动所获得的收入计征个人所得税，则需要考虑扣除其在经营活动中发生的成本、费用及税金。

对企业来说，应纳税所得额是指纳税人每一纳税年度的收入总额减去准予扣除项目后的余额。准予扣除项目主要包括经营中的成本、费用、税金和损失。

因此，确定所得税的税基即应纳税所得额，最关键的是规定征税范围和费用扣除项目及标准。

（三）所得税税率

各国所得税通常采用比例税率和累进税率（超额累进税率）形式。企业所得税以比例税率为主。个人所得税按征税模式不同，税率形式有所区别。实行综合税制的国家通常采用超额累进税率形式，如美国；实行分类税制的国家则采用比例税率与超额累进税率相结合的形式，如中国。各国比较普遍地运用超额累进税率，是因为各国政府都力图通过对高收入者多征税，对低收入者少征税或不征税来调节人们税前收入差距过大的状况，缓解收入分配不公的矛盾。

二、企业所得税现行税制

企业所得税是对我国境内的企业和其他取得收入的组织的生产经营所得和其他所得征收的税种。根据财政部公布的数据，2018 年，我国实现企业所得税收入35 323亿元，我国企业所得税收入占税收总收入的比重为 22.58%。

2007 年 3 月 16 日，第十届全国人民代表大会第五次会议通过《中华人民共和国企业所得税法》（简称《企业所得税法》）。2007 年 11 月 28 日，国务院第 197 次常务会议通过《中华人民共和国企业所得税法实施条例》（简称《企业所得税法实施条例》），规定《企业所得税法实施条例》自 2008 年 1 月 1 日起实施，《中华人民共和国外商投资企业和外国企业所得税法实施细则》《中华人民共和国企业所得税暂行条例实施细则》同时废止。2017 年 2 月 24 日，第十二届全国人民代表大会常务委员会第二十六次会议通过了修改《企业所得税法》的决定。

（一）纳税人

在中国境内，企业和其他取得收入的组织为企业所得税的纳税人，依照《企业所得税法》的规定缴纳企业所得税。

个人独资企业、合伙企业不适用《企业所得税法》，不缴纳企业所得税。个人独资企业的投资人、合伙企业的合伙人按照经营所得缴纳个人所得税。

企业分为居民企业和非居民企业。

居民企业是指依法在中国境内成立，或者依照外国（地区）法律成立但实际管理机构在中国境内的企业。依法在中国境内成立的企业包括依照中国法律、行政法规，在中国境内成立的企业、事业单位、社会团体以及其他取得收入的组织；依照外国（地区）法律成立的企业包括依照外国（地区）法律成立的企业和其他取得收入的组织。

实际管理机构是指对企业的生产经营、人员、账务、财产等实施实质性全面管理和控制的机构。机构、场所，是指在中国境内从事生产经营活动的机构、场所，包括：管理机构、营业机构、办事机构；工厂、农场、开采自然资源的场所；提供劳务的场所；从事建筑、安装、装配、修理、勘探等工程作业的场所；其他从事生产经营活动的机构、场所。

非居民企业是指依照外国（地区）法律成立且实际管理机构不在中国境内，但在中国境内设立机构、场所的，或者在中国境内未设立机构、场所，但有来源于中国境内所得的企业。

（二）征税对象

1. 居民企业

居民企业应当就其来源于中国境内、境外的所得缴纳企业所得税。来源于中国境内、境外的所得按照以下原则确定。

（1）销售货物所得，按照交易活动发生地确定；

（2）提供劳务所得，按照劳务发生地确定；

（3）转让财产所得、转让不动产所得，按照不动产所在地确定；

（4）转让动产所得，按照转让动产的企业或者机构、场所所在地确定；

（5）转让权益性投资资产所得，按照被投资企业所在地确定；

（6）股息、红利等权益性投资所得，按照分配所得的企业所在地确定；

（7）利息所得、租金所得、特许权使用费所得，按照负担、支付所得的企业或者机构、场所所在地确定，或者按照负担、支付所得的个人的住所地确定；

（8）其他所得，由国务院财政、税务主管部门确定。

2. 非居民企业

（1）非居民企业在中国境内设立机构、场所的，应当就其所设机构、场所取得的来源于中国境内的所得，以及发生在中国境外但与其所设机构、场所有实际联系的所得缴纳企业所得税。

（2）非居民企业在中国境内未设立机构、场所的，或者虽设立机构、场所但取得的所得与其所设机构、场所没有实际联系的，应当就其来源于中国境内的所得缴纳企业所得税。

（三）税率

企业所得税采用比例税率，税率为25%，对符合条件的小型微利企业、非居民企业和国家需要重点扶持的高新技术企业采用优惠税率。

1. 符合条件的小型微利企业，减按20%的税率缴纳企业所得税

根据《关于实施小微企业普惠性税收减免政策的通知》，符合条件的小型微利企业是指从事国家非限制和禁止的行业，同时符合下列条件的企业。

（1）年度应纳税所得额不超过300万元；

（2）从业人数不超过300人；

（3）资产总额不超过5 000万元。

自2019年1月1日至2021年12月31日，对年应纳税所得额不超过100万元、100万元到300万元的部分分别减按25%、50%计入应纳税所得额。

2. 国家需要重点扶持的高新技术企业，减按15%的税率缴纳企业所得税

根据《高新技术企业认定管理办法》，高新技术企业认定必须同时满足以下条件。

（1）企业申请认定时必须注册成立一年以上。

（2）企业通过自主研发、受让、受赠、并购等方式，获得对其主要产品（服务）在技术上发挥核心支持作用的知识产权的所有权。

（3）对企业主要产品（服务）发挥核心支持作用的技术属于国家重点支持的高新技术领域规定的范围。

（4）企业从事研发和相关技术创新活动的科技人员占企业当年职工总数的比例不低于10%。

（5）近一年高新技术产品（服务）收入占企业同期总收入的比例不低于60%。

（6）企业近三个会计年度（实际经营期不满三年的按实际经营时间计算，下同）的研究开发费用总额占同期销售收入总额的比例符合如下要求。

①最近一年销售收入小于5 000万元（含）的企业，比例不低于5%；

②最近一年销售收入在5 000万元至2亿元（含）的企业，比例不低于4%；

③最近一年销售收入在2亿元以上的企业，比例不低于3%。

其中，企业在中国境内发生的研究开发费用总额占全部研究开发费用总额的比例不低于60%。

（7）企业创新能力评价应达到相应要求。

（8）企业申请认定前一年内未发生重大安全、重大质量事故或严重环境违法行为。

3. 非居民企业在中国境内未设立机构、场所的，或者虽设立机构、场所，但取得的所得与其所设机构、场所没有实际联系的，就其来源于中国境内的所得，减按10%的税率缴纳企业所得税

（四）应纳税所得额的确定

企业每一纳税年度的收入总额，减去不征税收入、免税收入、各项扣除及可以弥补的年度亏损后的余额，为应纳税所得额。具体计算公式如下：

应纳税所得额＝(收入总额－不征税收入－免税收入)
－各项扣除－可以弥补的年度亏损

1. 收入总额

企业以货币形式和非货币形式从各种来源取得的收入为收入总额。其中，货币形式收入包括现金、存款、应收账款、应收票据、准备持有至到期的债券投资以及债务的豁免等；非货币形式收入包括固定资产、生物资产、无形资产、股权投资、存货、不准备持有至到期的债券投资、劳务以及有关权益等。

（1）应税收入。

①销售货物收入，是指企业销售商品、产品、原材料、包装物、低值易耗品以及其他存货而取得的收入。

②提供劳务收入，是指企业从事建筑安装、修理修配、交通运输、仓储租赁、金融保险、邮电通信、咨询经纪、文化体育、科学研究、技术服务、教育培训、餐饮住宿、中介代理、卫生保健、社区服务、旅游、娱乐、加工以及其他劳务服务活动而取得的收入。

③转让财产收入，是指企业转让固定资产、生物资产、无形资产、股权、债权等资产而取得的收入。

④股息、红利等权益性投资收益，是指企业因权益性投资而从被投资方取得的收入。

⑤利息收入，是指企业将资金提供给他人使用但不构成权益性投资，或者因他人占用本企业资金而取得的收入，包括存款利息、贷款利息、债券利息、欠债利息等收入。

⑥租金收入，是指企业提供固定资产、包装物或者其他有形资产的使用权而取得的收入。租金收入按照合同约定的承租人应付租金的日期确认收入的实现。

⑦特许权使用费收入，是指企业提供专利权、非专利技术、商标权、著作权以及其他特许权而取得的收入。特许权使用费收入按照合同约定的特许权使用人应付特许权使用费的日期确认收入的实现。

⑧接受捐赠收入，是指企业接受的来自其他企业、组织或者个人无偿赠与的货币性资产与非货币性资产。接受捐赠收入按照实际收到捐赠资产的日期确认收入的实现。

⑨其他收入，是指除上述规定以外的其他收入，包括企业资产溢余收入、逾期未退包装物押金收入、确实无法偿付的应付款项、已做坏账损失处理后又收回的应收款项、债务重组收入、补贴收入、违约金收入、汇兑收益等。

（2）不征税收入。

不征税收入是我国《企业所得税法》中新创设的一个概念，是指从企业所得税原理上讲，从性质和根源上不属于企业营利性活动带来的经济利益、不负有纳税义务、不作为应纳税所得额组成部分的收入。收入总额中的下列收入为不征税收入。

①财政拨款；

②依法收取并纳入财政管理的行政事业性收费、政府性基金；

③国务院规定的其他不征税收入。

（3）免税收入。

免税收入本身已构成应税收入，但予以免除，属于税收优惠项目。企业的下列收入为免税收入。

①国债利息收入；

②符合条件的居民企业之间的股息、红利等权益性投资收益；

③在中国境内设立机构、场所的非居民企业，从居民企业取得的与该机构、场所有实际联系的股息和红利等权益性投资收益；

④符合条件的非营利组织的收入。

上述股息、红利等权益性投资收益，不包括连续持有居民企业公开发行并上市流通的股票不足 12 个月取得的投资收益。

2. 各项扣除

（1）准予扣除项目的基本范围。

企业实际发生的、与取得收入有关的、合理的支出，包括成本、费用、税金、损失和其他支出，准予在计算应纳税所得额时扣除。其中：

成本是指企业在生产经营活动中发生的销售成本、销货成本、业务支出及其他耗费；

费用是指企业在生产经营活动中发生的销售费用、管理费用和财务费用，已计入成本的有关费用除外；

税金是指企业发生的除企业所得税和允许抵扣的增值税以外的各项税金及其附加；

损失是指企业在生产经营活动中发生的固定资产和存货的盘亏、毁损、报废损失，转让财产损失，呆账损失，坏账损失，自然灾害等不可抗力因素造成的损失以及其他损失；

其他支出是指除成本、费用、税金、损失外，企业在生产经营活动中发生的与生产经营活动有关的、合理的支出。

企业发生的支出应当区分收益性支出和资本性支出。收益性支出在发生当期直接扣除；资本性支出应当分期扣除或者计入有关资产成本，不得在发生当期直接扣除。

（2）部分准予扣除项目的具体标准。

①利息支出。

a. 非金融企业向金融企业借款的利息支出、金融企业的各项存款利息支出和同业拆借利息支出、企业经批准发行债券的利息支出。

b. 非金融企业向非金融企业借款的利息支出中不超过按照金融企业同期同类贷款利率计算的数额的部分。

在计算应纳税所得额时，企业实际支付给关联方的利息支出，不超过以下规定比例和《企业所得税法》及其实施条例有关规定计算的部分，准予扣除，超过的部分不得在发生当期和以后年度扣除。企业实际支付给关联方的利息支出，除符合例外规定外，其接受关联方债权性投资与其权益性投资的比例如下：金融企业为 5∶1；其他企业为 2∶1。企业如果能够按照《企业所得税法》及其实施条例的有关规定提供相关资料，并证明相关交易活动符合独立交易原则，或者该企业的实际税负不高于中国境内关联方，那么其实际支付给中国境内关联方的利息支出在计算应纳税所得额时准予扣除。

②合理的工资、薪金支出。

“工资、薪金”，是指企业每一纳税年度支付给在本企业任职或受雇员工的所有现金形式或者非现金形式的劳动报酬，包括基本工资、奖金、津贴、补贴、年终加薪、加班工资，以及与员工任职或者受雇有关的其他支出。

“合理的工资、薪金”，是指企业按照股东大会、董事会、薪酬委员会或相关管理机构制定的工资、薪金制度，实际发放给员工的工资、薪金。税务机关在对工资、薪金进行合理性确认时，可按以下原则掌握。

a. 企业制定了较为规范的员工工资、薪金制度。

b. 企业所制定的工资、薪金制度符合行业及地区水平。

c. 企业在一定时期内所发放的工资、薪金是相对固定的，工资、薪金的调整是有序进行的。

d. 企业对实际发放的工资、薪金已依法履行了代扣代缴个人所得税义务。

e. 有关工资、薪金的安排，不以减少或逃避税款为目的。

③社会保险及住房公积金支出。

企业依照国务院有关主管部门或者省级人民政府规定的范围和标准为职工缴纳的基本养老保险费、基本医疗保险费、失业保险费、工伤保险费、生育保险费等基本社会保险和住房公积金，准予扣除。

④职工福利费支出。

企业发生的职工福利费支出，不超过工资、薪金总额14%的部分，准予扣除。

职工福利费包括以下内容。

a. 尚未实行分离办社会职能的企业，其内设福利部门所发生的设备、设施和人员费用，包括职工食堂、职工浴室、理发室、医务所、托儿所、疗养院等集体福利部门的设备和设施及维修保养费用，以及福利部门工作人员的工资、薪金、社会保险费、住房公积金、劳务费等。

b. 为职工卫生保健、生活、住房、交通等发放的各项补贴和非货币性福利，包括企业向职工发放的因公外地就医费用、未实行医疗统筹企业的职工医疗费用、职工供养直系亲属医疗补贴、供暖费补贴、职工防暑降温费、职工困难补贴、救济费、职工食堂经费补贴、职工交通补贴等。

c. 按照其他规定发生的其他职工福利费，包括丧葬补助费、抚恤费、安家费、探亲假路费等。

企业发生的职工福利费，应该单独设置账册，进行准确核算。没有单独设置账册准确核算的，税务机关应责令企业在规定的期限内进行改正。逾期仍未改正的，税务机关可对企业发生的职工福利费进行合理的核定。

⑤工会经费支出。

企业拨缴的工会经费，不超过工资、薪金总额2%的部分，凭合法、有效的工会经费代收凭据或收入专用收据，准予扣除。

⑥职工教育经费支出。

企业发生的职工教育经费支出，不超过工资、薪金总额8%的部分，准予在计算企业所得税应纳税所得额时扣除；超过的部分，准予在以后纳税年度结转扣除。

软件生产企业发生的职工教育经费中的职工培训费用，根据《关于企业所得税若干优惠政策的通知》，可以在企业所得税前全额扣除。

⑦业务招待费支出。

企业发生的与生产经营活动有关的业务招待费支出，按照发生额的60%扣除，但最高不得超过当年销售（营业）收入的5‰。

对从事股权投资业务的企业（包括集团公司总部、创业投资企业等），其从被投资企业所分配的股息、红利以及股权转让收入，可以按上述比例计算业务招待费扣除限额。

企业在筹建期间，发生的与筹办活动有关的业务招待费支出，可按实际发生额的60%计入企业筹办费，并按有关规定在税前扣除。

业务招待费扣除限额的计算基数为营业收入合计，其计算公式如下：

营业收入合计＝主营业务收入＋其他业务收入＋视同销售收入

值得注意的是，业务招待费扣除限额计算基数中不包含投资收益（除从事股权投资的企业外）和营业外收入。

实例1-15 2018年，某企业取得主营业务收入2 100万元，其他业务收入300万元，投资收益200万元，营业外收入15万元，在管理费用中共列支业务招待费17万元。请计算允许税前扣除的业务招待费金额以及不允许税前扣除的业务招待费金额。

解析：

业务招待费实际发生额的60%＝17×60%＝10.2(万元)

业务招待费扣除限额＝(2 100＋300)×5‰＝12(万元)

按照从低原则，允许税前扣除的业务招待费金额为10.2万元。

不允许税前扣除的业务招待费金额＝17－10.2＝6.8(万元)

若该企业当年列支的业务招待费为25万元，则允许税前扣除的业务招待费金额为12{＝min[(2 100＋300)×5‰，25×60%]}万元，不允许税前扣除的业务招待费金额为13(＝25－12)万元。

⑧广告费和业务宣传费支出。

企业发生的符合条件的广告费和业务宣传费支出，不超过当年销售（营业）收入15%的部分，准予扣除；超过的部分，准予在以后纳税年度结转扣除。

对化妆品制造或销售、医药制造和饮料制造（不含酒类制造）企业发生的广告费和业务宣传费支出，不超过当年销售（营业）收入30%的部分，准予扣除；超过的部分，准予在以后纳税年度结转扣除。

烟草企业的烟草广告费和业务宣传费支出，一律不得在计算应纳税所得额时扣除。

广告费和业务宣传费扣除限额的计算基数为营业收入合计，其计算公式如下：

营业收入合计＝主营业务收入＋其他业务收入＋视同销售收入

⑨公益性捐赠支出。

企业通过公益性社会团体或者县级以上人民政府及其部门，用于《中华人民共和国公益事业捐赠法》（简称《公益事业捐赠法》）规定的公益事业的捐赠，

在年度利润总额12%以内的部分，准予在计算应纳税所得额时扣除；超过年度利润总额12%的部分，准予结转以后三年内在计算应纳税所得额时扣除。年度利润总额是指企业依照国家统一会计制度的规定计算的年度会计利润。企业在对公益性捐赠支出计算扣除时，应先扣除以前年度结转的捐赠支出，再扣除当年发生的捐赠支出。

⑩专项资金支出。

企业按照法律和行政法规有关规定提取的用于环境保护、生态恢复等方面的专项资金，准予扣除。但该专项资金提取后改变用途的不得扣除。

⑪保险支出。

企业为投资者或者职工支付的补充养老保险、补充医疗保险，分别在工薪总额的5%以内，在计算应纳税所得额时准予扣除；超过的部分，不予扣除。

企业参加财产保险、运输保险、雇主责任险、公众责任险等责任保险，按照规定缴纳的保险费，准予扣除。

企业职工因公出差乘坐交通工具发生的人身意外保险费支出，准予企业在计算应纳税所得额时扣除。

除特殊工种或另有规定外，企业为投资者或者职工支付的商业保险费，不得扣除。

⑫固定资产租赁费支出。

企业根据生产经营活动的需要租入固定资产所支付的租赁费，按照以下方法扣除。

a. 以经营租赁方式租入固定资产所发生的租赁费支出，按照租赁期限均匀扣除。

b. 以融资租赁方式租入固定资产所发生的租赁费支出，按照规定构成融资租入固定资产价值的部分应当提取折旧费用，分期扣除。

在计算应纳税所得额时，企业财务及会计处理办法与税收法律、法规的规定不一致的，应当依照税收法律、法规的规定计算。

实例1-16 某企业2018年9月1日发生经营性租入固定资产业务，租赁期为10个月，租赁费为10万元，企业当年实际列支租赁费10万元。

解析：

按照权责发生制原则，经营性租入固定资产所支付的租赁费只能将与当年实际业务相关部分在当年税前扣除，本例中企业于2018年9月至2018年12月支付的租赁费4万元可在当年税前扣除；另外6万元虽已支付，但只能于2019年在企业所得税税前扣除。

2018年税前允许扣除租赁费＝10÷10×4＝4(万元)

⑬劳动保护支出。

企业发生的合理劳动保护支出，准予扣除。

⑭折旧费支出。

企业按照规定计算的固定资产折旧，准予扣除。企业应当自固定资产投入使用月份的次月起计算折旧；停止使用的固定资产，应当自停止使用月份的次月起停止计算折旧。

企业持有的固定资产，单位价值不超过 5 000 元的，可以一次性在计算应纳税所得额时扣除。

企业在 2018 年 1 月 1 日至 2020 年 12 月 31 日期间新购进的除房屋、建筑物以外的固定资产，单位价值不超过 500 万元的，允许一次性计入当期成本费用在计算应纳税所得额时扣除，不再分年度计算折旧。企业根据自身生产经营核算需要，可自行选择享受一次性税前扣除政策。未选择享受一次性税前扣除政策的，以后年度不得再变更。

下列固定资产不得计算折旧扣除。

a. 房屋、建筑物以外未投入使用的固定资产；

b. 以经营租赁方式租入的固定资产；

c. 以融资租赁方式租出的固定资产；

d. 已足额提取折旧仍继续使用的固定资产；

e. 与经营活动无关的固定资产；

f. 单独估价作为固定资产入账的土地；

g. 其他不得计算折旧扣除的固定资产。

⑮长期待摊费用支出。

企业发生的下列支出作为长期待摊费用，自支出发生月份的次月起，分期摊销，摊销年限不得低于 3 年。

a. 已足额提取折旧的固定资产的改建支出；

b. 租入固定资产的改建支出；

c. 固定资产的大修理支出；

d. 其他应当作为长期待摊费用的支出。

⑯开办费支出。

企业发生开（筹）办费支出，可以在开始经营之日的当年一次性扣除，也可以自支出发生月份的次月起，分期摊销，摊销年限不得低于 3 年。但一经选定，不得改变。

（3）不得扣除的项目。

①向投资者支付的股息、红利等权益性投资收益款项。

②企业所得税税款。

③税收滞纳金。

④罚金、罚款、被没收财物的损失。

⑤超过国家规定允许扣除的公益捐赠，以及非公益捐赠支出。

⑥赞助支出。

⑦未经核定的准备金支出，即不符合国务院财政和税务主管部门规定的各项资产减值准备、风险准备等准备金支出。

⑧与取得收入无关的其他各项支出。

3. 可以弥补的年度亏损

《企业所得税法》规定，纳税人发生年度亏损的，可以用下一纳税年度的所得弥补；下一纳税年度的所得不足弥补的，可以逐年延续弥补，但是延续弥补期最长不得超过 5 年。

关于这项规定应注意：第一，可以弥补的年度亏损是指按照税法调整后的亏损，而不是企业财务报表中记录的会计利润；第二，弥补期自亏损年度的下一年算起，连续计算5个自然年度，5年中即使有亏损年度，仍将其视为一个弥补年度，而且先亏损先弥补，逐年计算；第三，如果在弥补期又发生亏损，则从各亏损年度的下一年算起。

自2018年1月1日起，当年具备高新技术企业或科技型中小企业资格的企业，其具备资格年度之前5个年度发生的尚未弥补完的亏损，准予结转以后年度弥补，最长结转年限由5年延长至10年。

实例1-17 某企业（非高新技术企业或科技型中小企业）2012—2018年的盈亏情况如表1-4所示：

表1-4　　某企业2012—2018年的盈亏情况

年度	2012	2013	2014	2015	2016	2017	2018
按税法规定调整后的盈亏额（万元）	−165	−56	30	30	40	60	60

解析：

对于2012年亏损额，2013—2017年为弥补期。

2014—2017年盈利合计为160万元，弥补2012年亏损160万元，因此尚有未弥补的亏损5万元，由于已经超过5年弥补期，故不得弥补。

对于2013年亏损额，2014—2018年为弥补期。

因2014—2017年的盈利已用来弥补2012年的亏损，故只能用2018年的盈利来弥补2013年的亏损，56万元的亏损额全部弥补，2018年弥补亏损后尚有4万元应纳税所得额，据此计算应缴纳企业所得税。

（五）税收优惠

我国现行企业所得税优惠的整体原则是以产业优惠为主，区域优惠为辅，兼顾社会进步。主要优惠政策如下。

（1）国债利息收入免税。

（2）符合条件的居民企业之间的股息红利等权益性投资收益免税。这些权益性投资收益是指居民企业直接投资于其他居民企业取得的投资收益。

（3）企业从事蔬菜、谷类、薯类、油料等的种植，农作物新品种的选育，中草药的种植，林木的培育和种植，畜牧家禽的饲养等取得的收入免征企业所得税。

（4）企业从事国家重点扶持的《公共基础设施项目企业所得税优惠目录》中规定的港口码头、机场、铁路、公路、城市公共交通、电力、水利等项目，自项目取得第一笔经营收入所属纳税年度起，第一年至第三年免征企业所得税，第四年至第六年减半征收企业所得税。

（5）企业从事符合条件的环境保护、节能节水项目的所得，自项目取得第一笔经营收入所属纳税年度起，第一年至第三年免征企业所得税，第四年至第六年减半征收企业所得税。

（6）企业获得的符合条件的技术转让所得，一个纳税年度内不超过500万元的部分，免征企业所得税；超过500万元的部分，减半征收企业所得税。

(7) 企业为开发新技术、新产品、新工艺发生的研究开发费用，未形成无形资产计入当期损益的，在按照规定据实扣除的基础上，再按照研发费用的 50%加计扣除；形成无形资产的，按照无形资产成本的 150%摊销，除法律另有规定外，摊销年限不得低于 10 年。科技型中小企业开展研发活动中实际发生的研发费用，未形成无形资产计入当期损益的，在按规定据实扣除的基础上，在 2017 年 1 月 1 日至 2019 年 12 月 31 日期间，再按照实际发生额的 75%在税前加计扣除；形成无形资产的，在上述期间按照无形资产成本的 175%在税前摊销。

(8) 企业安置符合《中华人民共和国残疾人保障法》（简称《残疾人保障法》）规定范围的残疾人员的，在按照支付给残疾职工工资据实扣除的基础上，按照支付给残疾职工工资的 100%加计扣除。

(9) 创业投资企业采取股权投资方式投资于未上市的中小高新技术企业两年以上的，可以按照其投资额的 70%在股权持有满两年的当年抵扣该创业投资企业的应纳税所得额；当年不足抵扣的，可以在以后纳税年度结转抵扣。

公司制创业投资企业采取股权投资方式直接投资于种子期、初创期科技型企业（以下简称初创科技型企业）满 2 年（24 个月）的，可以按照投资额的 70%在股权持有满 2 年的当年抵扣该公司制创业投资企业的应纳税所得额；当年不足抵扣的，可以在以后纳税年度结转抵扣。

有限合伙制创业投资企业（以下简称合伙创投企业）采取股权投资方式直接投资于初创科技型企业满 2 年的，该合伙创投企业的合伙人分别按以下方式处理：法人合伙人可以按照对初创科技型企业投资额的 70%抵扣法人合伙人从合伙创投企业分得的所得；当年不足抵扣的，可以在以后纳税年度结转抵扣。

实例 1-18 某工业企业为居民企业，适用 25%的企业所得税税率，2018 年发生经营业务如下：全年取得产品销售收入 5 600 万元，发生产品销售成本4 000万元；取得其他业务收入 800 万元，发生其他业务成本 660 万元；取得购买国债的利息收入 40 万元；缴纳税金及附加 300 万元；发生管理费用 760 万元，其中新技术研究开发费用 60 万元、业务招待费用 70 万元；发生财务费用 200 万元；取得直接投资其他居民企业的权益性收益 34 万元；取得营业外收入 100 万元，发生营业外支出 250 万元（其中含公益捐赠 38 万元）。

请计算：该企业 2018 年应缴纳企业所得税。

解析：

(1) 求利润总额。

利润总额＝销售收入＋其他业务收入＋国债利息收入＋投资收益＋营业外收入
　　　　－销售成本－其他业务成本－税金及附加－管理费用－财务费用
　　　　－营业外支出
　　　＝5 600＋800＋40＋34＋100－4 000－660－300－760－200－250
　　　＝404(万元)

(2) 计算纳税调整金额。

①国债利息收入免征企业所得税，应调减所得额 40 万元。

②研究开发费用加计扣除 50%。

调减所得额＝60×50%＝30(万元)

③实际发生业务招待费的60%，计算如下。

70×60%=42(万元)

营业收入的5‰，计算如下。

(5 600+800)×5‰=32(万元)

按照规定，税前扣除限额应为32万元，则

应调增应纳税所得额=70−32=38(万元)

④取得直接投资其他居民企业的权益性收益属于免税收入，应调减应纳税所得额34万元。

⑤捐赠扣除标准为：

404×12%=48.48(万元)

实际捐赠额38万元小于捐赠扣除标准48.48万元，可据实扣除，不做纳税调整。

(3) 计算应纳税所得额。

应纳税所得额=404−40−30+38−34=338(万元)

(4) 计算应缴纳企业所得税。

应缴纳企业所得税=338×25%=84.5(万元)

实例1-19 张先生投资兴办的有限责任公司在2018年的相关财务数据如下。

(1) 销售收入3 800万元。

(2) 销售成本2 400万元。

(3) 销售费用770万元（其中广告费650万元)。

(4) 管理费用480万元（其中业务招待费25万元)。

(5) 财务费用60万元。

(6) 税金及附加40万元。

(7) 营业外收入80万元，营业外支出45万元（含通过民政部门向灾区捐款30万元，支付税收滞纳金6万元)。

(8) 计入成本费用的实发工资总额200万元（经税务机关确认符合合理的工资、薪金标准)，拨缴职工工会经费4万元，发生职工福利费31万元，发生职工教育经费7万元。

(9) 2018年6月，购进台式电脑10台，每台不含税价为0.42万元，会计上2018年已计提折旧0.7万元，税法规定低于单位价值5 000元的设备可以在税前一次性扣除。

请计算：该企业2018年应缴企业所得税。

解析：

(1) 会计利润总额为：

3 800+80−2 400−770−480−60−40−45=85(万元)

(2) 广告宣传费调增应纳税所得额为：

650−3 800×15%=80(万元)

(3) 业务招待费调增应纳税所得额为：

25−25×60%=10(万元)

3 800×5‰=19(万元)>25×60%=15(万元)

(4) 捐赠支出调增应纳税所得额为:

30-85×12%=19.80(万元)

(5) 税收滞纳金不允许税前扣除，调增应纳税所得额 6 万元。

(6) 职工福利费调增应纳税所得额为:

31-200×14%=3(万元)

(7) 职工教育经费本年度扣除限额为:

200×8%=16(万元)

实际发生 7 万元，此项不需要调整应纳税所得额。

(8) 设备按一次性税前扣除，应调减应纳税所得额为:

10×0.42-0.7=3.5(万元)

(9) 应纳税所得额为:

85+80+10+19.80+6+3-3.5=200.30(万元)

(10) 应缴企业所得税为:

200.30×25%=50.075(万元)

(六) 纳税申报

1. 纳税期限

企业所得税按纳税年度计算，按月份或者按季度预缴。根据《关于实施小型微利企业普惠性所得税减免政策有关问题的公告》，小型微利企业所得税统一实行按季度预缴。

企业应当自月份或者季度终了之日起 15 日内，向税务机关报送预缴企业所得税纳税申报表，预缴税款。

企业应当自年度终了之日起 5 个月内，向税务机关报送年度企业所得税纳税申报表，并汇算清缴，结清应缴应退税款。

企业在年度中间终止经营活动的，应当自实际经营终止之日起 60 日内，向税务机关办理当期企业所得税汇算清缴。

纳税年度自公历 1 月 1 日起至 12 月 31 日止。企业在一个纳税年度中间开业，或者终止经营活动，使该纳税年度的实际经营期不足 12 个月的，应当以其实际经营期为一个纳税年度。企业依法清算时，应当以清算期间作为一个纳税年度。

2. 纳税地点

除税收法律、行政法规另有规定外，居民企业以企业登记注册地为纳税地点；但登记注册地在中国境外的，以实际管理机构所在地为纳税地点。

居民企业在中国境内设立不具有法人资格的营业机构的，应当汇总计算并缴纳企业所得税。

非居民企业在中国境内设立的机构、场所取得的来源于中国境内的所得，以及发生在中国境外但与其所设机构、场所有实际联系的所得，以机构、场所所在地为纳税地点。

非居民企业在中国境内未设立机构、场所的，或者虽设立机构、场所，但取得的所得与其所设机构、场所没有实际联系的，以扣缴义务人所在地为纳税地点。

三、个人所得税

为了便于读者理解本书第四章“个人跨境所得的税务优化”中的涉税计算，本节简要介绍个人所得税的计算。[①]

（一）个人所得税计算总结

个人所得税计算总结如表 1-5 所示。

表 1-5　　个人所得税计算总结

<table>
<tr><th rowspan="3">应税所得项目</th><th rowspan="3">计征频次</th><th colspan="3">扣除项目</th><th colspan="3">税率</th></tr>
<tr><th colspan="2">居民个人</th><th rowspan="2">非居民个人</th><th colspan="2">居民个人</th><th rowspan="2">非居民个人</th></tr>
<tr><th>预扣预缴</th><th>汇算清缴</th><th>预扣预缴</th><th>汇算清缴</th></tr>
<tr><td>工资、薪金所得</td><td>按月计征</td><td>扣除基本费用、专项扣除、专项附加扣除及其他扣除</td><td rowspan="4">①四项并“综合所得”，按年汇算清缴；
②扣除基本费用（6 万元/年）、专项扣除、专项附加扣除及其他扣除</td><td>5 000 元/月</td><td>7 级年表</td><td rowspan="4">7 级年表</td><td rowspan="4">7 级月表</td></tr>
<tr><td>劳务报酬所得</td><td rowspan="3">按次计征</td><td rowspan="3">收入≤4 000 元，扣 800 元；
收入＞4 000 元，扣 20%；</td><td rowspan="3">无扣除项目</td><td>3 级</td></tr>
<tr><td>特许权使用费所得</td><td rowspan="2">20%</td></tr>
<tr><td>稿酬所得</td></tr>
<tr><td>经营所得</td><td>按年计征</td><td colspan="2">所有直接和间接经营成本，包括损失，均可减除。</td><td colspan="4">五级</td></tr>
<tr><td>财产租赁所得</td><td rowspan="4">按次计征</td><td colspan="2">应纳税所得额≤4 000 元，扣 800 元；
应纳税所得额＞4 000 元，扣 20%；</td><td colspan="4" rowspan="4">20%</td></tr>
<tr><td>财产转让所得</td><td colspan="2">可扣除财产原值及与出售资产有关的税费</td></tr>
<tr><td>利息、股息、红利所得</td><td colspan="2" rowspan="2">没有扣除</td></tr>
<tr><td>偶然所得</td></tr>
</table>

注：①计算“经营所得”时，业主工资不允许扣除。

②居民个人无“综合所得”的，计算“经营所得”时，可扣除 5 000 元/月（6 万元/年）基本费用、三险一金、6 项专项附加扣除及其他扣除。

③计算“利息、股息、红利所得”时，国债利息收入免征个税；储蓄存款于 2008 年 10 月 9 日（含）后孳生的利息所得，暂免征个税。

---

① 关于个人所得税税制，请参阅：北京当代金融培训有限公司．金融理财原理（下）．北京：中国人民大学出版社，2019.

（二）个人所得税计算实例

实例 1－20 2019 年，中国税收居民李勇每月应发工资均为 30 000 元，另取得以下 6 项所得。

（1）2019 年 1 月，收到利息收入 24 000 元，其中，4 000 元为国债利息收入，2 000 元为银行存款利息，其余 18 000 元为借给某公司款项的利息收入。

（2）2019 年 5 月，为外资企业进行形象策划，获得报酬 3 000 元。

（3）2019 年 6 月，向某矿务局提供一项非专利技术，取得收入 8 000 元。

（4）2019 年 7 月，出版一本书，获得稿酬收入 5 000 元。

（5）2019 年 10 月，获得中奖收入 40 000 元，抽奖支出为 6 000 元。

（6）2019 年 12 月，出租家中富余的汽车一辆，取得租金 2 000 元。

每月减除费用 5 000 元，“三险一金”专项扣除为 4 500 元，享受子女教育、赡养老人两项专项附加扣除共计 2 000 元，没有减免收入及减免税额等情况，请计算李勇在 2019 年的预缴税额及全年应纳税额。

解析：

居民个人取得的工资、薪金所得，按累计预扣法预扣预缴个人所得税。

居民个人取得的稿酬所得、劳务报酬所得和特许权使用费所得，按次预扣预缴个人所得税。

财产租赁所得，偶然所得，利息、股息、红利所得，按月代扣代缴个人所得税。其中，国债利息收入、存款利息收入免征个人所得税；抽奖中奖收入，以收入全额为应纳税所得额，不扣除抽奖支出。

2019 年年度终了后，在 2020 年 3 月 1 日至 2020 年 6 月 30 日期间，按“综合所得”清算个人所得税。

2019 年李勇工资、薪金所得预扣预缴税额情况如表 1－6 所示。

表 1－6　2019 年李勇工资、薪金所得预扣预缴税额情况

所属月份	累计工资收入	累计减除费用	累计专项扣除	累计专项附加扣除	累计应纳税所得额	速算预扣率	速算扣除数	累计已预扣预缴税额	本月应预扣预缴税款
1 月	30 000	5 000	4 500	2 000	18 500	3%	—	—	555
2 月	60 000	10 000	9 000	4 000	37 000	10%	2 520	555	625
3 月	90 000	15 000	13 500	5 000	55 500	10%	2 520	1 180	1 850
4 月	120 000	20 000	18 000	8 000	74 000	10%	2 520	3 030	1 850
5 月	150 000	25 000	22 500	10 000	92 500	10%	2 520	4 880	1 850
6 月	180 000	30 000	27 000	12 000	111 000	10%	2 520	6 730	1 850
7 月	210 000	35 000	31 500	14 000	129 500	10%	2 520	8 580	1 850
8 月	240 000	40 000	36 000	16 000	148 000	20%	15 920	10 430	2 250
9 月	270 000	45 000	40 500	18 000	166 500	20%	16 920	12 680	3 700
10 月	300 000	50 000	45 000	20 000	185 000	20%	16 920	15 380	3 700
11 月	330 000	55 000	49 500	22 000	203 500	20%	16 920	20 080	3 700
12 月	360 000	60 000	54 000	34 000	222 000	20%	16 920	23 780	3 700

全年工资、薪金所得预扣预缴税额累计为 27 480（＝23 780＋3 700）元。

(1) 综合所得预扣预缴。

2019 年全年工资、薪金所得预扣预缴税额累计为 27 480 元。

2019 年 5 月，劳务报酬所得预扣预缴税额为：

(3 000－800)×20%＝440(元)

2019 年 6 月，特许权使用费所得预扣预缴税额为：

8 000×(1－20%)×20%＝1 280(元)

2019 年 7 月，稿酬所得预扣预缴税额为：

5 000×(1－20%)×(1－30%)×20%＝560(元)

(2) 除综合所得以外的所得代扣代缴。

2019 年 1 月，利息、股息、红利所得应纳税额为：

18 000×20%＝3 600(元)

2019 年 10 月，偶然所得应纳税额为：

40 000×20%＝8 000(元)

2019 年 12 月，财产租赁所得应纳税额为：

(2 000－800)×20%＝240(元)

(3) 综合所得年终汇算清缴。

李勇在 2019 年的综合所得应纳税额为：

{[30 000×12＋3 000×(1－20%)＋8 000×(1－20%)＋5 000×(1－20%)×(1－30%)]－5 000×12－4 500×12－2 000×12)}×20%－16 920＝29 800(元)

李勇在 2019 年的综合所得已预缴税额为：

27 480＋440＋1 280＋560＝29 760(元)

李勇在 2019 年的综合所得应补缴税额为：

29 800－29 760＝40(元)

(4) 李勇在 2019 年的全部所得应纳税额为：

29 800＋3 600＋240＋8 000＝41 640(元)

应特别注意劳务报酬所得、稿酬所得、特许权使用费所得预扣预缴与汇算清缴时的算法不同。

本题中，劳务报酬所得为 3 000 元，低于 4 000 元，预扣预缴时扣减 800 元（适用三级超额累进税率表），汇算清缴时扣减 20%（与其他综合所得合并计税，适用七级年表），故汇算清缴时李勇需要补税。

假设 2019 年 5 月的劳务报酬所得为 40 000 元，其他均不变。则：

2019 年 5 月，劳务报酬所得预扣预缴税额为：

40 000×(1－20%)×30%－2 000＝7 600(元)

李勇在 2019 年的综合所得应纳税额为：

{[30 000×12+40 000×(1−20%)+8 000×(1−20%)+5 000×(1−20%)×(1−30%)]−5 000×12−4 500×12−2 000×12)}×20%−16 920=35 720(元)

李勇在 2019 年的综合所得已预缴税额为：

27 480+7 600+1 280+560=36 920(元)

李勇在 2019 年的综合所得应退税额为：

36 920−35 720=1 200(元)

李勇在 2019 年的全部所得应纳税额为：

35 720+240+3 600+8 000=47 560(元)

实例 1-21 2019 年，居民个人马某每月工资、薪金收入为 1 万元。2019 年 12 月，马某取得全年一次性奖金收入 3 万元，假设全年无其他收入。每月三险一金支出 0.2 万元，全年可扣除子女教育费支出 1.2 万元，房屋租金支出 1.8 万元（主要工作城市为北京），赡养老人支出 2.4 万元，马某配偶自付目录内大病医疗支出 3 万元，选择在马某收入中扣除。请问对全年一次性奖金收入，马某选择单独计税还是并入综合所得计税更划算？

解析：

（1）选择单独计税的个人所得税负担。

由于

30 000÷12=2 500(元)

因此可确定适用税率为 3%，速算扣除数为零。[①]

全年一次性奖金收入应纳税额=30 000×3%=900(元)

马某配偶自付目录内大病医疗支出 3 万元，其中 1.5 万元可在马某的综合所得中扣除。马某全年收入的扣除金额合计如下。

60 000+2 000×12+12 000+18 000+24 000+15 000=153 000(元)

马某全年工资、薪金收入为 12 万元，低于 15.3 万元，工资、薪金所得应纳税额为 0。

故马某选择单独计税，个税负担为 900 元。

（2）选择并入综合所得的个人所得税负担。

马某全年工资、薪金收入为 12 万元，远低于 15.3 万元，若将全年一次性奖金收入 3 万元并入 2019 年综合所得，则：

12+3−15.3=−0.3(万)<0

马某不需要缴纳个人所得税。

综上，马某应选择将全年一次性奖金收入并入综合所得。

实例 1-22 D 公司为中国境内上市公司。2017 年 1 月 1 日，经公司股东大会决议，D 公司决定对一部分员工实施股票期权激励计划，授予其股票期权，授权价格为 3 元/股。

① 速算扣除数具体数额参见本书“税款计算常用税率表”部分，后文不再说明。

2019 年 2 月 1 日，公司员工苏某在行权日取得 D 公司股票 10 万股，D 公司股票价格为 7 元/股。2020 年 5 月 1 日，苏某按 12 元/股的价格将 10 万股股票全部卖出。请问苏某应如何缴纳个人所得税？2020 年 5 月 1 日，若苏某按 6.5 元/股的价格将 10 万股股票全部卖出，那么苏某应如何缴纳个人所得税？

解析：

D 公司为中国境内上市公司，苏某在行权日即 2019 年 2 月 1 日按工资、薪金所得单独计税，可在行权日后 12 个月内，即在 2020 年 1 月 31 日之前缴纳完毕。目前尚未有纳税期均匀纳税的规定。

苏某的应纳税额＝(7－3)×100 000×25％－31 920＝68 080(元)

2020 年 5 月 1 日，实际转让股票时获得转让股票所得，对该所得免征个人所得税。对于股票转让损失，目前尚未有退税规定。

第三节　其他相关税

一、房产税

房产税是以房屋为课税对象，以房产的价值或租金收入为计税依据征收的一种税。对房产征税的目的是运用税收杠杆，加强对房产的管理，提高房产使用效率，控制固定资产投资规模，配合国家房产政策的调整，合理调节房产所有人和经营人的收入。另外，房产税也是地方政府财政收入的重要来源之一。我国于 2018 年实现房产税收入 2 889 亿元，房产税收入占税收总收入的比重为 1.85％。

（一）纳税人与课税范围

纳税人为城市、县城、建制镇和工矿区的房屋产权所有人。其中，产权归国家所有的，由经营管理单位纳税；产权归集体或个人所有的，由集体单位和个人纳税；产权出典的，由承典人纳税；产权所有人、承典人不在房屋所在地的，由房产代管人或者使用人纳税；产权未确定及租典纠纷未解决的，由房产代管人或者使用人纳税。

个人所有非营业用的房产免征房产税（上海、重庆试点地区除外），农村地区的房产不缴纳房产税。

（二）计税依据

房产税的计税依据是房产的计税价值或房产的租金收入。按照房产计税价值征税的，称为从价计征；按照房产租金计征的，称为从租计征。

从价计征指对于经营自用的房产按照计税余值计征房产税。房产的计税余值是指按照房产原值一次减除 10％～30％后的余值，具体扣除比例由当地省、自治区、直辖市人民政府确定。

从租计征指对于出租房屋，以不含增值税的租金收入为房产税的计税依据。租金收入是房屋产权所有人出租房产使用权所得的报酬，包括货币收入和实物收入。如果以劳务或其他形式为报酬抵付房租收入，则应根据当地同类房产的租金水平确定一个标准租金额从租计征。

（三）税率

房产税采用比例税率，由于计税依据分为从价计征和从租计征两种形式，所以房产税的税率也有两种：第一，经营自用，从价计征的税率为 1.2%；第二，出租租金收入，从租计征的税率为 12%。应纳税额的计算公式如下。

从价计征应纳税额＝应税房产原值×(1－减除比例)×1.2%

从租计征应纳税额＝租金收入×12%(或 4%[①])

根据《关于实施小微企业普惠性税收减免政策的通知》，自 2019 年 1 月 1 日起，各省、自治区、直辖市人民政府根据本地区实际情况及宏观调控需要，对增值税小规模纳税人，可在 50%的税额幅度内减征房产税。

房产税采用按年计征、分期缴纳的方法。

实例 1－23 某企业的经营用房原值为 6 000 万元，按照当地规定允许按照减除 30%后的余值计税，适用税率为 1.2%。计算其应纳税额。

解析：

应纳税额＝6 000×(1－30%)×1.2%＝50.4(万元)

实例 1－24 赵某在济南拥有两处住房，一处住房供自己和家人居住，另一处住房于 2019 年 7 月 1 日出租给王某等若干人居住，租期一年，按市场价每月取得租金收入 12 000 元。计算赵某在 2019 年应缴纳的房产税（已知个人出租住房适用增值税征收率为 1.5%，暂不考虑减税等因素）。

解析：

个人所有非营业用的房产免征房产税（上海、重庆试点地区除外）；出租住房取得租金收入应缴纳房产税，计税依据为不含增值税的租金收入。对于月销售额不超过 10 万元或季销售额不超过 30 万元的增值税小规模纳税人免征增值税。根据《关于营改增后契税　房产税　土地增值税　个人所得税计税依据问题的通知》免征增值税的，确定计税依据时，成交价格、租金收入、转让房地产取得的收入不扣减增值税额。若假设无其他增值税应税收入，则：

赵某在 2019 年应缴纳的房产税＝12 000×4%×6＝2 880(元)

假设赵某出租住房的月租金及其他增值税应税收入合计为 110 000 元，其中月租金为 31 500元，则：

---

① 根据《关于廉租住房　经济适用住房和住房租赁有关税收政策的通知》，自 2008 年 3 月 1 日起，对个人出租住房按 4%的税率征收房产税，对企事业单位、社会团体以及其他组织按市场价格向个人出租用于居住的住房减按 4%的税率征收房产税。

赵某在2019年应缴纳的房产税=[31 500−31 500÷(1+5%)×1.5%]×4%×6=7 452(元)

(四) 纳税申报

1. 纳税义务发生时间

(1) 将原有的房产用于生产经营的，从生产经营之月起，计征房产税。

(2) 自建的房屋用于生产经营的，自建成之日的次月起，计征房产税。

(3) 委托施工企业建设的房屋，从办理竣工验收手续之日的次月起，计征房产税。对于在办理验收手续前已使用或出租、出借的新建房屋，应从使用或出租、出借的当月起按规定计征房产税。

(4) 购置新建商品房，自房屋交付使用之次月起计征房产税。

(5) 购置存量房，自办理房屋权属转移、变更登记手续，房地产权属登记机关签发房屋权属证书之次月起计征房产税。

(6) 出租、出借房产，自交付出租、出借房产之次月起计征房产税。

(7) 房地产开发企业自用、出租、出借本企业建造的商品房，自房屋使用或交付之次月起计征房产税。

2. 纳税期限

房产税按年征收、分期缴纳。纳税期限由省、自治区、直辖市人民政府规定。各地一般按季或半年预征。

3. 纳税地点

房产税由房产所在地的税务机关征收。房产不在同一地方的纳税人，应按房产的坐落地点分别向房产所在地的税务机关缴纳。

(五) 房产税改革试点

多年来，我国房产税仅对城镇范围的经营性房产征收。为进一步完善房产税制度，合理调节居民收入分配，正确引导住房消费，有效配置房产资源，2011年1月，经国务院常务会议同意，上海、重庆作为房产税改革试点城市，开始将房产税征税范围扩大至部分家庭居住房产。

将上海、重庆作为房产税改革试点城市，被视为我国进行房地产税改革的先声。但是，房地产税不同于房产税，它涉及房地产开发、保有和交易各个阶段，房地产税改革是一个系统工程。从改革目的看，房地产税改革侧重于住房基础制度和长效机制的建立完善。房地产税制度设计会体现“房子是用来住的”的政策导向，通过征税加大投资性房产的持有成本，抑制房产投资（投机）行为，从而降低房价波动率、抑制地产泡沫，实现住房的居住功能。从改革的影响看，房地产税改革有利于我国税制结构的优化。一直以来，流转税占我国税收收入的比重超过一半，而流转税的绝大部分收入集中在中央政府手中，地方政府缺乏稳定的财政收入来源。房地产税改革后，一方面会适当加大财产税在我国税收总收入中的比重，另一方面房地产税有望成为地方政府稳定的财政收入来源，降低地方政府对土地财政的过度依赖。

专栏 1-2

上海房产税改革试点主要内容

《上海市人民政府关于印发〈上海市开展对部分个人住房征收房产税试点的暂行办法〉的通知》规定，自 2011 年 1 月底开始，上海对部分个人住房征收房产税，征收范围包括上海市居民家庭在上海市新购且属于该居民家庭第二套及以上的住房，以及非上海市居民家庭在当地新购的住房。

上海市居民家庭人均不超过 60 平方米的，其新购的住房暂免征收房产税。税基暂按应税住房市场交易价格的 70%计算，适用税率暂定为 0.6%。对住房每平方米市场交易价格低于当地上一年度新建商品住房平均销售价格 2 倍（含 2 倍）的，税率暂减为 0.4%。

专栏 1-3

重庆房产税改革试点主要内容

《重庆市人民政府关于修订〈重庆市关于开展对部分个人住房征收房产税改革试点的暂行办法〉和〈重庆市个人住房房产税征收管理实施细则〉的决定》的主要内容如下。

（1）首批纳入征收对象的住房。

①个人拥有的独栋商品住宅。

②个人新购的高档住房。

高档住房是指建筑面积交易单价达到上两年主城九区新建商品住房成交建筑面积均价 2 倍（含 2 倍）以上的住房。

③在重庆市同时无户籍、无企业、无工作的个人新购的首套及以上的普通住房。

新购住房是指《重庆市关于开展对部分个人住房征收房产税改革试点的暂行办法》施行之日起购买的住房（包括新建商品住房和存量住房）。

（2）计税依据。

应税住房的计税价值为房产交易价。条件成熟时，将房产评估值作为计税依据。

（3）税率。

①独栋商品住宅和高档住房建筑面积交易单价在上两年主城九区新建商品住房成交建筑面积均价 3 倍以下的住房，税率为 0.5%；3 倍（含 3 倍）至 4 倍的，税率为 1%；4 倍（含 4 倍）以上的税率为 1.2%。

②在重庆市同时无户籍、无企业、无工作的个人新购首套及以上的普通住房，税率为 0.5%。

（4）应纳税额的计算。

①计税公式。

$$应纳税额=应税建筑面积\times建筑面积交易单价\times税率$$

应税建筑面积是指纳税人应税住房的建筑面积扣除免税面积后的面积。

②免税面积。

扣除免税面积以家庭为单位，一个家庭只能对一套应税住房扣除免税面积。在本办法施行前拥有的独栋商品住宅，免税面积为 180 平方米；新购的独栋商品住宅、高档住房，免税面积为 100 平方米。纳税人家庭拥有多套新购应税住房的，按时间顺序对先购的应税住房扣除免税面积。

在重庆市同时无户籍、无企业、无工作的个人的应税住房均不扣除免税面积。

二、契税

契税是以所有权发生转移变动的不动产为征税对象，向产权承受人征收的一种财产税。根据财政部公布的数据，我国在2018年实现契税收入5 730亿元，契税收入占税收总收入的比重为3.66%。

（一）征收范围及纳税人

契税的纳税人是在中国境内承受土地、房屋权属转移的单位和个人。其中，土地、房屋权属是指土地使用权和房屋所有权。单位是指企业单位、事业单位、国家机关、军事单位、社会团体及其他组织。个人是指个体经营者及其他个人，包括中国公民和外籍人员。

（二）课税对象与计税依据

1. 课税对象

契税的课税对象是在中国境内转移土地、房屋权属的行为。具体包括五项内容。

（1）国有土地使用权出让，是指土地使用者向国家交付国有土地使用权出让费用，国家将国有土地使用权在一定年限内让与土地使用者的行为。

（2）国有土地使用权转让，是指土地使用者以出售、赠与、交换或者其他方式将国有土地使用权转移给其他单位和个人的行为。国有土地使用权转让不包括农村集体土地承包经营权的转移。

（3）房屋买卖，是指以货币为媒介，出卖者向购买者过渡房产所有权的交易行为。另外，以房产抵债或以实物交换房屋、以房产做投资或做股权转让、以获奖方式承受土地房屋权属、以预购方式或者预付集资建房款方式承受土地房屋权属、买房拆料或翻建新房等，应视同房屋买卖行为计征契税。

（4）房屋赠与，是指房屋产权所有人将房屋无偿赠送他人所有。由于房屋是不动产，价值较大，因此法律要求赠与房屋应有书面合同（契约），并到房地产管理机关或农村基层政权机关办理登记过户手续才能生效。如果房屋赠与行为涉及涉外关系，则还需要公证处证明和外事部门认证才能生效。

（5）房屋交换，是指房屋所有者之间互相交换房屋的行为。

2. 计税依据

契税的计税依据为不动产的不含增值税的价格。由于土地房屋权属的转移方式不同，定价方法也不同，因而具体计税依据视不同情况而定。契税的计税依据如下：国有土地使用权出让、国有土地使用权出售、房屋买卖的计税依据为成交价格；国有土地使用权赠与、房屋赠与的计税依据，由征收机关参照土地使用权出售、房屋买卖的市场价格核定；国有土地使用权交换、房屋交换的计税依据，为所交换的土地使用权、房屋的价格的差额。国有土地使用权交换、房屋交换的计税依据，由支付差额的一方缴纳契税。

（三）税率

契税实行3%～5%的幅度税率。实行幅度税率是考虑到我国经济发展不平衡，以及各地经济差别较大的实际情况。因此，各省、自治区、直辖市人民政府可以在幅度税率规定的范围内，根据本地区的实际情况决定。计算公式为：

应纳税额＝计税依据×税率

自2016年2月22日起，对个人购买家庭唯一住房（家庭成员范围包括购房人、配偶以及未成年子女，下同），面积为90平方米及以下的，减按1%的税率征收契税；面积为90平方米以上的，减按1.5%的税率征收契税。北京市、上海市、广州市、深圳市以外的地区，对个人购买家庭第二套改善性住房，面积为90平方米及以下的，减按1%的税率征收契税；面积为90平方米以上的，减按2%的税率征收契税。家庭第二套改善性住房是指已拥有一套住房的家庭所购买的家庭第二套住房。具体如表1-7所示：

表1-7　个人购买住房契税税率

购房情况	购房面积	契税税率
个人购买家庭唯一住房	90平方米及以下	1%
	90平方米以上	1.5%
北京市、上海市、广州市、深圳市以外的地区，个人购买家庭第二套改善性住房	90平方米及以下	1%
	90平方米以上	2%
北京市、上海市、广州市、深圳市的地区，个人购买家庭第二套住房； 全国范围个人购买家庭第三套及以上住房		所在地契税标准税率

实例1-25　居民甲在北京市东城区有四套住房，2019年3月，他将一套60平方米的住房出售给居民乙，成交价格为不含增值税500万元，已知居民乙属于购置家庭唯一住房。居民甲将另一套100平方米的住房换取居民丙在北京市西城区的一套110平方米的住房，并向对方支付不含增值税差价80万元。北京市政府规定的契税标准税率为3%。请问居民甲、居民乙、居民丙分别应缴纳多少契税？

解析：

契税相关法规规定，换房有差价的，对差价部分按规定征收契税。由于居民甲拥有多套住房，因此，甲应缴纳契税2.4（＝80×3%）万元，丙不缴纳契税。

居民乙购买的是家庭唯一住房，且在90平方米以下，因此适用1%的契税税率，应缴纳契税5（＝500×1%）万元。

（四）纳税申报

1. 纳税期限

契税的纳税义务发生时间，为纳税人签订土地、房屋权属转移合同的当天，或者纳税人取得其他具有土地、房屋权属转移合同性质凭证的当天。

纳税人应当自纳税义务发生之日起 10 日内，向土地、房屋所在地的契税征收机关办理纳税申报，并在契税征收机关核定的期限内缴纳税款。

2. 纳税地点

契税纳税地点为土地、房屋所在地的契税征收机关。

三、车船税

车船税是在中国境内的车辆、船舶的所有人或者管理人按照《中华人民共和国车船税法》(简称《车船税法》) 规定应缴纳的一种税。2011 年 2 月，第十一届全国人民代表大会常务委员会第十九次会议通过了《中华人民共和国车船税法》，该法自 2012 年 1 月起施行。

(一) 征税范围和纳税人

车船税的征税范围包括：

(1) 依法应当在车船登记管理部门登记的机动车辆和船舶。

(2) 依法不需要在车船登记管理部门登记的在单位内部场所行驶或者作业的机动车辆和船舶。

车船税的纳税人，是在中国境内属于《车船税法》所附《车船税税目税额表》规定的车辆、船舶 (以下简称车船) 的所有人或者管理人。

(二) 税额

车船税实行幅度定额税率。

车船税税目税额如表 1-8 所示。

表 1-8　车船税税目税额

税目		计税单位	年基准税额	备注
乘用车 [按发动机汽缸容量 (排气量) 分档]	1.0 升 (含) 以下的	每辆	60 元至 360 元	核定载客人数 9 人 (含) 以下
	1.0 升以上至 1.6 升 (含) 的		300 元至 540 元	
	1.6 升以上至 2.0 升 (含) 的		360 元至 660 元	
	2.0 升以上至 2.5 升 (含) 的		660 元至 1 200 元	
	2.5 升以上至 3.0 升 (含) 的		1 200 元至 2 400 元	
	3.0 升以上至 4.0 升 (含) 的		2 400 元至 3 600 元	
	4.0 升以上的		3 600 元至 5 400 元	
商用车	客车	每辆	480 元至 1440 元	核定载客人数 9 人以上，包括电车
	货车	整备质量每吨	16 元至 120 元	包括半挂牵引车、三轮汽车和低速载货汽车等

续前表

税目		计税单位	年基准税额	备注
挂车		整备质量每吨	按照货车税额的50%计算	
其他车辆	专用作业车	整备质量每吨	16 元至 120 元	不包括拖拉机
	轮式专用机械车		16 元至 120 元	
摩托车		每辆	36 元至 180 元	
船舶	机动船舶	净吨位每吨	3 元至 6 元	拖船、非机动驳船分别按照机动船舶税额的 50%计算
	游艇	艇身长度每米	600 元至 2 000 元	

(三) 计税依据

车船税以《中华人民共和国车船税暂行条例》(简称《车船税暂行条例》)规定的应税车船为征税对象，以征税对象的计量标准为计税依据，从量计征。征税对象既有车辆，又有船舶，而且车船种类繁多，用途各异，计量单位标准不相同，为体现合理负担的原则，车船税的计税依据是按车船的种类和性能分别确定的，采用辆、净吨位、整备质量、艇身长度四种计税单位，并参考排气量、核定载客人数、千瓦等数据。

(四) 税收优惠

1. 减半征收车船税

对节约能源车船，减半征收车船税。

2. 免征车船税

(1) 捕捞、养殖渔船。

(2) 军队、武装警察部队专用的车船。

(3) 警用车船。

(4) 依照法律规定应当予以免税的外国驻华使领馆、国际组织驻华代表机构及其有关人员的车船。

(5) 使用新能源的车船。

免征车船税的使用新能源的汽车是指纯电动商用车、插电式(含增程式)混合动力汽车、燃料电池商用车。

3. 不征车船税

纯电动乘用车和燃料电池乘用车不属于车船税征税范围，对其不征收车船税。

四、土地增值税

土地增值税是对转让国有土地使用权、地上建筑物及其附着物并取得收入的单位和个人，就其转让房地产所取得的增值额征收的一种税。

根据财政部公布的数据，我国在 2018 年实现土地增值税收入 5 642 亿元，土地增值税收入占税收总收入的比重为 3.61%。

（一）纳税人

土地增值税以转让国有土地使用权、地上的建筑物及其附着物（即转让房地产）并取得收入的单位和个人为纳税人。

（二）征税范围

土地增值税的征税范围包括：转让国有土地使用权、地上的建筑物及其附着物。在实际操作中，判断是否征收土地增值税的标准有三个：第一，转让的土地使用权是否为国家所有；第二，国有土地使用权、地上的建筑物及其附着物是否发生转让；第三，转让行为是否取得收入。

（三）税率

土地增值税四级超率累进税率如表 1－9 所示。

表 1－9　土地增值税四级超率累进税率

级数	增值额与扣除项目金额的比率	税率	速算扣除系数
1	增值额未超过扣除项目金额 50%的部分	30%	0%
2	增值额超过扣除项目金额 50%、未超过扣除项目金额 100%的部分	40%	5%
3	增值额超过扣除项目金额 100%、未超过扣除项目金额 200%的部分	50%	15%
4	增值额超过扣除项目金额 200%的部分	60%	35%

其中，速算扣除系数是扣除项目金额的系数。

（四）应税收入与扣除项目的确定

1. 应税收入

纳税人转让房地产取得的应税收入应包括转让房地产的全部价款及有关的经济利益，具体形式如下。

（1）货币收入，包括现金、银行存款、支票、银行本票、汇票等各种信用票据，以及国库券、金融债权、企业债券、股票等有价证券。

（2）实物收入，包括各类实物形态的收入，如钢材、水泥等建材，房屋、土地等不动产。在实际操作中需要对这些实物形态的收入进行估价。

（3）其他收入，主要指转让房地产所取得的无形资产收入或者具有财产价值的权利，如专利权、商标权、著作权、专有技术使用权、土地使用权、商誉权等，其价值需要进行专门评估。

营业税改征增值税后，土地增值税纳税人转让房地产所取得的收入为不含增值税收入。

2. 扣除项目的确定

计算土地增值税应纳税额，并不是直接对转让房地产所取得的收入征税，而是对收入额减除国家规定的各项扣除项目金额后的余额征税。因此，要计算增值额，则还要在确定收入额以后确定扣除项目及扣除标准。税法规定的准予从转让收入额中减除的扣除项目包括：

（1）取得土地使用权所支付的金额，包括纳税人为取得土地使用权所支付的地价款，以及在取得土地使用权时按国家统一规定缴纳的有关费用。

（2）房地产开发成本，包括土地征用及拆迁补偿费、前期工程费、建筑安装工程费、基础设施费、公共配套设施费、开发间接费用等。

（3）房地产开发费用，指与房地产开发项目有关的销售费用、管理费用和财务费用。这三项费用不是按房地产开发项目实际发生的费用进行扣除，而是按《中华人民共和国土地增值税暂行条例实施细则》（简称《土地增值税暂行条例实施细则》）规定的标准进行扣除。

（4）与转让房地产有关的税金，指在转让房地产时缴纳的城市维护建设税、教育费附加、地方教育费附加、印花税。

（5）旧房及建筑物的评估价格，指在转让已使用的房屋及建筑物时，由政府批准设立的房地产评估机构评定的重置成本价乘以成新度折扣率后的价格。

（6）其他扣除项目。对从事房地产开发的纳税人，可按第（1）、（2）项规定计算的金额之和加计扣除20%。

（五）土地增值税的计算

土地增值税按照纳税人转让房地产所取得的增值额和规定的税率计算征收。其计算公式为：

土地增值税税额＝增值额×税率－扣除项目金额×速算扣除系数

实例1-26 某纳税人转让房地产所取得的收入为600万元（不含增值税），其准予扣除项目的金额为150万元，请问其应缴纳的土地增值税税额为多少？

解析：

增值额＝600－150＝450(万元)

增值额与扣除项目金额之比＝450÷150＝300%

土地增值税税额＝450×60%－150×35%＝217.5(万元)

（六）税收优惠

下列情形免征土地增值税。

（1）纳税人建造普通标准住宅出售，土地增值额未超过扣除项目金额20%的，免征土地增值税。从2005年6月1日起，普通标准住宅原则上应同时满足以下三个条件：①住宅小区建筑容积率在1.0以上；②单套建筑面积在120平方米以下；③实际成交价格低于同级别土地上住房平均交易价格的1.2倍。各省、自治区、直辖市要根据实际情况，制定本地区享受优惠政策普通住房的具体标准。允许单套建筑面积和价格标准适当浮动，但向上浮动的比例不得超过上述标准的20%。

（2）因国家建设需要依法征用、收回的房地产。

（3）自2008年11月1日起，对个人销售住房暂免征收土地增值税。

（七）纳税申报

1. 纳税时间

《中华人民共和国土地增值税暂行条例》（简称《土地增值税暂行条例》）规定，纳税人应当自转让房地产合同签订之日起7日内向房地产所在地主管税务机关办理纳税申报，并在税务机关核定的期限内缴纳土地增值税。

土地增值税按照转让房地产所取得的实际收益计算征收，由于计税时要涉及房地产开发的成本和费用，有时还要进行房地产评估等，因此，其纳税时间就不可能像其他税种那样做出统一规定，而是要根据房地产转让的不同情况，由主管税务机关具体确定。主要有以下三种情况。

（1）以一次交割、付清价款方式转让房地产的。

对于这种情况，主管税务机关可在纳税人办理纳税申报后，根据其应纳税额的大小及向有关部门办理过户、登记手续的期限等，规定其在办理过户、登记手续前数日内一次性缴纳全部土地增值税。

（2）以分期收款方式转让房地产的。

对于这种情况，主管税务机关可根据合同规定的收款日期来确定具体的纳税期限。即先计算应缴纳的土地增值税总税额，再将总税额除以转让房地产的总收入，求得应纳税额占总收入的比例。然后，在每次收到税款时，将收到价款的数额乘以这个比例来确定每次应缴纳的税额，并规定其应在每次收款后数日内缴纳土地增值税。

（3）项目全部竣工结算前转让房地产的。

纳税人在项目全部竣工结算前转让房地产取得的收入，由于涉及成本确定或其他原因，无法据实计算土地增值税的，可以预征土地增值税，待该项目全部竣工、办理结算后再进行清算，多退少补。主要涉及以下两种情况。

①纳税人进行小区开发建设的，其中一部分房地产项目因先行开发并已转让出去，但小区内的部分配套设施往往在转让后才建成。在这种情况下，税务机关可以对先行转让的项目，在取得收入时预征土地增值税。

②纳税人以预售方式转让房地产的，对于在办理结算和转交手续前就取得的收入，税务机关也可以预征土地增值税。具体办法由省级地方税务局根据当地情况制定。

根据税法规定，凡采用预征方法征收土地增值税的，在该项目全部竣工办理清算时，都需要对土地增值税进行清算，根据应征税额和已征税额进行结算，多退少补。

2. 纳税地点

土地增值税纳税地点为房地产所在地主管税务机关。房地产所在地是指房地产的坐落地。不论纳税人的机构所在地、经营所在地、居住所在地设在何处，均应在房地产的所在地申报纳税。具体有以下两种情况。

（1）纳税人是法人的。

当纳税人转让的房地产的坐落地与其机构所在地或经营所在地在同一地时，可在办理税务登记的原管辖税务机关申报纳税。如果转让的房地产坐落地与其机构所在地或经营所在地不在一地，则应在房地产坐落地的主管税务机关申报纳税。纳税人转让的房地产坐落在两个或两个以上地区的，应按房地产所在地分别申报纳税。

（2）纳税人是自然人的。

当纳税人转让的房地产的坐落地与其居住所在地同在一地时，应在其居住所在地税务机关申报纳税；如果转让的房地产的坐落地与其居住所在地不在一地，则在办理过户手续所在地的税务机关申报纳税。

五、印花税

印花税是对经济活动和经济交往中书立、使用和领受具有法律效力的凭证的单位和个人征收的一种税。印花税具有覆盖面广、税率低、税负轻、纳税人自行完税的特点。根据财政部公布的数据，2018 年，我国印花税收入为 2 199 亿元，占税收收入总额的比重为 1.41％。

（一）征收范围

印花税的征税范围包括经济合同以及具有合同性质的凭证、产权转移书据、营业账簿、权利、许可证照和经财政部确定征税的其他凭证。印花税通过划分税目的方式确定征收的具体范围，一般来说，列入税目的就要征税，未列入税目的就不征税。

（二）纳税人

在中国境内书立、领受《中华人民共和国印花税暂行条例》（简称《印花税暂行条例》）所列举凭证的单位和个人为印花税的纳税人。具体又分为：立合同人、立据人、立账簿人、领受人和使用人五种。

（三）税目

印花税共有 13 个税目。具体为：购销合同、加工承揽合同、建设工程勘察设计合同、建筑安装工程承包合同、财产租赁合同、货物运输合同、仓储保管合同、借款合同、财产保险合同、技术合同、财产转移书据（包括版权、商标专用权、专利权、专有技术使用权等转移书据和土地使用权出让合同、土地使用权转让合同、商品房销售合同等权利转移合同)、营业账簿、权利许可证照（包括政府部门所发的房屋产权证、工商营业执照、商标注册证、专利证、土地使用证)。

（四）税率

印花税的税率设计，遵循税负从轻、共同负担的原则，税率比较低。凭证的当事人，即对凭证有直接权利与义务关系的单位和个人，均应就其所持凭证依法纳税。印花税的税率有两种形式，即比例税率和定额税率。

1. 比例税率

各类合同以及具有合同性质的凭证、产权转移书据、营业账簿中记载资金的账簿适用比例税率。可分为四个档次：

（1）适用 0.05‰税率的为借款合同。

（2）适用 0.03‰税率的为购销合同、建筑安装工程合同、技术合同。

（3）适用 0.5‰税率的为加工承揽合同、建筑工程勘察设计合同、货物运输合同、产权转移书据、资金账簿。自 2018 年 5 月 1 日起，资金账簿减半征收印花税。

（4）适用 1‰税率的为财产租赁合同、仓储保管合同、财产保险合同。此外，证券（股票）印花税税率为 1‰，且仅由出让方缴纳，受让方不再缴纳。

2. 定额税率

权利、许可证照和营业账簿税目中的其他账簿适用定额税率，按件贴花，税额为每件 5 元。

根据《关于对营业账簿减免印花税的通知》，自 2018 年 5 月 1 日起，对按万分之五税率贴花的资金账簿减半征收印花税，对按件贴花 5 元的其他账簿免征印花税。

根据《关于实施小微企业普惠性税收减免政策的通知》，自 2019 年 1 月 1 日起，各省、自治区、直辖市人民政府根据本地区实际情况及宏观调控需要，对增值税小规模纳税人，可在 50％的税额幅度内减征印花税（不含证券交易印花税）。

（五）缴纳方法

根据税额大小、贴花次数以及征收管理的需要，可采用以下三种方法缴纳印花税。

1. 自行贴花

一般适用应税凭证较少或者贴花次数较少的纳税人。纳税人书立、领受或者使用印花税暂行条例列举的应税凭证的同时，纳税义务即已产生，应当根据应税凭证的性质和适用的税目税率，自行计算应纳税额，自行购买印花税票，自行一次贴足印花税票并加以注销或者划销，纳税义务才算履行完毕。

2. 汇贴或汇缴

一份凭证应纳税额超过 500 元的，纳税人可以将税收缴款书、完税证明其中一联粘贴在凭证上，或者由地方税务机关在凭证上加注完税标记代替贴花。

同一种类应纳税凭证需要频繁贴花的，纳税人可采用按期汇总申报缴纳印花税的方式。汇总申报缴纳的期限不得超过一个月。

3. 委托代征

委托代征是指税务机关委托发放或者办理应税凭证的单位代为征收印花税的办法。《印花税管理规程（试行）》规定，税务机关可委托银行、保险、工商、房地产管理等有关部门，代征借款合同、财产保险合同、权利许可证照、产权转移书据、建设工程承包合同等的印花税。

六、车辆购置税

车辆购置税是以在中国境内购置规定的车辆为课税对象，在特定的环节向车辆购置者征收的一种税。

2018 年 12 月 29 日，第十三届全国人民代表大会常务委员会第七次会议通过了《中华人民共和国车辆购置税法》，该法自 2019 年 7 月 1 日起施行；同时废止了 2000 年 10 月 22 日国务院公布的《中华人民共和国车辆购置税暂行条例》。

车辆购置税由国家税务总局负责征收管理，所得收入归中央政府所有，用于交通事业建设。根据财政部公布的数据，2018 年，我国实现车辆购置税收入 3 453亿元，车辆购置税收入占税收总收入的比重为 2.21%。

（一）纳税人

车辆购置税的纳税人是指在中国境内购置应税车辆的单位和个人。具体而言，车辆购置税的应税行为包括购买使用、进口使用、受赠使用、自产自用、获奖使用以及以其他方式取得并自用。

（二）征税范围

车辆购置税的征税范围包括汽车、有轨电车、汽车挂车、排气量超过一百五十毫升的摩托车。

为了体现税法的统一性、固定性、强制性和法律的严肃性特征，车辆购置税的征税范围的调整由国务院决定，其他任何部门、单位和个人只能认真执行政策规定，无权擅自扩大或缩小车辆购置税的征税范围。

（三）税率

车辆购置税实行统一比例税率，税率为 10%。

自 2018 年 7 月 1 日至 2021 年 6 月 30 日，对购置挂车减半征收车辆购置税。

（四）计税依据与征收管理

车辆购置税以应税车辆为征税对象，实行从价定率办法计算应纳税额。应纳税额的计算公式为：

应纳税额＝计税价格×税率

车辆购置税的计税价格根据不同情况，按照下列规定来确定。

（1）纳税人购买自用的应税车辆的计税价格，为纳税人购买应税车辆而支付给销售者的全部价款和价外费用，不包括增值税税款。

(2) 纳税人进口自用的应税车辆的计税价格的计算公式为：

计税价格=关税完税价格+关税+消费税

(3) 纳税人自产、受赠、获奖或者以其他方式取得并自用的应税车辆的计税价格，由主管税务机关参照应税车辆市场平均交易价格规定的最低计税价格核定。

车辆购置税实行一次性征收。购置已征车辆购置税的车辆，不再征收车辆购置税。

实例 1-27 王某于2018年12月购买一辆排量为2.0升的轿车供自己使用，支付含增值税价款100 000元。请计算车辆购置税税额。

解析：

车辆购置的计税价格为不含增值税价格，因此有

计税价格=100 000÷(1+13%)=88 495.58(元)

车辆购置税税额=88 495.58×10%=8 849.56(元)

七、城市维护建设税及教育费附加

城市维护建设税（简称城建税）是国家对缴纳增值税、消费税的单位和个人就其实际缴纳的“两税”税额为计税依据而征收的一种税。根据财政部公布的数据，2018年，我国城市维护建设税收入为4 840亿元，城市维护建设税收入占税收总收入的比重为3.09%。

城建税有两个显著的特点：第一，具有附加性质。城建税以纳税人实际缴纳的“两税”（即增值税与消费税）税额为计税依据，本身没有特定的、独立的征税对象。纳税人缴纳“两税”的同时缴纳城建税。第二，具有特定的目的。城建税税款专门用于城市公共事业和公共设施的维护建设，是国家为加强城市维护建设、保证地方政府获得稳定的城市维护建设资金来源而采取的一项税收措施。

（一）纳税人

城建税以缴纳增值税、消费税的单位和个人为纳税人，包括各类企业、事业单位、行政单位、军事单位、社会团体、个体工商户和其他个人。

（二）计税依据（附加税性质）

城建税以纳税人实际缴纳的增值税、消费税为计税依据，并与其同时征收，如果免征或者减征“两税”，则同时免征或减征城建税。纳税人违反“两税”有关规定而被加收的滞纳金和罚款，是税务机关对纳税人违法行为的经济制裁，不作为城建税的计税依据，但是纳税人在被查补“两税”和被处以罚款时，应同时就其偷漏的城建税进行补税、征收滞纳金和罚款。

（三）税率

城建税按纳税人所在地的不同，分别规定了三档地区差别比例税率。①

（1）纳税人所在地为市区的，税率为7%。

（2）纳税人所在地为县城、镇的，税率为5%。

（3）纳税人所在地不在市区、县城或者镇的，税率为1%。

计算公式为：

应纳税额＝纳税人实际缴纳的增值税与消费税之和×适用税率

另外，教育费附加按增值税与消费税之和的3%计征，地方教育费附加按增值税与消费税之和的2%计征。

根据《关于实施小微企业普惠性税收减免政策的通知》，自2019年1月1日起，各省、自治区、直辖市人民政府根据本地区实际情况及宏观调控需要，对增值税小规模纳税人，可在50%的税额幅度内减征城市维护建设税、教育费附加和地方教育费附加。

实例1-28 某市区一企业为增值税一般纳税人，2019年2月，该企业实际缴纳增值税50万元、消费税30万元。计算该企业当月应该缴纳的城建税、教育费附加和地方教育费附加之和。

解析：

应缴纳的城建税、教育费附加和地方教育费附加之和＝(500 000＋300 000)×(7%＋3%＋2%)

＝96 000(元)

八、环境保护税

2016年12月25日，第十二届全国人民代表大会常务委员会第二十五次会议通过了《中华人民共和国环境保护税法》（以下简称《环境保护税法》），本法自2018年1月1日起施行。2018年，我国环境保护税收入为151亿元，环境保护税收入占税收总收入的比重为0.10%。

（一）纳税人

中华人民共和国领域和中华人民共和国管辖的其他海域，直接向环境排放应税污染物的企业、事业单位和其他生产经营者为环境保护税的纳税人，应当依照《环境保护税法》的规定缴纳环境保护税。

（二）税目与适用税额

依照《环境保护税法》所附《环境保护税税目税额表》和《应税污染物和当

① 《中华人民共和国城市维护建设税法（征求意见稿）》规定：纳税人所在地在市区的，税率为7%；纳税人所在地不在市区的，税率为5%。具体规定等待政策进一步出台。

量值表》，环境保护税税目分为大气污染物、水污染物、固体废物、噪声四类。环境保护税税目及适用税额详见表 1－10。

表 1－10　　环境保护税税目及适用税额

税目		计税单位	税额
大气污染物		每污染当量	1.2 元至 12 元
水污染物		每污染当量	1.4 元至 14 元
固体废物	煤矸石	每吨	5 元
	尾矿	每吨	15 元
	危险废物	每吨	1 000 元
	冶炼渣、粉煤灰、炉渣、其他固体废物（含半固态、液态废物）	每吨	25 元
噪声	工业噪声	超标 1～3 分贝	每月 350 元
		超标 4～6 分贝	每月 700 元
		超标 7～9 分贝	每月 1 400 元
		超标 10～12 分贝	每月 2 800 元
		超标 13～15 分贝	每月 5 600 元
		超标 16 分贝以上	每月 11 200 元

（三）计税依据

应税污染物的计税依据按照下列方法确定：

（1）应税大气污染物按照污染物排放量折合的污染当量数确定；

（2）应税水污染物按照污染物排放量折合的污染当量数确定；

（3）应税固体废物按照固体废物的排放量确定；

（4）应税噪声按照超过国家规定标准的分贝数确定。

（四）应纳税额计算

（1）应税大气污染物的应纳税额为污染当量数乘以具体适用税额；

（2）应税水污染物的应纳税额为污染当量数乘以具体适用税额；

（3）应税固体废物的应纳税额为固体废物的排放量乘以具体适用税额；

（4）应税噪声的应纳税额为超过国家规定标准的分贝数对应的具体适用税额。

（五）税收减免

下列情形暂予免征环境保护税：

（1）农业生产（不包括规模化养殖）排放应税污染物的；

（2）机动车、铁路机车、非道路移动机械、船舶和航空器等流动污染源排放应税污染物的；

（3）依法设立的城乡污水集中处理场所、生活垃圾集中处理场所排放相应应税污染物，不超过国家和地方规定的排放标准的；

（4）纳税人综合利用的固体废物，符合国家和地方环境保护标准的；

（5）国务院批准免税的其他情形，由国务院报全国人民代表大会常务委员会备案。

第二章

具体税种的优化设计

第一节　增值税的优化设计

一、选择合适的纳税人身份以降低增值税税负

增值税纳税人分为一般纳税人和小规模纳税人。从其计税原理来看，增值税一般纳税人是以增值额作为计税基础，增值税小规模纳税人是以全部收入（不含税）作为计税基础。在销售价格相同的情况下，税负的高低主要取决于增值率的大小。一般来说，增值率高的企业，适于做增值税小规模纳税人，税负轻；反之，则选择做增值税一般纳税人，税负会较轻。纳税人可以根据本企业的实际购销情况计算出自己的增值率，公式为：

增值率＝(销售额－法定扣除的外购项目金额)÷销售额

因此，不难得出结论，当增值率达到某一数值时，增值税一般纳税人与增值税小规模纳税人的税负相等。我们称这一数值为无差别平衡点增值率。在纳税人进项税税率（购进货物、服务的适用税率）与销项税税率（销售货物、服务的适用税率）相同的情况下：

增值税一般纳税人应纳税额＝销项税额－进项税额
＝销售额×增值税税率－销售额×(1－增值率)×增值税税率
＝销售额×增值税税率×[1－(1－增值率)]
＝销售额×增值税税率×增值率

增值税小规模纳税人应纳税额＝销售额×征收率

两者税负相等时的增值率为无差别平衡点增值率，即

销售额×增值税税率×无差别平衡点增值率＝销售额×征收率

解得：

无差别平衡点增值率＝征收率÷增值税税率

例如，当增值税税率为13%，征收率为3%时，有

无差别平衡点增值率＝3%÷13%＝23.08%

将纳税人自己的增值率与无差别平衡点增值率相比较：当增值率恰好为23.08%时，两种纳税人的税负相同；当增值率低于23.08%时，增值税小规模纳税人的税负重于增值税一般纳税人，选择做增值税一般纳税人更合适；当增值率高于23.08%时，增值税一般纳税人的税负高于增值税小规模纳税人，选择做增值税小规模纳税人更合适。各种情况下无差别平衡点增值率见表2-1。

表2-1　无差别平衡点增值率（适用于增值税一般纳税人和增值税小规模纳税人的选择）

增值税税率	征收率	无差别平衡点增值率
13%	3%	23.08%
13%	5%	38.46%
9%	3%	33.33%
9%	5%	55.56%
6%	3%	50.0%
6%	5%	83.33%

注：本表适用于增值税进项、销项税率相同的情况。

实例2-1　某生产性企业的会计核算制度健全，为增值税一般纳税人。2019年预计销售额（不含税）为90万元，购进货物不含税成本为60万元，假设进、销项税率相同。财政部、国家税务总局规定，年销售额不足500万元的增值税一般纳税人可在2019年12月31日之前转登记为增值税小规模纳税人。请从税负角度判断，该企业要不要转为增值税小规模纳税人（若转为增值税小规模纳税人，征收率为3%）?

解析：

2019年，该企业的增值率为33%[＝(90－60)÷90]，经查表2-1，该企业的增值率大于无差别平衡点增值率23.08%，企业选择做增值税小规模纳税人的税负较轻。因此，仅从税负角度判断，该企业应转为增值税小规模纳税人。

从相对应的角度看，用1减去无差别平衡点增值率就是无差别平衡点抵扣率。对于增值税一般纳税人来说，与无差别平衡点抵扣率相比较，抵扣率越大，增值率越小，实际税负越轻；相反，抵扣率越小，增值率越大，实际税负就会越重。因此，在比较增值税一般纳税人与增值税小规模纳税人的税负时，也可以用抵扣率进行衡量。当抵扣率大于无差别平衡点抵扣率时，增值税一般纳税人比增值税小规模纳税人的税负轻；当抵扣率小于无差别平衡点抵扣率时，增值税一般纳税人比增值税小规模纳税人的税负重。各种情况下的无差别平衡点抵扣率见表2-2。

表 2-2　无差别平衡点抵扣率（适用于增值税一般纳税人和增值税小规模纳税人的选择）

增值税税率	征收率	无差别平衡点抵扣率
13%	3%	76.92%
13%	5%	61.54%
9%	3%	66.67%
9%	5%	44.44%
6%	3%	50.00%
6%	5%	16.67%

注：本表适用于增值税进项、销项税率相同的情况。

实例 2-2　某企业年应纳增值税销售额为 150 万元（不含税），会计核算制度健全，符合作为增值税一般纳税人的条件，适用 13%的增值税税率，该企业准予从销项税额中抵扣的进项税额占销项税额的比重为 74%。在这种情况下，转登记为增值税小规模纳税人是否合适？

解析：

该企业的抵扣率为 74%，小于无差别平衡点抵扣率 76.92%，企业选择做增值税小规模纳税人的税负较轻。因此，该企业转登记为增值税小规模纳税人更合适。

实例 2-3　甲商贸公司 2018 年为增值税一般纳税人，年不含税销售额为 300 万元，由于可抵扣的进项税额较少，年实际缴纳增值税 30 万元，增值税税负（年税负为 10%）较重（远超过征收率 3%）。预计 2019 年维持同样的销售规模。请为甲公司设计合理减轻增值税负担的筹划方案。

解析：

筹划方案一：自 2018 年 5 月 1 日起，增值税小规模纳税人标准统一调整为年不含税销售额 500 万元及以下。转登记日前连续 12 个月（以 1 个月为一个纳税期）或者连续 4 个季度（以 1 个季度为 1 个纳税期）累计销售额未超过 500 万元的增值税一般纳税人，在 2019 年 12 月 31 日前，可选择转登记为增值税小规模纳税人。因此，甲公司可以在 2019 年年底以前转登记为增值税小规模纳税人。甲公司在 2019 年的应纳增值税为 9（=300×3%）万元。

筹划方案二：投资者将甲公司注销，同时成立乙、丙、丁三家公司来承接甲公司的业务，三家公司的年销售额均为 100 万元。同时将三家公司 2019 年季度销售额控制在 30 万元以下（含税销售额为 30.9 万元）。根据现行增值税小规模纳税人季度销售额不超过 30 万元免征增值税的优惠政策，乙、丙、丁三家公司年应纳增值税为 0 元。

纳税人身份设计还应注意以下几个问题。

第一，对于纳税人身份转换，税法限制多。

增值税一般纳税人资格实行登记制，如纳税人的销售额已经超过增值税小规模纳税人的标准，则必须进行增值税一般纳税人登记，否则，应按照销售额（13%、9%或 6%的税率）计算应纳税额，不得抵扣进项税额，也不得使用增值税专用发票。因此，如果企业准备选择增值税小规模纳税人身份，则应注意控制其年销售额。如果预计年销售额将超过增值税小规模纳税人标准，则可以通过创办新企业的形式来承接相关业务，以确保现有企业的增值税小规模纳税人的身份不丧失。

此外，我国增值税管理制度明确规定，纳税人一旦成为增值税一般纳税人，其身份就存在不可逆性，即除财政部、国家税务总局另有规定外，不得转为增值税小规模纳税人。因此，纳税人应在达到增值税一般纳税人标准、选择增值税一般纳税人身份之前进行充分论证。

第二，增值税小规模纳税人的纳税期限的选择。

我国税法规定，按照固定期限纳税的增值税小规模纳税人可以根据自己的实际经营情况选择实行按月纳税或按季纳税，一经选择，一个会计年度内不得变更。增值税小规模纳税人发生增值税应税销售行为，合计月销售额未超过 10 万元（以 1 个季度为 1 个纳税期的，季度销售额未超过 30 万元，下同）的，免征增值税。

因此，同一纳税年度内，个别月份不含税销售额超过 10 万元，但每个季度不含税销售额未超过 30 万元，应选择按季纳税，可以充分享受免征增值税优惠；而个别月份不含税销售额低于 10 万元，但每个季度不含税销售额超过 30 万元，应选择按月纳税，可在个别月份享受免征增值税优惠。

第三，企业产品的性质及客户的类型。

企业产品的性质及客户的类型决定着企业进行纳税人筹划的空间的大小。增值税一般纳税人在选择采购单位时往往都要求对方可以开具增值税专用发票。除少部分试点行业外，增值税小规模纳税人不能直接开具增值税专用发票，如果需要开具，必须到税务机关代开增值税专用发票。因此，如果企业的销售对象主要为增值税一般纳税人，则应考虑选择增值税一般纳税人身份。如果主要为个人消费者或者其他增值税小规模纳税人，则可以保持增值税小规模纳税人的身份。

第四，企业财务利益最大化。

如果企业准备登记为增值税一般纳税人，但销售额尚未达到标准，则需要具备健全的财务会计制度，需要配备专职会计人员。这些都将增加企业的成本与支出，最终可能抵消其选择增值税一般纳税人所带来的节税效果。

此外，根据我国现行公司管理制度，在企业注销前要先进行税务注销，在税务注销前要进行国地税清算。会计核算不规范、纳税遵从度不高的企业，会面临查账补税甚至缴纳罚款的风险。因此，纳税人进行纳税人身份设计时，还要充分考虑公司设立、注销等管理成本。

二、安排合理的结算方式以延迟增值税资金流出

根据《增值税暂行条例》的规定，增值税纳税义务发生时间为：

（1）发生应税销售行为，为收讫销售款项或者取得索取销售款项凭据的当天；先开具发票的，为开具发票的当天。

（2）进口货物，为报关进口的当天。

增值税扣缴义务发生时间为纳税人增值税纳税义务发生的当天。

《中华人民共和国增值税暂行条例实施细则》（简称《增值税暂行条例实施细则》）明确规定，《增值税暂行条例实施细则》第十九条第（一）款规定的销售货物或者应税劳务的纳税义务发生时间，按销售结算方式的不同，具体为：

①采取直接收款方式销售货物，不论货物是否发出，均为收到销售额或取得索取销售额的凭据的当天。

②采取托收承付和委托银行收款方式销售货物，为发出货物并办妥托收手续的当天。

③采取赊销和分期收款方式销售货物，为书面合同约定的收款日期的当天。

④采取预收货款方式销售货物，为货物发出的当天。无书面合同或者书面合同没有约定收款日期的，为货物发出的当天。但生产销售生产工期超过 12 个月的大型机械设备、船舶、飞机等货物，为收到预收款或者书面合同约定的收款日期的当天。

⑤委托其他纳税人代销货物，为收到代销单位销售的代销清单的当天。《关于增值税若干政策的通知》规定，纳税人以代销方式销售货物，在收到代销清单前已收到全部或部分货款的，其纳税义务发生时间为收到全部或部分货款的当天；对于发出代销商品超过 180 天仍未收到代销清单及货款的，视同销售实现，一律征收增值税，其纳税义务发生时间为发出代销商品满 180 天的当天。

⑥销售应税劳务，为提供劳务同时收讫销售额或取得索取销售额的凭据的当天。

⑦纳税人发生视同销售货物的行为［《增值税暂行条例实施细则》第四条第（三）款至第（八）款所列］，为货物移送的当天。

从上述规定中我们可以看出，纳税人选择的结算方式不同，纳税义务发生的时间也不同，增值税税款资金流出的时间也会因此不同。因此，纳税人应根据税法关于纳税义务发生时间的具体规定，灵活地选择结算方式，尽量推迟确认收入递延纳税。比如，在纳税人已经获悉购货方不能马上支付货款或目前没有能力支付货款的情况下，尽量不采取直接收款的方式销售货物，转而采取赊销、分期收款或委托代销等销售方式，以避免没有取得货物销售现金流，却还要先支付税金支出的资金压力。

实例 2－4 某设备销售公司于 2019 年 8 月发生两笔销售业务，货款共计4 520万元。其中，第一笔销售款为 565 万元，款项已到账，增值税专用发票已开；第二笔销售款为 3 955万元，客户为公司一级经销商，货款未付。本月可抵扣进项税额为 440 万元。

解析：

（1）如果该设备销售公司在 2019 年 8 月的两笔业务全部签订的是直接收款方式的合同，则当月应计提销项税额为 520［＝4 520÷(1＋13％)×13％］万元，本月应纳增值税额为 80(＝520－440)万元。

（2）如果该设备销售公司跟一级经销商签订了委托代销合同，因本月未收到代销清单，则当月应计提销项税额为65［＝565÷(1＋13％)×13％］万元，本月应纳增值税额为0（因为 65－440＜0）万元。

比较（1）和（2）中的两种结算方式安排，（2）中的结算方式可使该设备销售公司减少增值税支出 80 万元。

三、选择简易计税方法以降低增值税税负

增值税一般纳税人在特殊经营项目上进项税额取得困难或者进项税额比较少，出于税收中性的考虑，在我国的增值税征管安排上，对增值税一般纳税人经

营特定项目的，税法规定可以选择简易计税方法。具体可以选择简易计税方法的项目见本书第一章中与征收率相关的内容。

实例 2-5 某商品混凝土搅拌站以水泥为原材料生产水泥混凝土，其使用的主要材料是水泥、砂、石和水。除水泥、水能够取得增值税发票外，主要材料砂、石均无法取得发票。若按一般计税方法纳税，该搅拌站增值税税负高达 8.5%。

根据《关于部分货物适用增值税低税率和简易办法征收增值税政策的通知》，增值税一般纳税人销售自产的商品混凝土（仅限于以水泥为原料生产的水泥混凝土），可选择按照简易计税方法依照 3%的征收率计算应缴纳增值税，该搅拌站财务人员建议公司领导选择简易计税方法，并因此受到领导嘉奖。

需要注意的是，纳税人选择了简易计税方法，购进货物即使取得了增值税专用发票，也不得抵扣进项税额。企业一旦误抵扣了进项税额，将来就要面临补税、缴纳滞纳金甚至罚款的风险。此外，简易计税方法一经选定，36 个月内不得变更。

四、分拆混合销售行为业务以降低增值税税负

在第一章第一节，我们已经明确了混合销售行为的征税原则，下面将直接通过案例来展示混合销售行为的税务优化思路。

实例 2-6 甲公司为设备生产企业，于 2019 年 8 月向乙公司销售设备一批，价税合计 565 万元，甲公司同时向乙公司收取设备运抵指定地点的运费 10 万元。

解析：

如果甲公司未做税务考量，该业务则属于混合销售行为，需要计提的销项税额为 66.15［＝(565＋10)÷(1＋13%)×13%］万元。

如果甲公司下设一运输公司丙公司，丙公司也是增值税一般纳税人，甲公司、丙公司分别与乙公司签订销售合同和运输合同，运输费收入适用税率为 10%，甲公司与丙公司合计应计提的增值税销项税额为 65.83［＝565÷(1＋13%)×13%＋10÷(1＋9%)×9%］万元。

在进项税额不变的情况下，业务分拆后，甲、丙公司整体可少交增值税 0.32 万元。

如果甲公司下设一运输公司丙公司，丙公司是增值税小规模纳税人且不享受增值税免税待遇，甲公司、丙公司分别与乙公司签订销售合同和运输合同，甲公司应计提的增值税销项税额为 65［＝565÷(1＋13%)×13%］万元，丙公司应计提的增值税应纳税额为 0.29［＝10÷(1＋3%)×3%］万元。若甲公司进项税额不变，在分拆后，甲公司、丙公司整体少交增值税 0.86 万元。若丙公司月销售额低于 10 万元或季销售额低于 30 万元，可免征增值税，则甲公司、丙公司整体税负可进一步下降。

从上述实例分析可以看出，由于增值税在税率设计上存在税率差，这给存在混合销售业务的企业提供了税务优化空间。但需要注意的是，企业在进行税务优化时要同时考虑一些因素，以实现自身利益最大化。比如，在混合销售行为判断上，有的税务机关认为只要合同中分别规定了各项业务的金额，并且会计核算上也分别核算收入，即可按兼营行为及各业务各自的适用税率计征增值税。有的税务机关认为，只做合同单独约定、会计核算分开是不够的，提供方、购买方均不

能为同一个人，否则需要按实质重于形式原则判定为混合销售行为。因此，企业做混合销售业务税务优化时，需要提前咨询主管税务机关。再如，我国有些行业采取准入许可制，即企业要开展某项业务应达到相关资质要求。混合销售进行业务分拆单设公司的，还要充分考虑相关执行成本对企业生产经营的影响。

五、选择合适的促销方式以降低增值税税负

让利促销是商业企业在零售环节常用的销售策略。促销方式不同，纳税人的税收负担也不同。常见的促销方式包括打折销售、购买商品赠送实物、购买商品返还现金（购物券）、加量不加价等。下面通过一个案例具体分析不同促销方式下的增值税税负。

实例 2-7 某商场是增值税一般纳税人，2019 年 4 月，该商场拟对某品牌服装进行让利促销。假设套装正常销售价格为 5 000 元/套，采购成本为 2 000 元/套，取得增值税专用发票并认证抵扣。该商场拟采用三种促销方式。

（1）打折促销：套装按 7 折销售；

（2）买赠：购买套装赠送价值 1 500 元皮包（皮包含税采购价格为 500 元，取得增值税专用发票，税率为 13%）；

（3）返券：购物满 100 元返还 30 元代金券。

解析：

（1）打折促销。

《增值税若干具体问题的规定》规定：纳税人采取折扣方式销售货物，如果销售额和折扣额在同张发票上分别注明，则可按折扣后的销售额征收增值税；如果将折扣额另开发票，则不论其在财务上如何处理，均不得从销售额中减除折扣额。

若该商场将折扣额开在同一张发票中，则每套服装的增值税应纳税额为 142.65［=5 000×70%÷(1+13%)×13%−2 000×13%］元。

（2）买赠（如买一赠一）。

我国《增值税暂行条例》规定：将自产、委托加工或者购进的货物无偿赠送其他单位或者个人应视同销售。虽然各地对买赠行为如何征收增值税理解不同，但在此处，我们从严格意义上理解，买赠应视同销售征收增值税。

皮包为赠品，应按视同销售征收增值税。对于企业非自产的外购物品，其交易价格为市场价格即公允价值，因此，外购物品视同销售时的不含税销售额可按不含税的采购价格确认。因外购皮包取得增值税专用发票，按不含税采购价确认销售额后，其增值额（不含税销售额减去不含税采购价）为 0 元，皮包应纳增值税额为 0 元。则每套服装的增值税应纳税额为 315.22［=5 000÷(1+13%)×13%−2 000×13%］元。

（3）返券。

在实务操作中，发出购物券不作为本项商品销售额的减项，待购物券实际消费时，再作为其他消费物品销售额的减项，购物券的抵税作用在时间上是滞后的。在本案例中，套装售出时，每套服装的增值税应纳税额为 315.22［=5 000÷(1+13%)×13%−2 000×13%］元。

通过以上比较分析可以看出，不同的促销方式对企业来说，在增值税税负及资金支出时间上的影响是不同的。在促销力度相同的情况下，若消费者不及时消

费返券，则打折促销比买赠和返券更有利。因此，企业在制定促销政策时，可以通过提前安排打折促销的方式，达到降低税收成本、获取最大经济效益的目的。

六、合理转化服务性质以降低增值税税负

现行增值税设置了13%、9%、6%、零税率四档税率，不同性质的服务适用不同的税率。对于性质接近或者类似但适用税率不同的服务，可以通过合理转化服务性质来适用较低税率，从而降低增值税负担。

如不动产经营租赁，有时因租赁用途的缘故而具有仓储、会议等现代服务的性质。但不动产经营租赁与仓储、会议等现代服务的适用税率不同。不动产经营租赁的税率为9%，仓储、会议等现代服务的税率为6%。企业可以通过合理的合同设计，转化服务性质，降低增值税税负。下面通过一个实例加以说明。

实例2-8 甲公司因会议与培训需要，租用乙培训学校的礼堂一周，租金为不含税收入10万元，原计划签订教室租赁合同，由乙培训学校按照不动产租赁开具增值税专用发票，请为乙培训学校设计税务优化方案。

解析：

不动产经营租赁的税率为9%，会议服务的税率为6%。合同双方可以通过沟通，乙培训学校除提供场地外，还提供会议必要设备（投影仪、音响设备等）、人员导引服务、茶歇服务等，变租赁协议为会议服务协议，提供税率为6%的增值税专用发票。甲企业按价税合计金额向乙培训学校付款，进而减少费用支付资金流出，达到甲公司与乙培训学校双赢的目的。协议变更前后税负比较分析如表2-3所示。

表2-3　　协议变更前后税负比较分析

租赁协议（前）		会议服务协议（后）	
乙培训学校应纳税额	甲公司资金流出	乙培训学校应纳税额	甲公司资金流出
10×9%=0.9（万元）	10+0.9=10.9（万元）	10×6%=0.6（万元）	10+0.6=10.6（万元）

通过以上实例我们也看到，运用“转化服务性质”这一节税技巧时，需要注意以下两方面的问题：

（1）服务具有切实的可转化性。服务性质的转化不能生搬硬套，必须有必要的配套服务内容，才能实现合理转化。以上述案例为例，如果乙培训学校不提供会议服务的相关配套服务，只是提供教室，即使合同由租赁协议变更为会议服务协议，也不会因为合同名称的改变，而达到改变服务实质的目的。

（2）税务优化对双方都有利。在双务合同中，对双方都有利的事项容易沟通推进。任何一方若将自己的得利建立在对方的损失之上，则很难在沟通谈判中取得突破，除非得利方占绝对主导地位。

七、利用增值税税收优惠政策降低增值税税负

为鼓励特定产业、特定地区发展，为鼓励特殊人员就业、创业，在增值税征

管上，我国出台了减征、免征、不征、即征即退、限额抵减等优惠政策。从技术角度设计各种税务优化方案，若没有足够的财税、法律专业知识，对企业自身特点、行业发展趋势、政策走向缺乏深刻了解，很多方案在实际操作中则难以落实，甚至还会带来违规风险。若企业符合税法规定的条件，能充分利用既有增值税优惠政策，则不需要特殊的技术安排，也能达到轻松降低税负的目的。

1. 利用产业税收优惠政策案例

实例 2-9 自然人王某拥有A企业。A企业从事水产品养殖与加工：一部分水产品经过初加工（经冷冻、冷藏、盐渍等防腐处理后供应各大超市），一部分水产品经过深加工（熟制成鱼肉罐头等供应各大超市）。各超市均要求A企业提供增值税专用发票，由于缺少进项税额抵扣，A企业税负很高。以2018年4—12月为例，A企业水产品初加工收入5 000万元，水产品深加工收入8 000万元，缴纳增值税1 000万元。预计2019年4—12月收入水平与2018年同期持平，请帮助王某的企业降低增值税税负。

解析：

《增值税暂行条例》规定：农业生产者销售的自产农产品免征增值税。《增值税暂行条例实施细则》规定：农业生产者是指直接从事植物的种植、收割，以及动物的饲养、捕捞的单位和个人。《农业产品征税范围注释》中明确，经冷冻、冷藏、盐渍等防腐处理和包装的水产品属于农产品。

纳税人取得（开具）农产品销售发票或收购发票的，将农产品销售发票或收购发票上注明的农产品买价乘以扣除率来计算进项税额。自2019年4月1日起，纳税人购进用于生产销售或委托受托加工13%税率货物的农产品的，扣除率为10%。

为此，设计优化方案如下。

王某另外设立一家B企业，专门从事水产品养殖和初加工，申请农产品免征增值税政策，向各大超市提供农产品销售发票。A企业专门从事水产品深加工业务，而且B企业向A企业提供养殖或者初加工的鱼，并开具农产品销售发票（B企业在2019年4月1日之后按10%税率抵扣进项税额）。

在该方案中，王某的水产品养殖和初加工收入可以不缴纳增值税，仅水产品深加工收入缴纳增值税。考虑到A企业本身有水电等支出的进项税额，因此负责深加工的A企业增值税税负会低于3%。若2019年4—12月水产品深加工收入维持2018年同期销售水平，则王某的企业在2019年需要缴纳的增值税低于240（=8 000×3%）万元，增值税税负大大降低。

2. 整体转让税务优化案例

《关于纳税人资产重组有关增值税问题的公告》明确规定，纳税人在资产重组过程中，通过合并、分立、出售、置换等方式，将全部或者部分实物资产，以及与其相关联的债权、负债和劳动力一并转让给其他单位和个人，不属于增值税的征税范围，其中涉及的货物转让不征收增值税。

纳税人在资产重组过程中，通过合并、分立、出售、置换等方式，将全部或者部分实物资产以及与其相关联的债权、负债经多次转让后，最终的受让方与劳动力接收方为同一单位和个人的，仍适用上述规定，其中货物的多次转让行为均不征收增值税。资产的出让方必须将资产重组方案等文件资料报其主管税务机关。

实例 2-10 甲上市公司（简称甲公司）准备与乙公司进行资产置换，甲公司名下的所有资产和负债均转移给乙公司，乙公司名下的全部资产和负债均转移给甲公司，双方互不支付差价。已知，甲公司名下的货物正常销售额为 5 000 万元，乙公司名下的货物正常销售额为 4 000 万元。

甲公司与乙公司原计划各自按照资产销售的方式来进行税务处理，请对甲公司与乙公司的交易提出税务优化方案。

如果按普通资产销售来进行税务处理，不考虑其他税费，仅销售货物部分就需要计算增值税销项税额，销项税额为 1 170[=(5 000+4 000)×13%] 万元。

如果甲公司和乙公司在资产重组的框架下开展资产置换并按照相关规定将资产重组方案等文件资料报其主管税务机关，则可以享受货物转让不征收增值税的优惠政策。

第二节　企业所得税的优化设计

一、选择合适的注册地点设立公司

现实中，由于区域性税收优惠的存在以及各地实际征管的差异性，投资者在设立公司前，在不影响通盘考虑的前提下，应充分考察备选的几个目的地的税收政策，通过选择合适的纳税地点实现税负的合法降低。

1. 我国区域性优惠政策

财政部、国家税务总局发布的现行的区域性优惠政策主要包括：

(1) 自 2011 年 1 月 1 日至 2020 年 12 月 31 日，对设在西部地区的鼓励类产业企业减按 15%的税率征收企业所得税。上述鼓励类产业企业是指以《西部地区鼓励类产业目录》中规定的产业项目为主营业务，且其主营业务收入占企业收入总额 70%以上的企业。

(2) 对设在广东横琴新区、深圳前海深港现代服务业合作区和福建平潭综合实验区的鼓励类产业企业减按 15%的税率征收企业所得税。鼓励类产业企业是指以所在区域企业所得税优惠目录中规定的产业项目为主营业务，且其主营业务收入占企业收入总额 70%以上的企业。

(3) 自 2010 年 1 月 1 日至 2020 年 12 月 31 日，对在新疆喀什、霍尔果斯两个特殊经济开发区内新办的属于《新疆困难地区重点鼓励发展产业企业所得税优惠目录》(简称《目录》) 范围内的企业，自取得第一笔生产经营收入所属纳税年度起，五年内免征企业所得税。

专栏 2-1

霍尔果斯重点鼓励发展产业目录

2016 年 7 月，我国对新疆困难地区及新疆喀什、霍尔果斯两个特殊经济开发区新办企业所得税优惠政策的适用目录进行适当调整。新目录明显扩大了范围，共涉及 35 个产业。篇幅所限，本专栏仅列 35 个产业，不对每个产业的细项进行展开。如果想要深入了解，请查阅相关文件。

1. 与资源有关的产业（共 7 个）

煤炭；电力；新能源；石油、天然气；钢铁；有色金属；黄金。

2. 与促进城市建设、与民生有关的产业（共 15 个）

铁路；公路及道路运输（含城市客运）；航空运输；综合交通运输；水运；现代物流业；邮政业；城市基础设施；教育、文化、卫生、体育服务业；公共安全与应急产品；环境保护与资源节约综合利用；农林业；水利；金融服务业；科技服务业。

3. 其他鼓励类产业（共 13 个）

建材；医药；机械；轻工；纺织；建筑；信息产业；石化化工；汽车；商务服务业；商贸服务业；旅游业；其他服务业。

(4) 对经济特区和上海浦东新区内在 2008 年 1 月 1 日（含）之后完成登记注册的国家需要重点扶持的高新技术企业，在经济特区和上海浦东新区内取得的所得，自取得第一笔生产经营收入所属纳税年度起，第一年至第二年免征企业所得税，第三年至第五年按照 25%的法定税率减半征收企业所得税。

2. 实例分析

实例 2-11 投资人赵某、钱某、孙某 2018 年拟组建有限责任现代物流公司，现代物流公司个人客户较多，难以取得发票。这三个人在何处设立公司比较合适?

解析：

从霍尔果斯目前的政策看，现代物流业属于鼓励类项目，且自取得第一笔生产经营收入所属纳税年度起，五年内免征企业所得税。考虑到无票支出的纳税调整等问题，2018 年在霍尔果斯设立有限责任现代物流公司比较有利。

当然，若赵某、钱某、孙某拟成立合伙制现代物流公司，由于合伙企业缴纳个人所得税，霍尔果斯的企业所得税优惠政策就用不上了，公司设在霍尔果斯的意义就不大。

投资人在选择投资地点时，除优惠政策适用地区、投资对象、优惠范围外，还应充分考虑投资目的、公司发展战略和经营需要等因素，不能唯税是图。

二、合理选择子公司或分公司组织形式

子公司是指一定比例以上的股份被另一公司持有或通过协议方式受到另一公司实际控制的公司。实际控制其他公司的公司是母公司，受其他公司实际控制的公司是子公司。虽然子公司受母公司的控制，但在法律上，子公司仍是具有法人地位的独立企业。它有自己的名称和章程，并以自己的名义进行业务活动，其财产与母公司的财产彼此独立，对各自的债务各自负责，互不连带。从我国企业所得税管理规定上看，子公司独立核算盈亏，可以享受免税期限等优惠政策，全面

承担企业所得税纳税义务。

分公司是指在业务、资金、人事等方面受总公司管辖而不具有法人资格的分支机构，在法律上、经济上没有独立性，不具有企业法人资格。分公司没有自己的名称、章程，没有自己的财产，并以总公司的资产对分公司的债务承担法律责任。分公司在企业所得税上需要与总公司合并纳税，自身只承担有限纳税义务，无法单独享受免税期限等优惠政策。

实例 2-12 甲企业为房地产开发企业，2019 年拿到两个地产项目，其中项目 A 是共有产权房开发项目，项目 B 是旅游地产开发项目。甲企业预计项目 A 将亏损 500 万元，项目 B 将实现利润 4 000 万元。请帮助甲企业对 A、B 项目的组织形式进行设计安排（企业所得税税率为 25%）。

解析：

由于 A 项目为亏损项目，B 项目为盈利项目，若两个项目可以合并纳税，则应缴纳企业所得税875[=(4 000−500)×25%] 万元。若 A、B 项目各自纳税，则应缴纳企业所得税 1 000(=4 000×25%) 万元。前一方案可比后一方案少缴纳企业所得税 125(=1 000−875) 万元。因此，从组织形式看，A、B 项目均设立成甲企业的分公司更有利于节省企业所得税支出。

从上述实例分析可以看出：总分公司的架构可以互抵亏损，降低合并利润，从而减少企业所得税的缴纳；而母子公司则要就各自所得缴纳企业所得税，无法互抵亏损。因此，总分公司的形式更有利于控制企业所得税。

但是，由于分公司并非独立法人，一旦发生法律风险，总公司无法实现风险规避。此外，分公司并非独立法人，无法单独申请税收优惠政策，对混业经营的集团公司，采用总分公司模式，无法就某项业务实现剥离以合理利用税收优惠政策。对于有上市构想的公司，总分公司的架构也不利于优质资产的剥离。因此，企业在进行组织形式设计时，还应从整体发展战略着眼，不能仅从税收角度出发。

三、关联企业借款利息支出的安排

企业为了融资方便，常常在关联方之间发生借贷款业务。企业所得税相关法规对关联方借款费用进行了限制：纳税人从关联方取得的借款金额超过企业实际支付给关联方的利息支出，除金融企业外，接受关联方债权性投资与其权益性投资不超过 2∶1，且不超过按照金融企业同期同类贷款利率计算的数额的部分，准予扣除，超过的部分不得在发生当期和以后年度扣除。

实例 2-13 乙公司是甲公司的全资子公司，乙公司实收资本为 400 万元。2018 年 1 月，乙公司向甲公司借款 1 000 万元，双方协议规定，借款期限为 1 年，年利率为 10%，乙公司于 2018 年 12 月 31 日归还本息 1 100 万元。乙公司同期金融机构贷款利率最高为 7.2%。按税法规定，向关联方借款允许扣除的限额为 800 万元。

解析：

按税法规定，乙公司在 2018 年不能扣除的利息支出为 42.4(=1 000×10%−800×7.2%) 万元，需要调增应纳税所得额，多交企业所得税 10.6(=42.4×25%) 万元。

关联方企业之间可以通过其他途径排除这一限制。

方案一：如果甲公司向乙公司增资 1 000 万元，那么乙公司就不需要向甲公司支付利息，乙公司可以通过股息分红的形式向甲公司分回利润，甲公司的股息红利等权益性投资所得可免交企业所得税。

若甲公司自身资金不足或者没有扩大乙公司投资的打算，上述方案则还存在实务操作上的局限性。

方案二：如果甲、乙公司存在购销关系，甲、乙公司之间则可以通过赊销方式或者预付方式，把资金给乙公司周转使用，这在税法上并不会被定义为视同销售而被纳税调整。一方面这解决了乙公司的资金压力，另一方面甲公司也不需要为不必要的投资支出伤脑筋。

需要提醒的是，对于集团母公司从金融机构统一取得的贷款，再转贷给子公司使用，若符合统借统还的条件，免征增值税。

四、适当提高负债率以减轻税收负担

一般来说，企业资金的来源渠道如下：一是股东的直接投资；二是外部借款；三是留存收益。由于股息、红利及留存收益是税后利润，外部借款利息支出可以在税前扣除，因此，适当提高企业的负债率，可以减轻税收负担。

当然，提高资产负债率以达到节税的目的并不具有普适性。

实例 2-14 A 公司属于服装制造业，总资产为 4 亿元，目前资产负债率为 20%。2019 年，A 公司拟扩大生产规模，更新生产线，需要资金 5 000 万元。财务部提出两套方案：一是向银行借款 5 000 万元，贷款利率为 5%；二是吸收自然人甲和乙的投资，可得资金5 000万元，自然人盈利年度都要分配股息和红利。

解析：

从分析数据看，服装家纺行业的平均资产负债率在 35%左右，该公司的资产负债率只有 20%，显然低于同行业平均水平。增加 5 000 万元借款新建生产线后，预计资产负债率达到 28.89%[=(40 000×20%+5 000)÷(40 000+5 000)×100%]，仍低于行业平均水平。

方案一：A 公司采取借款的方式，则可以每年节约企业所得税支出 62.5(=5 000×5%×25%) 万元。

方案二：股息和红利属于税后利润分配，无节税效果。

需要注意的是，提高资产负债率以达到节税的目的并不具有普适性。

实例 2-15 某公司计划筹资 1 000 万元用于一项新产品的生产，制定了三个方案。假设在三个方案中，公司的资本结构（长期负债与权益资本比例）分别为0∶1 000、200∶800、600∶400，利率均为 10%，企业所得税税率均为 25%。企业息税前利润预计为 300 万元，则该企业为达到节税的目的，应选择哪个方案呢？

三个方案的相关指标如表 2-4 所示：

表 2-4 三个方案的相关指标

项目	方案一	方案二	方案三
长期负债∶权益资本	0∶1 000	200∶800	600∶400
息税前利润（万元）	300	300	300

续前表

项目	方案一	方案二	方案三
利息率	10%	10%	10%
税前利润（万元）	300	280	240
应纳税额（所得税税率为25%）（万元）	75	70	60
税后利润（万元）	225	210	180
权益资本税前投资利润率	30%	35%	60%
权益资本税后投资利润率	22.5%	26.25%	45%

由表2-4可以看出，随着债务资本比例加大，企业所得税呈递减趋势，从75万元减为70万元，再减为60万元，表明债务筹资具有节税功能。

同时可以看出，当投资回报率大于债务融资利息率（债务融资成本）时，债务资本在投资中所占的比例越高，对企业权益资本越有利。

本例中，方案三的债务融资比例最大，权益资本投资利润率最高。应注意，这一结论的重要前提是"确定性的投资回报率大于债务融资利息率"。

一般情况下，当企业债务融资比例较低时，债务融资成本比较低；随着债务融资比例提高，债务融资成本会相应提高。而如果债务融资利息率大于投资回报率，则债务融资比例越大，权益资本投资利润率就会越低。

五、利用小型微利企业的税收优惠政策

1. 小型微利企业所得税优惠政策

从事国家非限制和禁止行业的企业，同时符合以下条件的企业，属于小型微利企业，可减按20%的税率征收企业所得税。

（1）年度应纳税所得额不超过300万元；

（2）从业人数不超过300人；

（3）资产总额不超过5 000万元。

从业人数包括与企业建立劳动关系的职工人数和企业接受的劳务派遣用工人数。从业人数和资产总额指标应按企业全年的季度平均值确定。具体计算公式如下：

季度平均值=(季初值+季末值)÷2

全年季度平均值=全年各季度平均值之和÷4

年度中间开业或者终止经营活动的，以其实际经营期作为一个纳税年度来确定上述相关指标。

自2019年1月1日至2021年12月31日，对年应纳税所得额不超过100万元、100万元到300万元的部分分别减按25%、50%计入应纳税所得额。

对轻工、纺织、机械、汽车四个领域中重点行业的小型微利企业在2015年1月1日后新购进的研发和生产经营共用的仪器、设备，单位价值不超过100万元（含）的，允许在计算应纳税所得额时一次性全额扣除。

对生物药品制造业，专用设备制造业，铁路、船舶、航空航天和其他运输设备制造业，计算机、通信和其他电子设备制造业，仪器仪表制造业，信息传输、软件和信息技术服务业六个行业的小型微利企业在2014年1月1日后购进的研发和生产经营共用的仪器、设备，单位价值不超过100万元的，可以一次性在计算应纳税所得额时扣除。

2. 实例分析

企业可以通过分立公司，将分支机构改制为子公司或者新设子公司，以及适当调整年度应纳税所得额等多种方式来享受小型微利企业的税收优惠。

实例2-16 甲公司计划在全国增设10家分公司，经测算，2019年每家分公司每年应纳税所得额约为250万元，且均符合小型微利企业的标准，请为甲公司提出税务优化方案。

解析：

如果甲公司设立10家分公司，则分公司在2019年需要与甲公司汇总缴纳企业所得税625（=250×10×25%）万元。

如果能设立10家子公司，各子公司均独立纳税，且均可以享受小型微利企业的税收优惠（即自2019年1月1日至2021年12月31日，对年应纳税所得额不超过100万元、100万元到300万元的部分分别减按25%、50%计入应纳税所得额，税率为20%），则10家子公司在2019年合计应纳企业所得税200［=100×25%×20%×10+(250-100)×50%×20%×10］万元。

设立子公司比设立分公司少缴纳企业所得税425(=625-200）万元。

当然，前文中也提到，企业在设立子公司还是分公司的选择上，还是要基于公司的发展战略、未来成本等进行一系列考量，不能单从节税角度出发。

六、运用高新技术企业的税收优惠政策

1. 高新技术企业的企业所得税优惠政策

国家需要重点扶持的高新技术企业，减按15%的税率征收企业所得税。国家需要重点扶持的高新技术企业，是指拥有核心自主知识产权，同时符合下列条件的企业：产品（服务）属于国家重点支持的高新技术领域规定的范围；研究开发费用占销售收入的比例不低于规定比例；高新技术产品（服务）收入占企业总收入的比例不低于规定比例；科技人员占企业职工总数的比例不低于规定比例；《高新技术企业认定管理办法》规定的其他条件。

高新技术企业认定程序如下。

第一，企业申请。企业根据相关规定进行自我评价，认为符合认定条件的在高新技术企业认定工作网注册登记，向认定机构提出认定申请。申请时必须按要求提交相应材料。

第二，专家评审。认定机构应在符合评审要求的专家中，随机抽取组成专家组。专家组对企业申报材料进行评审，提出评审意见。

第三，审查认定。认定机构结合专家组评审意见，对申请企业进行综合审查，提出认定意见并报领导小组办公室。经公示，10个工作日后无异议者予以

备案，并在高新技术企业认定工作网公告，由认定机构向企业颁发统一印制的《高新技术企业证书》；有异议的，由认定机构进行核实处理。

第四，企业获得高新技术企业资格后，应在每年5月底前在高新技术企业认定工作网填报上一年度知识产权、科技人员、研发费用、经营收入等年度发展情况报表。

第五，对于涉密企业，按照国家有关保密工作规定，在确保涉密信息安全的前提下，按认定工作程序组织认定。

2. 实例分析

国家重点扶持的高新技术企业可以享受15%的低税率优惠，但由于税法对高新技术企业要求比较严格，很多企业无法满足相关条件，从而无法享受相关优惠政策。

企业可以通过分立公司，设立独立子公司以及集团内部企业重组等形式集中力量建立一家符合条件的高新技术企业，再通过适当的转让定价将集团的利润转移至该高新技术企业，使得集团和高新技术企业在整体上有更多利润可享受低税率优惠。

实例2－17 某集团公司共有10家子公司，集团公司全年实现应纳税所得额8 000万元，由于各子公司均不符合高新技术企业的条件，均适用25%的税率，合计缴纳企业所得税2 000万元。该集团公司中的C公司的条件与高新技术企业的条件比较接近，年应纳税所得额为1 000万元，请为该集团公司提出税务优化方案。

解析：

该集团公司可以集中力量将C公司打造成高新技术企业，再将其他公司的盈利项目整合到C公司，使得C公司应纳税所得额提高，比如提高至1 500万元，则集团可以少纳企业所得税150[＝1 500×(25%－15%)]万元。

七、推迟免税年度以享受税收优惠政策

我国企业所得税相关法规规定，特定行业、特定地区的企业自取得第一笔生产经营收入起或者自获利年度起，开始享受企业所得税减免优惠政策。

(1) 对符合条件的节能服务公司实施合同能源管理项目，符合企业所得税相关法规规定的，自项目取得第一笔生产经营收入所属纳税年度起，第一年至第三年免征企业所得税，第四年至第六年按照25%的法定税率减半征收企业所得税。

(2) 对经济特区和上海浦东新区内在2008年1月1日（含）之后完成登记注册的国家需要重点扶持的高新技术企业，在经济特区和上海浦东新区内取得的所得，自取得第一笔生产经营收入所属纳税年度起，第一年至第二年免征企业所得税，第三年至第五年按照25%的法定税率减半征收企业所得税。

(3) 企业从事符合条件的环境保护、节能节水项目的所得，自项目取得第一笔生产经营收入所属纳税年度起，第一年至第三年免征企业所得税，第四年至第六年减半征收企业所得税。

(4) 企业从事国家重点扶持的公共基础设施项目的投资经营的所得，自项目取得第一笔生产经营收入所属纳税年度起，第一年至第三年免征企业所得税，第

四年至第六年减半征收企业所得税。

对于符合条件的企业，可以采取推迟获利年度或者适当延迟第一笔生产经营收入到次年的方法，享受企业所得税减免税政策，达到税务优化的目的。

实例2-18 某公司从事港口码头项目投资运营，公司于2013年成立，港口于2018年11月完工验收。2018年12月发生港口租赁收入500万元。

该企业财务人员跟业务部门沟通，建议该公司与客户改签服务协议，约定收款日期在2019年，2018年收到的款项作为预收账款处理。

解析：

我国税法规定，对于租金收入，应按照合同约定的承租人应付租金的日期确认收入的实现。因此，该企业可以通过合同约定将第一笔经营收入取得时间确认到2019年，从而自2019年起享受三免三减半的企业所得税优惠政策。

值得注意的是，在收入确认原则上，企业所得税相关法规的规定与会计准则基本一致，因此，合理推迟免税年度必须在收入确认上符合税法与会计准则的要求，切忌生搬硬套或者盲目调整。

八、利用加计扣除税收优惠

我国企业所得税相关法规中，对企业研究开发费用（以下简称研发费用）和企业安置残疾人员所支付的工资做了加计扣除的规定。

1. 研发费用加计扣除政策

研究开发活动（以下简称研发活动），是指企业为获得科学与技术新知识，创造性运用科学技术新知识，或实质性改进技术、产品（服务）、工艺而持续进行的具有明确目标的系统性活动。企业研发费用加计扣除优惠政策的内容如下。

（1）企业开展研发活动中实际发生的研发费用，未形成无形资产计入当期损益的，在按规定据实扣除的基础上，按照本年度实际发生额的50%，从本年度应纳税所得额中扣除；形成无形资产的，按照无形资产成本的150%在税前摊销。

科技型中小企业开展研发活动中实际发生的研发费用，未形成无形资产计入当期损益的，在按规定据实扣除的基础上，在2017年1月1日至2019年12月31日期间，再按照实际发生额的75%在税前加计扣除；形成无形资产的，在上述期间按照无形资产成本的175%在税前摊销。

（2）可加计扣除的研发费用如下。

①人员人工费用，包括：直接从事研发活动人员的工资、薪金、基本养老保险费、基本医疗保险费、失业保险费、工伤保险费、生育保险费和住房公积金，以及外聘研发人员的劳务费用。

直接从事研发活动人员包括研究人员、技术人员、辅助人员。研究人员是指主要从事研究开发项目的专业人员；技术人员是指具有工程技术、自然科学和生命科学中一个或一个以上领域的技术知识和经验，在研究人员指导下参与研发工作的人员；辅助人员是指参与研究开发活动的技工。

②直接投入费用，包括：研发活动直接消耗的材料、燃料和动力费用；用于

中间试验和产品试制的模具、工艺装备开发及制造费，不构成固定资产的样品、样机及一般测试手段购置费，试制产品的检验费；用于研发活动的仪器和设备的运行维护、调整、检验、维修等费用，以及通过经营租赁方式租入的用于研发活动的仪器、设备租赁费。

③折旧费用，包括：用于研发活动的仪器、设备的折旧费。

④无形资产摊销费用，包括：用于研发活动的软件、专利权、非专利技术（包括许可证、专有技术、设计和计算方法等）的摊销费用。

⑤新产品设计费、新工艺规程制定费、新药研制的临床试验费、勘探开发技术的现场试验费。

⑥其他相关费用，主要是与研发活动直接相关的其他费用。此类费用总额不得超过可加计扣除研发费用总额的10%。

（3）企业应按照国家财务会计制度要求，对研发支出进行会计处理；同时，对享受加计扣除的研发费用按研发项目设置辅助账，准确归集、核算当年可加计扣除的各项研发费用的实际发生额。企业在一个纳税年度内进行多项研发活动的，应按照不同研发项目分别归集可加计扣除的研发费用。

企业应对研发费用和生产经营费用分别核算，准确、合理归集各项费用支出，对划分不清的，不得实行加计扣除。

（4）不适用税前加计扣除政策的行业有：烟草制造业；住宿和餐饮业；批发和零售业；房地产业；租赁和商务服务业；娱乐业；财政部和国家税务总局规定的其他行业。上述行业以《国民经济行业分类与代码（GB/4754－2011）》为准，并随之更新。

2. 安置残疾人员工资加计扣除政策

（1）企业安置残疾人员的，在按照支付给残疾人员工资据实扣除的基础上，可以在计算应纳税所得额时按照支付给残疾人员工资的100%加计扣除。

（2）企业享受安置残疾人员工资100%加计扣除应同时具备如下条件。

①依法与安置的每位残疾人员签订了1年以上（含1年）的劳动合同或服务协议，并且安置的每位残疾人员在企业实际上岗工作；

②为安置的每位残疾人员按月足额缴纳了企业所在区县人民政府根据国家政策规定的基本养老保险、基本医疗保险、失业保险和工伤保险等社会保险；

③定期通过银行等金融机构向安置的每位残疾人员实际支付了不低于企业所在区县适用的经省级人民政府批准的最低工资标准的工资；

④具备安置残疾人员上岗工作的基本设施。

值得注意的是，对于符合条件的企业，在享受研发费用加计扣除的同时，还可以享受残疾人员工资100%加计扣除的税收优惠政策。符合条件的亏损企业，也可以同时享受研发费用、残疾人员工资加计扣除，亏损额可在未来特定期间内用税前利润弥补。

3. 实例分析

企业可以充分利用上述加计扣除的税收优惠来降低应纳税所得额。

实例2－19 通达公司为科技型中小企业，适用15%的企业所得税税率，2019年计划

增加支出1 000万元用于新产品开发，增加职工工资支出500万元。假设1 000万元全部为研发费用，增加职工工资的支出中有100万元为残疾人员工资，且符合残疾人员工资加计扣除条件。

解析：

通达公司2019年企业所得税汇算清缴时加计扣除额为850（=1 000×75%+100×100%）万元。

若通达公司在2019年考虑上述加计扣除的应纳税所得额超过850万元，则加计扣除可为通达公司节省企业所得税支出127.5(=850×15%)万元。

若通达公司在2019年考虑上述加计扣除的应纳税所得额为500万元，则加计扣除可在2019年为通达公司节省所得税支出75(=500×15%)万元，同时还有350(=850－500)万元亏损可抵销以后年度应纳税所得额，从而节省以后年度税金支出52.5(=350×15%)万元。

需要注意的是，研发费用加计扣除在企业所得税申报表上体现的是纳税人自行申报，但是，国家税务总局要求税务机关每年汇算清缴期结束后应开展研发费用加计扣除核查，核查面不得低于享受该优惠企业户数的20%。若核查结果不符合研发费用加计扣除的管理要求，企业则会面临纳税调整、补税、缴纳滞纳金甚至罚款的风险。

九、利用创业投资税收优惠

企业所得税相关法规规定，创业投资企业从事需要国家重点扶持和鼓励的创业投资，可以按投资额的一定比例抵扣应纳税所得额。目前，我国创业投资企业关于企业所得税的税收优惠政策如下。

(1) 自2015年10月1日起，全国范围内的有限合伙制创业投资企业（简称合伙创投企业）采取股权投资方式投资于未上市的中小高新技术企业满2年（24个月，下同）的，该有限合伙制创业投资企业的法人合伙人可按照其对未上市中小高新技术企业投资额的70%抵扣该法人合伙人从该有限合伙制创业投资企业分得的应纳税所得额，当年不足抵扣的，可以在以后纳税年度结转抵扣。

(2) 公司制创业投资企业采取股权投资方式直接投资于种子期、初创期科技型企业（以下简称初创科技型企业）满2年的，可以按照投资额的70%在股权持有满2年的当年抵扣该公司制创业投资企业的应纳税所得额；当年不足抵扣的，可以在以后纳税年度结转抵扣。

(3) 有限合伙制创业投资企业采取股权投资方式直接投资于初创科技型企业满2年的，法人合伙人可以按照对初创科技型企业投资额的70%抵扣法人合伙人从合伙创投企业分得的所得；当年不足抵扣的，可以在以后纳税年度结转抵扣。

实例2－20 某公司制股权投资基金公司于2017年5月投资1 000万元到甲公司，甲公司为一家符合税法规定条件的初创科技型企业。2019年，该基金公司年应纳税所得额为1 500万元。请计算该基金公司进行2019年企业所得税汇算清缴时的企业所得税应纳税额。该基金公司企业所得税税率为25%。假设该基金公司符合税法中对创业投资企业的条件要求。

解析：

从2017年5月到2019年5月，该基金公司对甲公司的投资正好满24个月，因此，计算该基金公司在 2019 年的企业所得税应纳税额时，就可以扣掉原来投资到甲公司的1 000 万元的 70%，即 700 万元。

该基金公司在 2019 年的企业所得税应纳税额为200[=(1 500−700)×25%] 万元。

实例 2－21 F 投资公司和自然人李某成立了合伙创投企业甲公司，双方各出资 50%，同时约定按六四比例分成。2016 年 12 月 1 日，甲公司投资1 000万元到乙公司，乙公司为一家符合税法规定条件的初创科技型企业。2018 年，甲公司经营所得为 400 万元。按“先分后税”原则，F 投资公司从甲公司分回所得 240 万元，F 投资公司的其他利润是2 000万元。F 投资公司的企业所得税税率为 25%。请计算 F 投资公司在 2018 年的企业所得税应纳税额。

解析：

(1) 到 2018 年 12 月，甲公司对乙公司的投资已满 24 个月，因此，F 投资公司可以按照对初创科技型企业投资额的 70%抵扣法人合伙人从合伙创投企业分得的所得。F 投资公司可抵扣年应纳税所得额为 350(=1 000×50%×70%) 万元。2018 年，F 投资公司从甲公司分回 240 万元，因此，还有 110(=350−240) 万元可以抵扣以后年度从甲公司分得的所得。

(2) F 投资公司在 2018 年的企业所得税应纳税额为 500(=2 000×25%) 万元。

从以上实例分析可以看出，创业投资企业在注意满足相关税收优惠的条件的同时，还应尽量选择在年末或者 1 月 1 日进行投资，以尽快享受创业投资的税收优惠。

此外，企业享受创业投资税收优惠政策采取“自行判别、申报享受、相关资料留存备查”的办理方式，纳税人提供虚假资料，违规享受税收政策的，除面临补税、缴纳滞纳金及罚款的风险外，还会被列入失信纳税人名单，受到各部门的联合惩戒。因此，纳税人应按税法规定的条件，认真判断自身是否可享受该优惠政策。

十、利用企业重组特殊性税务处理递延纳税

并购重组是两个以上公司合并、组建新公司或相互参股。它往往同广义的兼并和收购是同一含义，泛指在市场机制的作用下，企业为了获得其他企业的控制权而进行的产权交易活动，实践中较多地表现为通过收购被合并企业的股权或资产以达到控制被合并企业的目的。由于并购重组涉及金额较大，面临的税负较高，因此交易双方需要根据现行税务规定进行事先规划，以降低税负成本。

对并购重组业务，企业所得税税务处理应区分不同条件，以分别适用一般性税务处理和特殊性税务处理。一般性税务处理就是当期按照资产股权转让所得纳税。特殊性税务处理则是对股权支付的部分暂时不确认转让所得或损失，只对非股权支付的部分计算所得税。所以在进行企业重组时，应尽量达到特殊性税务处理的规定，这样企业可以暂时不确认股权的转让所得或损失，从而获取税收的递延性收益。

1. 企业重组特殊性税务处理政策规定

(1) 适用特殊性税务处理的条件。

企业重组同时符合下列条件的，适用特殊性税务处理。

①具有合理的商业目的，且不以减少、免除或者推迟缴纳税款为主要目的。

②被收购、合并或分立部分的资产或股权比例：收购企业购买的股权不低于被收购企业全部股权的 50%。

③企业重组后的连续 12 个月内不改变重组资产原来的实质性经营活动。

④重组交易对价中涉及股权支付金额：收购企业在该股权收购发生时的股权支付金额不低于其交易支付总额的 85%。

⑤企业重组中取得股权支付的原主要股东在重组后连续 12 个月内不得转让所取得的股权。

(2) 非股权支付部分资产转让所得与损失。

重组交易各方按上述规定对交易中股权支付暂不确认有关资产的转让所得或损失的，其非股权支付仍应在交易当期确认相应的资产转让所得或损失，并调整相应资产的计税基础。

$$\text{非股权支付对应的资产转让所得或损失}=(\text{被转让资产的公允价值}-\text{被转让资产的计税基础})\times(\text{非股权支付金额}\div\text{被转让资产的公允价值})$$

(3) 股权收购业务中特殊性税务处理的计税基础。

被收购企业的股东取得收购企业股权的计税基础，以被收购股权的原有计税基础确定。

收购企业取得被收购企业股权的计税基础，以被收购股权的原有计税基础确定。

收购企业、被收购企业的原有各项资产和负债的计税基础以及其他相关所得税事项保持不变。

2. 实例分析

实例 2-22 为扩大生产经营规模，A 公司决定向 D 公司收购其持股比例为 100%的 C 公司。2017 年 5 月，双方达成收购协议，C 公司所有资产经评估后的净资产价值为 17 300 万元，D 公司对 C 公司的初始投资成本为 8 000 万元。A 公司向 D 公司支付了以下两项对价：现金 1 300 万元，其控股公司 20%的股权公允价值为 16 000 万元（计税基础为 10 000 万元）。以上交易具有合理商业目的，A 公司长期控制 C 公司后，C 公司维持原经营业务不变。假设当事各公司均是居民企业，所得税税率均为 25%。

解析：

(1) 若按一般性税务处理。

A 公司转让控股公司股权公允价值与计税基础之间的差额 6 000（=16 000−10 000）万元，应当确认为股权转让所得，缴纳企业所得税 1 500（=6 000×25%）万元。

D 公司转让 C 公司股权，转让所得价款 17 300 万元，与初始投资成本8 000万元之间的差额为 9 300 万元，应当缴纳企业所得税 2 325（=9 300×25%）万元。

因此，A 公司、D 公司合计需要缴纳企业所得税 3 825（=1 500+2 325）万元。

(2) 若按特殊性税务处理。

首先，判断此项交易是否满足特殊性税务处理的条件。A 公司收购 C 公司股权的比例为100%，超过 50%。在 A 公司支付的对价中，股权支付比例为 92.5%（=16 000÷

17 300)，超过 85%。该交易具有合理商业目的，A 公司控制 C 公司后，C 公司维持原经营业务不变，经营实质未发生改变。A 公司拟长期持有 C 公司的股权。以上均符合特殊性税务处理要求，因此，A 企业可以向主管税务机关申请适用特殊性税务处理。

其次，适用特殊性税务处理后 A 公司与 D 公司的企业所得税税负计算。

D 公司转让股权，其获得的股份支付部分暂时不纳税，收取的现金部分需要确认转让所得 698.84[=(17 300−8 000)×1 300÷17 300] 万元。

D 公司取得 A 公司控股公司股权的计税基础是 7 301.16（=8 000−698.84）万元。

A 公司支付其控股公司股权 6 000 万元的转让所得暂不缴纳企业所得税。

A 公司取得 C 公司股权的计税基础，按自己转让股权的计税基础即 11 300（=10 000+1 300）万元确定。

A 公司与 D 公司合计应缴纳企业所得税 698.84 万元。

由此可见，与一般性税务处理相比，特殊性税务处理递延纳税的节税效应明显。

特殊性税务处理的递延纳税属于时间性差异，递延纳税的主要好处是获取资金的时间价值。但是，进行特殊性税务处理后，原主要股东在未来转让该股权的计税基础小于一般性税务处理下的计税基础，股权转让所得会大于一般性税务处理下的所得，未来会多缴纳税款。

选择递延纳税需要注意的是，在股权并购重组中，有时特殊性税务处理并不是唯一有利的选择，选择递延纳税时，要结合税收优惠政策和弥补亏损综合考虑。

第三节　土地增值税的优化设计

土地增值税自征收以来，一直被业界认为是对房地产企业收益影响最大的税种之一。各房地产开发企业围绕“降低增值率”开展各种节税安排。目前，常见的土地增值税的优化方法主要有以下三种。

一、制定合理的销售价格以减少土地增值税支出

《土地增值税暂行条例》及《中华人民共和国土地增值税暂行条例实施细则》（简称《土地增值税暂行条例实施细则》）规定：纳税人建造普通标准住宅出售，增值额未超过扣除项目金额 20%的，免征土地增值税。增值额超过扣除项目金额 20%的，应按规定对其全部增值额计税。因此，我们可以充分利用 20%这一临界点的税负效应进行税务优化。纳税人转让房地产所取得的收入减除税法规定扣除项目金额后的余额为增值额。

实例 2-23　2017 年 7 月，甲公司建造的普通住宅项目（开发日期为 2016 年 1 月 20 日）进入销售阶段。原定不含增值税销售价格为 61 000 万元。经财务部门初步核算，税法规定的扣除项目金额为 50 000 万元。该房地产项目开发日期为 2016 年 1 月 20 日，可以按房地产老项目征收增值税，征收率为 5%。城市维护建设税为 7%，教育费附加为 3%，地方教育费附加为 2%，企业所得税税率为 25%。

解析：

若不进行税务优化，当普通住宅的销售价格为 61 000 万元时，增值额为 11 000（＝61 000－50 000）万元，增值率为 22%（＝11 000÷50 000），无法享受普通标准住宅免征土地增值税的政策，需要缴纳土地增值税 3 300（＝11 000×30%）万元。

由于该普通住宅项目的增值率接近 20%，甲公司财务人员可建议公司调整不含税销售价格至 60 000 万元，此时增值额为 10 000（＝60 000－50 000）万元，增值率为 20%（＝10 000÷50 000），可以免征土地增值税。

虽然甲公司销售收入看上去减少了 1 000 万元，但因其节省了 3 300 万元的土地增值税，减少了 50（＝1 000×5%）万元增值税支出，从而减少了城建税等附加支出6[＝50×(7%＋3%＋2%)] 万元，实际上增加了净利润1 729.5[＝(6＋3 300－1 000)×(1－25%)] 万元。

我们发现，若采用甲公司财务人员的建议，公司除享受免缴土地增值税的好处外，还会大大增加项目利润。

以上方法仅适用土地增值税各级税率临界点的税务优化，企业使用该方法时，要确保健全会计核算制度，确保扣除项目均有据可查，增强扣除项目金额计算的正确性。

二、适当提高扣除项目金额以降低增值率

《土地增值税暂行条例》及《土地增值税暂行条例实施细则》规定，计算增值额的扣除项目包括：

（1）取得土地使用权所支付的金额，包括地价款（主要是土地出让金）和按国家统一规定缴纳的有关费用，如契税、土地使用费等。

（2）开发土地的成本、费用，包括土地征用及拆迁补偿费、前期工程费、建筑安装工程费、基础设施费、公共配套设施费、开发间接费用。

（3）新建房及配套设施的成本、费用，或者旧房及建筑物的评估价格。

（4）与转让房地产有关的税金。

（5）财政部规定的其他扣除项目，目前主要指可加计扣除的项目，加计扣除金额为第（1）项与第（2）项之和乘以 20%。

一般而言，房屋建筑安装市场竞争激烈，单位面积造价基本是透明的，增加该部分成本的空间不大。因此，常见的增加扣除项目金额的手段包括：增加拆迁补偿费、加大工程管理咨询费、提高设计费、变毛坯房为精装房、转让在建工程等。

实例 2－24 甲房地产公司开发某房地产项目，单位售价为不含税价格 2 万元/平方米，单位建筑面积成本费用为 1.3 万元/平方米。公司财务人员建议变毛坯房为精装房，单位售价为不含税价格 2.1 万元/平方米，单位建筑面积成本费用为 1.4 万元/平方米。请计算并说明是否可节省土地增值税支出。

解析：

（1）直接销售毛坯房的增值率为 53.85%[＝(2－1.3)÷1.3]，每平方米应缴纳土地增值税0.215[＝(2－1.3)×40%－1.3×5%] 万元。

（2）房地产开发企业销售已装修的房屋，其装修费用可以计入房地产开发成本，因

此，毛坯房改精装房后的增值率为50％［＝(2.1－1.4)÷1.4］，每平方米应缴纳土地增值税0.21［＝(2.1－1.4)×30％］万元。

通过计算比较，在增值率临界点附近，变毛坯房为精装房确实能够节约土地增值税支出。

使用以上税务优化方法时，还应注意避免增值税上视同销售的问题。因此，在企业的售房合同中，一定要约定房屋销售价格包含精装房中的家电等设施成本。

三、选择适当的利息扣除方式以实现节税

《土地增值税暂行条例实施细则》中的利息支出扣除规定如下。

(1) 凡能够按转让房地产项目计算分摊并提供金融机构证明的，允许据实扣除，但最高不能超过按商业银行同类同期贷款利率计算的金额。其他房地产开发费用（一般地，可理解为管理费用与销售费用之和）按取得土地使用权所支付的金额与房地产开发成本之和的5％以内计算扣除。

(2) 凡不能按转让房地产项目计算分摊利息支出或不能提供金融机构证明的，房地产开发费用（一般地，可理解为财务费用、管理费用及销售费用之和）按取得土地使用权所支付的金额与房地产开发成本之和的10％以内计算扣除。

因此，企业是否要提供金融机构贷款证明，关键在于实际发生的利息支出占取得土地使用权所支付的金额与房地产开发成本之和的比例。如果实际发生的利息支出比例超过5％，则提供金融机构贷款证明较为有利；如果没有超过5％，则不提供金融机构贷款证明较为有利。

实例2-25 甲公司开发一处房地产，为取得土地使用权支付1 000万元，为开发土地和新建房及配套设施花费成本1 200万元，财务费用中可以按转让房地产项目计算分摊利息的利息支出为200万元，不超过按商业银行同类同期贷款利率计算的金额，请为甲公司选择适当的利息扣除方式。

解析：

如果不提供金融机构贷款证明，则该企业所能扣除的房地产开发费用的最高金额为220［＝(1 000＋1 200)×10％］万元。如果提供金融机构贷款证明，则该企业所能扣除的房地产开发费用的最高金额为310［＝200＋(1 000＋1 200)×5％］万元。可见，在这种情况下，提供金融机构贷款证明是有利的选择。

实例2-26 乙公司开发一处房地产，为取得土地使用权支付1 000万元，为开发土地和新建房及配套设施花费成本1 200万元，财务费用中可以按转让房地产项目计算分摊利息的利息支出为80万元，不超过按商业银行同类同期贷款利率计算的金额，请为乙公司选择适当的利息扣除方式。

解析：

如果不提供金融机构贷款证明，则该企业所能扣除的房地产开发费用的最高金额为220［＝(1 000＋1 200)×10％］万元。如果提供金融机构贷款证明，则该企业所能扣除的房地产开发费用的最高金额为190［＝80＋(1 000＋1 200)×5％］万元。可见，在这种情况下，不提供金融机构贷款证明是有利的选择。

第四节　房产税和契税的优化设计

一、合理确定计税依据以减少房产税支出

房产税的征税对象是房产，即有屋面和围护结构（有墙或两边有柱），能够遮风避雨，可供人们在其中生产、学习、工作、娱乐、居住或储藏物资的场所。独立于房屋的建筑物，如围墙、烟囱、水塔、变电塔、油池或油柜、酒窖或菜窖、酒精池、糖蜜池、室外游泳池、玻璃暖房、砖瓦石灰窑以及各种油气罐等，不属于房产，不征收房产税。纳税人按房产原值计算房产税的，可以将独立于房屋的建筑物单独计价入账，达到减少房产税支出的效果。

房产出租，依照不含增值税租金收入计算房产税，税率为12%，个人出租住房，暂减按4%的税率征收房产税。如果纳税人在出租房产的同时还有一些附带设施（如办公设备、家具、家电等）以及收取物业管理费等，将其与房产租金剥离开来并分开核算，可降低房产租金收入，以达到减少房产税支出的效果。

实例2-27　甲公司将一栋写字楼出租给几家公司，每年取得不含增值税租金1 000万元，需要缴纳房产税120万元，甲公司负责人认为房产税负太重，希望公司相关部门出具税务优化方案。

公司财务人员建议法务及业务部门，将原房屋租赁合同分拆为房屋租赁合同与物业服务合同，预计分拆后房屋不含税租金收入为800万元，物业管理服务费不含税收入为200万元。同时，公司进一步加强写字楼的安保、保洁等服务功能，预计增加人员开支5万元，增加设备支出3万元。

解析：

房产税的计税依据为房产余值或不含税租金收入，物业管理服务费不属于房产税应税范畴。合同分拆前，甲公司每年房产税支出为120（=1 000×12%）万元。合同分拆后，甲公司每年房产税支出为96(=800×12%）万元，比合同分拆前节省房产税支出24(=120－96）万元，同时增加人员及设备支出8万元。分拆合同后，公司总体现金流出减少16(=24－8）万元。

二、租赁变仓储以调整房产税计税依据

根据《中华人民共和国房产税暂行条例》（简称《房产税暂行条例》），自用的房产按照房产余值（房产原值与扣除一定比例耗损价值的余额）适用1.2%的税率计算房产税；出租的房产按照租金收入适用12%的税率计算房产税。在房价不断上涨的时期，房产余值保持不变，而租金会随着房价的上涨而不断上涨，因此，当房产余值低于年不含税租金收入的10倍时，按照房产余值计算房产税会降低税负。纳税人在年不含税租金收入超过房产余值10倍时，在可能的情况

下，可采取租赁变仓储的形式，以达到税务优化的目的。

实例 2-28 甲公司将一处自建仓库对外出租，原签订的均为仓库租赁合同，每年取得不含增值税租金 1 000 万元，缴纳房产税 120 万元。已知该处房产的计税余值为 5 000 万元，为年不含增值税租金的 5 倍，请想办法为甲公司降低房产税税负。

解析：

降低房产税税负的办法，无非就是将计税依据由租金收入变为房产余值，那么，甲公司的仓库如何才能由经营性租赁变更为自持呢？若甲公司配备仓储保管必要的设备、人员，将仓库租赁合同修改为仓储保管合同，经沟通确保实际使用人同意，则可实现上述目的。

于是，甲公司招募保安及仓库管理员各两名，安置摄像头、报警器等安保设施，同时购进狼犬两条。经沟通，实际使用人愿意配合变仓库租赁合同为仓储保管合同。甲公司的房产税年应缴纳税额降为 60(＝5 000 ×1.2%) 万元。

从以上方案中我们看出，变更计税依据除需要合同方配合外，还要增加必要的设施及人员费用，而不是单靠变更合同形式就可以的。

需要注意的是，10 倍临界点的节税安排，并不适用出租住房的个人。从 2008 年 3 月 1 日起，对个人出租住房，不区分用途，按 4%的税率征收房产税。

三、利用房产交换享受契税优惠

对于土地使用权交换、房屋交换，契税的计税依据为所交换的土地使用权、房屋的价格的差额，也就是说，交换价格相等时，免征契税；交换价格不等时，由多交付货币、实物、无形资产或者其他经济利益的一方缴纳契税。

若为子女上学以及工作需要进行二手房交易，具有互补需要的购房者可以考虑通过房产互换来进行契税的税务优化。

实例 2-29 2018 年 3 月，张先生在某市 A 区购置一套 120 平方米，价值 800 万元的房产作为家庭唯一生活用房。为子女上学方便，张先生准备于 2018 年在该市 B 区购置一套价值1 000万元的学区房。准备未来将该学区房以 1 300 万元的价格售出后，再在 C 区以 2 000万元购置一幢别墅，已知该市家庭唯一生活用房在 90 平方米以上的契税税率为 1.5%，非改善性住房及别墅契税税率为 3%。请为张先生提出契税的税务优化方案（假设以上房价均不包含增值税）。

解析：

（1）未做税务优化时，张先生购置 A、B、C 三区的房产需要缴纳的契税是102[＝800×1.5%＋(1 000＋2 000)×3%] 万元。

（2）若张先生未来可以找到合适的房源，并实现与对方互换房产，即用 B 区的房产换购 C 区的房产，支付 700 万元差价，则张先生三套房产共需要缴纳的契税为 63(＝800×1.5%＋1 000×3%＋700×3%) 万元。

需要注意的是，虽然房屋互换可以节省契税，但由于房产交易信息的不对称性，找到合适的房源和房屋互换人都是有难度的，因此，在实际操作中应用的案例并不多。

第三章

个人涉税活动的税务优化

个人理财规划，包括个人投资规划、个人保险规划、个人福利规划、个人退休规划等。从财富的增长角度来说，我们总是信奉“你不理财，财不理你”的理念。但是要使得客户真正将财富“落袋为安”，必须经历税收这道关卡。税后收入，才是个人真正的财富赚取能力的体现。所以，不论是个人的投资规划，还是其他个人理财规划，必须将税收因素考量在内，才能得到真正有价值的结论。本章主要介绍投资活动的税务优化、保险活动的税务优化，以及福利与退休的税务优化。

第一节　投资活动的税务优化

随着经济的快速发展，人们的可支配收入迅速增长，越来越多的居民加入投资者大军。很多个人投资者将目光瞄向了金融市场。在金融市场上，个人投资主要集中在以下几类上：第一类是风险低、收益低的产品，主要包括银行理财产品、货币基金、国债逆回购等；第二类是风险较高、收益也较高的产品，主要包括可转换债券、证券投资基金（如股票基金）等；第三类是风险高、收益高的产品，主要包括股票、期货等衍生金融工具，如沪深300股指期货等，当然还有保险、黄金、古董、房地产等。当然，也有一些个人投资者开展创业投资，以及其他实物投资如房地产投资、收藏品投资等。不同类型的投资品不仅收益、风险不同，而且涉税政策大不相同，因此，个人投资者在进行投资考量时，应充分考虑税收因素。

本节中，我们将投资活动分为金融投资活动、不动产投资活动、实业投资活动、其他实物资产投资活动四个部分，并对各项投资活动应如何实施税务优化处理逐一做出说明。

一、金融投资活动的税务优化

我们首先分析个人金融投资活动的税务优化，其主要集中在与金融投资活动密切相关的增值税与所得税两个方面。此外，我们也会适当考量其他税种的税务优化。

（一）金融投资活动的增值税涉税处理

个人金融投资活动涉及的产品既有股票、债券、期货、股权，也有房产、贵金属等。从现行的税收征管体制看，有些投资产品的税收政策较为明确。下面将主要分析税收政策比较明确的投资产品的增值税涉税处理。

1. 金融商品转让的增值税涉税处理

（1）常规金融商品转让的增值税涉税处理。

《关于全面推开营业税改征增值税试点的通知》及《关于明确金融　房地产开发　教育辅助服务等增值税政策的通知》明确规定金融商品转让属于增值税应税范围。

金融商品转让，是指转让外汇、有价证券、非货物期货和其他金融商品所有权的业务活动。金融商品持有期间（含到期）取得的非保本的“收益、报酬、资金占用费、补偿金”，不征收增值税。

其他金融商品转让包括基金、信托、理财产品等各类资产管理产品和各种金融衍生品的转让，而纳税人购入基金、信托、理财产品等各类资产管理产品持有至到期，不属于金融商品转让。

在金融商品转让中，以卖出价扣除买入价后的余额为销售额。金融商品转让中出现正负差，以盈亏相抵后的余额为销售额。若相抵后出现负差，可结转下一纳税期与转让金融商品销售额相抵，但年末时仍出现负差的，不得转入下一个会计年度。

金融商品的买入价，可以选择按照加权平均法或者移动加权平均法进行核算，选择后36个月内不得变更。

同时，根据《关于全面推开营业税改征增值税试点的通知》附件3《营业税改征增值税试点过渡政策的规定》，以下金融商品转让行为免征增值税。

①合格境外机构投资者（QFII）委托境内公司在我国从事证券买卖业务。

②香港市场投资者（包括单位和个人）通过沪港通买卖上海证券交易所上市A股。

③香港市场投资者（包括单位和个人）通过基金互认买卖内地基金份额。

④证券投资基金（封闭式证券投资基金、开放式证券投资基金）管理人运用基金买卖股票、债券。

⑤个人从事金融商品转让业务。

综上所述，投资者个人买卖金融商品，是不缴纳增值税的，但企业买卖金融商品，则要视情况而定，比如企业买卖股票需要缴纳增值税。

股票是由股权制造的有价证券，那么，投资者转让股权要不要缴纳增值税呢？对股权转让行为，目前在增值税上没有明确是否征税，但是本着不加重纳税人负担的原则，“营改增”后，很多地方税务局都照搬《关于股权转让有关营业税问题的通知》中对股权转让不征收营业税的政策规定，对股权转让行为不征收增值税。

实例3-1 2015年1月，某投资公司持有甲公司40%的股权，2016年3月，甲公司成功首次公开募股（IPO）上市，解禁后，2019年4月，该投资公司出售其持有的甲公司5%的限售股。请问该投资公司转让限售股如何缴纳增值税？

解析：

《关于营改增试点若干征管问题的公告》规定：公司首次公开发行股票并上市形成的限售股，以及上市首日至解禁日期间由上述股份孳生的送、转股，以该上市公司股票首次公开发行的发行价为买入价。

也就是说，投资者将解禁后的限售股转让，转让的是股票而不是股权，因此，应该按买卖差价计算并缴纳增值税。

若该投资公司在甲公司上市前转让，则转让的是股权，因此不需要缴纳增值税。

以上案例告诉我们，一定要准确区分投资者买卖的究竟是"股票"还是"股权"，这是确定是否缴纳增值税的关键所在。

(2) 资管产品的增值税涉税处理。

资管产品，包括银行理财产品、资金信托（包括集合资金信托、单一资金信托）、财产权信托、公开募集证券投资基金、特定客户资产管理计划、集合资产管理计划、定向资产管理计划、私募投资基金、债权投资计划、股权投资计划、股债结合型投资计划、资产支持计划、组合类保险资产管理产品、养老保障管理产品。

2016年12月至2017年12月，财政部、国家税务总局连发四个文件，对资管产品如何征收增值税进行了规范，虽然还有很多细节如发票开具等有待落实，但资管产品的纳税人、适用税率、增值税申报事项基本清晰。

资管产品运营过程中发生的增值税应税行为（简称资管产品运营业务），以资管产品管理人为增值税纳税人，暂适用简易计税方法，自2018年1月1日起，按照3%的征收率缴纳增值税。管理人应分别核算资管产品运营业务与其他业务的销售额和增值税应纳税额。未分别核算的，自2018年1月1日起，资管产品运营业务按一般计税方法即6%的税率计算并缴纳增值税。

资管产品管理人转让2017年12月31日前取得的股票（不包括限售股）、债券、基金、非货物期货，可以选择按照实际买入价计算销售额，或者将2017年最后一个交易日的股票收盘价（2017年最后一个交易日处于停牌期间的股票的收盘价，为股票停牌前最后一个交易日的收盘价）、债券估值（中债金融估值中心有限公司或中证指数有限公司提供的债券估值）、基金份额净值、非货物期货结算价格作为买入价计算销售额。

实例3-2 某资管产品管理人于2017年12月20日买入非限售股股票1 000万股，买价为8.48元/股，到2017年12月31日，该股票价格上涨到10.20元/股。该管理人于2018年1月10日卖出该股票，卖价为9.92元/股。假设管理人对每个资管产品独立核算。那么，就该股票而言，该管理人该如何计算增值税？

解析：

对2017年购入的资管产品，管理人可以选择按照对自己有利的买价计算销售额。因此，管理人应以2017年12月31日该股票的收盘价10.20元/股为买价，而不是以实际买价8.48元/股为买价，则出现负差－280［＝(9.92－10.20)×1 000］万元，该资管人不需要缴纳增值税，且该负差还可与该资管人在2018年的其他金融产品转让正差相抵，这将减少管理人的增值税实纳税额。

2. 期货的增值税涉税处理

期货可以大致分为两大类：货物期货（又称商品期货）与金融期货。

货物期货可以分为农产品期货、金属期货（包括基础金属期货与贵金属期货）、能源期货三大类。货物期货，由于其交易标的是有形动产，所以其属于增值税的征收范围，《货物期货征收增值税具体办法》对货物期货的纳税环节和计税依据都做了明确的规定：①货物期货交易增值税的纳税环节为期货的实物交割环节。②货物期货交易增值税的计税依据为交割时的不含税价格（不含增值税的实际成交额）。不含税价格计算公式如下。

不含税价格＝含税价格÷(1＋增值税税率)

金融期货可以分为外汇期货、利率期货（包括中长期利率期货和短期利率期货）和股指期货。金融期货属于典型的金融商品，按金融商品转让缴纳增值税。

（二）金融投资活动的个人所得税涉税处理

在金融投资活动中，投资者为个人的，涉及个人所得税。接下来，我们将分别介绍个人投资者投资股票、股权、债券、基金等投资品的个人所得税涉税政策及处理建议。

1. 上市公司股票投资的个人所得税处理

一般而言，个人进行上市公司股票投资分为三个环节，即买入环节、持有环节、转让环节。自购入股票后，股票投资人会获得的收益包括股票持有收益和股票转让收益。

(1) 买入环节。

在股票买入环节，并不涉及个人所得税。

(2) 持有环节。

在股票持有阶段，企业发放的股利会有现金股利、股票股利、转增股本等表现形式，个人投资者取得这些股票持有收益，均应按“利息、股息、红利所得”项目计征个人所得税。但是，因持有收益的表现方式不同，在个人所得税应纳税所得额计算上也有所不同。

①现金股利。

我国对个人取得的上市公司股息、红利，按股票持有期限不同，实施差别化征收政策。

根据《关于实施上市公司股息红利差别化个人所得税政策有关问题的通知》，个人从公开发行和转让市场取得的上市公司股票，持股期限在1个月以内（含1个月）的，其股息、红利所得全额计入应纳税所得额；持股期限在1个月以上至1年（含1年）的，暂减按50%计入应纳税所得额；持股期限超过1年的，股息、红利所得暂免征收个人所得税。

②股票股利。

企业发放的股票股利所涉及的个人所得税，可以参照《关于印发〈征收个人所得税若干问题的规定〉的通知》的规定：股份制企业在分配股息、红利时，以股票形式向股东个人支付应得的股息、红利（即派发红股），应以派发红股的股票票面金额为收入额，按“利息、股息、红利所得”项目计征个人所得税。

③转增股本。

转增股本是指上市公司将公司的资本公积金转化为股本的形式赠送给股东的一种分配方式。《关于股权奖励和转增股本个人所得税征管问题的公告》规定：个人股东获得转增的股本，应按照“利息、股息、红利所得”项目，适用20%税率征收个人所得税。具体可按以下情形区别对待。

a. 股份制企业用资本公积金转增股本不属于股息、红利性质的分配，对个人取得的转增股本数额，不作为个人所得，不征收个人所得税。

b. 上市公司或在全国中小企业股份转让系统挂牌的企业转增股本（不含以股票发行溢价形成的资本公积金转增股本），持股期限在1个月以内（含1个月）的，其股息、红利所得全额计入应纳税所得额；持股期限在1个月以上至1年（含1年）的，暂减按50%计入应纳税所得额；持股期限超过1年的，股息、红利所得暂免征收个人所得税。

实例3-3 小张于2016年5月15日买入某上市公司股票8 000股，2017年4月3日又买入2 000股，2018年3月1日又买入5 000股，共持有该公司股票15 000股。2018年3月22日，该公司分配现金股利，每股0.3元。若次日，小张卖出全部股票，请问小张要缴纳多少个人所得税？

解析：

截至2018年3月22日：

①小张于2016年5月15日购入的股票，持有时间超过1年，分配的现金股利2 400（=8 000×0.3）元可全额免征个人所得税。

②小张于2017年4月3日购入的股票，持有时间超过1月但尚不足1年，分配的现金股利600(=2 000×0.3）元需要减半征收个人所得税60(=600×50%×20%）元。

③小张于2018年3月1日购入的股票，持有时间尚不足1月，分配的现金股利1 500（=5 000×0.3）元需要全额征收个人所得税300(=1 500×20%）元。

因此，该上市公司要为小张代扣代缴个人所得税360(=60+300）元。

需要提醒的是，上市公司派发股息、红利时，对个人持股1年以内（含1年）的，暂不扣缴个人所得税；待个人转让股票时，证券登记结算公司根据其持股期限计算应纳税额，由证券公司等股份托管机构从个人资金账户中扣收并划付证券登记结算公司，证券登记结算公司在规定时间内划付上市公司，上市公司在收到税款当月的法定申报期内向主管税务机关申报缴纳。

(3) 转让环节。

相关文件规定：从1994年起，对个人转让中国境内上市公司股票取得的所得暂免征收个人所得税。但是，中国境内个人转让中国境外上市公司股票，取得的所得应依法缴纳个人所得税。

自2018年11月1日（含）起，个人转让新三板挂牌公司挂牌后取得的非原始股（包括由上述股票孳生的送、转股）所取得的所得，暂免征收个人所得税。

上述股票投资个人所得税处理仅适用上市公司一般股票的买卖行为，对于特

殊股票如限售股，在个人所得税处理上，是有明显不同的。

（1）限售股。

个人投资者持有的限售股，主要包括：

①股改限售股，即上市公司股权分置改革完成后、股票复牌日之前股东所持原非流通股股份，以及股票复牌日至解禁日期间由上述股份孳生的送、转股；

②新股限售股，即上市公司股权分置改革新老划断后，首次公开发行股票并上市的公司形成的限售股，以及上市首日至解禁日期间由上述股份孳生的送、转股；

③个人从机构或其他个人受让的未解禁限售股；

④个人因依法继承或家庭财产依法分割取得的限售股；

⑤个人持有的从代办股份转让系统转到主板市场（或中小板、创业板市场）的限售股；

⑥上市公司吸收合并中，个人持有的原被合并方公司限售股所转换的合并方公司股份；

⑦上市公司分立中，个人持有的被分立方公司限售股所转换的分立后公司股份；

⑧其他限售股。

（2）持有环节的个人所得税涉税处理。

持股时间自解禁日起计算。对个人持有的上市公司限售股，解禁后取得的股息红利，持股时间在1个月以内（含1个月）的，其股息、红利所得全额计入应纳税所得额；持股时间在1个月以上至1年（含1年）的，暂减按50%计入应纳税所得额；持股时间超过1年的，股息、红利所得暂免征收个人所得税。

对个人持有的上市公司限售股，解禁前取得的股息、红利继续暂减按50%计入应纳税所得额，适用20%的税率计征个人所得税。

（3）转让环节的个人所得税涉税处理。

自2010年1月1日起，对个人转让限售股取得的所得，按照“财产转让所得”，适用20%的税率征收个人所得税。

个人转让限售股，以每次限售股转让收入减去限售股原值和合理税费后的余额为应纳税所得额。

$$应纳税所得额=限售股转让收入-(限售股原值+合理税费)$$

$$应纳税额=应纳税所得额\times 20\%$$

个人取得的限售股有不同成本的，应对所持限售股以每次取得股份数量为权重进行成本加权平均以计算出每股的成本原值。

$$\begin{aligned}\text{分次取得限售股的加权平均成本}=&\Big(\text{第 1 次取得限售股的每股成本原值}\times\text{第 1 次取得限售股的股份数量}\\&+\cdots+\text{第 } n \text{ 次取得限售股的每股成本原值}\times\text{第 } n \text{ 次取得限售股的股份数量}\Big)\\&\div\text{累计取得限售股的股份数量}\end{aligned}$$

纳税人未能提供完整、真实的限售股原值凭证，不能准确计算限售股原值的，主管税务机关一律按限售股转让收入的15%核定限售股原值及合理税费。

值得注意的是，《关于全国中小企业股份转让系统有关问题的决定》规定，虽然新三板挂牌公司被依法纳入非上市公众公司监管，但是，自2018年11月1日（含）起，个人转让新三板挂牌公司挂牌前取得的原始股（包括由上述股票孳生的送、转股）所取得的所得，按照财产转让所得，适用20%的税率征收个人所得税。可以理解为，个人在新三板公司挂牌前取得的原始股，在税收征管上视同限售股。

为了界定限售股转让的形式，明确征免范围，国家税务总局又通过《关于个人转让上市公司限售股所得征收个人所得税有关问题的补充通知》明确规定，对具有下列情形的，应按规定征收个人所得税：①个人通过证券交易所集中交易系统或大宗交易系统转让限售股；②个人用限售股认购或申购交易型开放式指数基金（ETF）份额；③个人用限售股接受要约收购；④个人行使现金选择权将限售股转让给提供现金选择权的第三方；⑤个人协议转让限售股；⑥个人持有的限售股被司法扣划；⑦个人因依法继承或家庭财产分割让渡限售股所有权；⑧个人用限售股偿还上市公司股权分置改革中由大股东代其向流通股股东支付的对价；⑨其他具有转让实质的情形。

实例3-4 周某为甲上市公司高层管理人员，持有甲上市公司限售股20万股，每股成本为1元。限售股解禁日为2017年6月30日。2018年7月1日，甲上市公司股票价格为每股12元，周某卖出20万股限售股。请问周某应如何缴纳个人所得税（证券交易印花税、佣金忽略不计）?

解析：

若周某能够提供真实的限售股原值凭证，则周某需要缴纳的个人所得税为44[＝(12－1)×20×20%] 万元。

若周某不能提供真实的限售股原值凭证，则周某需要缴纳的个人所得税为40.8[＝(12－12×15%)×20×20%] 万元。

显然，个人通过直接转让的方式减持限售股，个人所得税税收负担则较重。为了保证限售股股东的切身利益，有的企业会通过限售股股票解禁后的高送转(高送转指送股或者转增股票比例较大，送转的比例一般超过50%，低于100%，如每10股送6股，或每10股转增8股等)，来降低限售股股东的个人所得税负担；也有的企业充分利用税收洼地限售股减持的财政返还政策，来减轻限售股股东的个人所得税负担。

实例3-5 周某持有甲上市公司限售股10万股，每股成本为1元。限售股解禁日为2017年6月30日。甲上市公司决定，对限售股采用以下方案进行高送转，即在2017年7月1日用资本公积金中的股本溢价实行每10股转增10股。2018年7月1日，甲上市公司股票价格为每股12元，周某卖出全部20万股股票（暂不考虑转让税费）。

解析：

该公司在2017年7月1日用资本公积金中的股本溢价实行每10股转增10股。在解禁日后限售股孳生出来的10万股转股则不属于应征个人所得税的限售股。即周某持有的20万股股份中只有10万股属于应征个人所得税的限售股，周某实际应缴纳个人所得税22[＝

(10×12－10×1)×20%] 万元。

根据现行规定，个人所得税税金 60%归中央财政，40%归地方财政。限售股减持会有一定的地方税收返还。比如，江西省鹰潭市出台《鼓励个人在鹰潭市辖区证券机构转让上市公司限售股的奖励办法》，对“转会”至此进行减持的限售股给予税收优惠。此外，在西藏拉萨地区，当地财政可以将个人所得税中的40%退给限售股股东，其条件便是将这 40%中的 5%捐助给西藏以支持西藏发展。值得注意的是，限售股股东无论是从注册地还是从业务上看，都鲜有与拉萨或鹰潭发生密切关系的。实际上，这部分减持无非就是在节税目的下进行的一场减持移民。

2. 非上市公司股权投资的个人所得税处理

(1) 取得环节。

个人取得股权时，不缴纳个人所得税。

(2) 持有环节。

股份制企业用税后利润向投资者个人分派的股息、红利应按“利息、股息、红利所得”项目计征个人所得税。

股份制企业用盈余公积金派发红股属于股息、红利性质的分配，对个人取得的红股数额，应征收个人所得税。

个人投资者收购企业股权后，企业原盈余积累转增股本，个人投资者以不低于净资产价格收购股权的，企业原盈余积累已全部计入股权交易价格并履行了所得税纳税义务，个人投资者取得原盈余积累转增股本的部分，不征收个人所得税。

个人投资者收购企业股权后，企业原盈余积累转增股本，个人投资者以低于净资产价格收购股权的，企业原盈余积累中，对于股权收购价格减去原股本的差额部分已经计入股权交易价格，个人投资者取得原盈余积累转增股本的部分，不征收个人所得税。对于股权收购价格低于原股本的差额部分未计入股权交易价格，个人投资者取得原盈余积累转增股本的部分，应按照“利息、股息、红利所得”项目征收个人所得税。

实例 3－6　自然人赵某是甲公司的幕后经营者。2018 年 5 月，赵某正式接手甲公司，用 1 000 万元收购了甲公司 100%的股权后，甲公司的账面净资产价格为 1 500 万元，其中，实收资本为 1 000 万元，盈余公积金为 500 万元。完成股权收购后，赵某将甲公司的原 200 万元盈余积累转增股本。税务局要求赵某对转增的股本缴纳个人所得税，而赵某认为整个公司都是自己的，不应该缴纳个人所得税。请问赵某的观点是否正确?

解析：

观点错误。

赵某以 1 000 万元收购甲公司 100%的股权，收购日甲公司的账面净资产价格为1 500 万元，即股权收购价格低于净资产价格，因此，个人投资者取得原盈余积累转增股本的 200 万元部分应按照“利息、股息、红利所得”项目缴纳个人所得税 40(＝200×20%) 万元。

(3) 转让环节。

根据《关于发布〈股权转让所得个人所得税管理办法(试行)〉的公告》，个

人将其投资于境内企业或组织的股权转让给其他个人或法人的，以股权转让收入减除股权原值和合理费用后的余额为应纳税所得额，按财产转让所得缴纳个人所得税。

股权转让收入是指转让方因股权转让而获得的现金、实物、有价证券和其他形式的经济利益，包括违约金、补偿金，以及其他名目的款项、资产、权益和满足约定条件后取得的后续收入等。合理费用是指股权转让时按照规定支付的有关税费。

股权转让收入应当按照公平交易原则确定。股权转让收入明显偏低且无正当理由的，主管税务机关可以参照每股净资产或个人股东享有的股权比例所对应的净资产份额核定股权转让收入。

符合下列情形之一的，视为股权转让收入明显偏低。

①申报的股权转让收入低于股权对应的净资产份额；

②申报的股权转让收入低于初始投资成本或低于取得该股权所支付的价款及相关税费；

③申报的股权转让收入低于相同或类似条件下同一企业同一股东或其他股东股权转让收入；

④申报的股权转让收入低于相同或类似条件下同类行业的企业股权转让收入；

⑤不具备合理性的无偿让渡股权或股份；

⑥主管税务机关认定的其他情形。

符合下列条件之一的股权转让收入明显偏低，视为有正当理由。

①能出具有效文件，证明被投资企业因国家政策调整，生产经营受到重大影响，导致低价转让股权；

②继承或将股权转让给其能提供具有法律效力身份关系证明的配偶、父母、子女、祖父母、外祖父母、孙子女、外孙子女、兄弟姐妹以及对转让人承担直接抚养或者赡养义务的抚养人或者赡养人；

③相关法律、政府文件或企业章程规定，并有相关资料充分证明转让价格合理且真实的本企业员工持有的不能对外转让股权的内部转让；

④股权转让双方能够提供有效证据证明其合理性的其他合理情形。

实例 3-7 张先生投资 A 企业 100 万元，取得 A 公司 100%的股权。两年后，张先生将股权转让给好友李先生，转让价格仍为 100 万元，转让之时，A 公司的净资产为 150 万元。

解析：

张先生转让股权时，A 公司净资产为 150 万元，超过股权转让价格，若无正当理由的，税务部门可参照投资企业的净资产核定转让价格，即转让价格应不低于 150 万元，则张先生应缴纳个人所得税10[＝(150－100)×20%] 万元。

当然，如果李先生取得 A 企业 100%的股权后，以留存收益转增股本或者向自己分配股利 50 万元，则因其股权收购价格 100 万元低于 A 企业的净资产 150 万元，因此仍要按“利息、股息、红利所得”缴纳个人所得税 10(＝50×20%) 万元，而不会因为税务局核定征收张先生个人所得税而减免李先生的个人所得税。

为此，在企业净资产超过实收资本时，建议在转让个人股权时，应采取先分配后转让或者先增资再转让的策略。

因此，在张先生准备转让A公司股权时，可先考虑让A公司分配股利50万元，张先生按“利息、股息、红利所得”缴纳个人所得税10（=50×20%）万元。分配股利后，A公司的净资产降至100万元，这时候张先生再按100万元转让股权给好友李先生。由于转让价格不低于净资产价值，税务机关不予以核定征收，因此，张先生不需要补缴税款。

以上股票投资、股权投资的涉税处理，都是针对个人直接投资的情形。在实际的个人投资业务中，个人一般会以公司法人为载体。因此，应在企业所得税处理完成后，再以股息、红利分配给个人，进入个人所得税处理环节。具体企业所得税的政策，请参考第一章的企业所得税有关内容。

3. 股权激励的个人所得税处理

接下来我们重点分析工资、年终奖、股权激励与技术入股四者搭配的个人所得税处理。

（1）股权激励的个人所得税优惠政策回顾。

我们先对股权激励的个人所得税优惠政策做简要介绍。

《关于完善股权激励和技术入股有关所得税政策的通知》规定：

①符合条件的非上市公司股票期权、股权期权、限制性股票和股权奖励试行递延纳税政策。

非上市公司授予本公司员工的股票期权、股权期权、限制性股票和股权奖励，符合规定条件的，经向主管税务机关备案，可实行递延纳税政策。即员工在取得股权激励时可暂不纳税，递延至转让该股权时纳税；股权转让时，按照股权转让收入减除股权取得成本以及合理税费后的差额，适用“财产转让所得”项目，按照20%的税率计算并缴纳个人所得税。

股权转让时，股票（权）期权取得成本按行权价确定，限制性股票取得成本按实际出资额确定，股权奖励取得成本为零。

②对上市公司股票期权、限制性股票和股权奖励适当延长纳税期限。

上市公司授予个人的股票期权、限制性股票和股权奖励，经向主管税务机关备案，个人可自股票期权行权、限制性股票解禁或取得股权奖励之日起，在不超过12个月的期限内缴纳个人所得税。

（2）技术入股个人所得税政策简述。

技术入股是技术成果投资入股的简称，它是指自然人将技术成果所有权让渡给被投资企业、取得该企业股票（权）的行为。技术成果主要包括专利技术（含国防专利）、计算机软件著作权、集成电路布图设计专有权、植物新品种权、生物医药新品种等。

《关于完善股权激励和技术入股有关所得税政策的通知》规定：

企业或个人以技术成果投资入股境内居民企业，被投资企业支付的对价全部为股票（权）的，企业或个人可选择继续按《关于个人非货币性资产投资有关个人所得税政策的通知》执行，也可选择适用递延纳税优惠政策。

选择按《关于个人非货币性资产投资有关个人所得税政策的通知》执行的，

应将评估后的公允价值减除该技术成果原值及合理税费后的余额作为应纳税所得额，按照“财产转让所得”项目计算并缴纳个人所得税。纳税人一次性缴税有困难的，可合理确定分期缴纳计划并报主管税务机关备案后，自发生技术成果投资入股之日起不超过5个公历年度内（含）分期缴纳个人所得税。

选择技术成果投资入股递延纳税政策的，经向主管税务机关备案，投资入股当期可暂不纳税；允许递延至转让股权时，按股权转让收入减去技术成果原值和合理税费后的差额计算并缴纳个人所得税。

实例3-8 贾某于2017年2月以其某项专利技术的所有投资作价100万元入股A企业，持有A企业10%的股权。贾某发明该项专利技术的成本为20万元，入股时发生评估费及其他合理税费共10万元。假设2019年4月，贾某将这部分股权以200万元卖掉，转让时发生合理税费10万元，贾某应如何缴纳个人所得税？

解析：

贾某以专利技术投资入股，有两种税收处理方式：一是在入股当期，对专利技术转让收入扣除专利技术财产原值和相关税费的差额计算个人所得税，并在当期或分期5年缴纳；二是专利技术投资入股时不计税，待转让这部分股权时，直接以股权转让收入扣除专利技术的财产原值和合理税费的差额计算个人所得税。

若贾某选择第一种纳税方式，且选择在投资入股当期纳税，则贾某在将专利技术作价入股时应缴纳个人所得税14[=(100-20-10)×20%] 万元。

贾某在2019年4月转让股权时，需要缴纳个人所得税18[=(200-100-10)×20%]万元。

两次合计，贾某共缴纳个人所得税32(=14+18) 万元。

若贾某选择递延纳税，则在专利技术作价入股时不需要缴纳个人所得税；在2019年4月贾某转让股权时一次性缴纳个人所得税32[=(200-20-10-10)×20%] 万元。

虽然在两种选择方式下，贾某应纳税款总金额是相同的，但若选择递延纳税，则在入股当期不需要缴税，资金压力大大减小。

实例3-9 依实例3-8，假设未来该项技术贬值或者公司股权贬值，贾某仅以50万元的合理价格转让股权，转让时税费为5万元。请问贾某应选择何种纳税方式？

解析：

若贾某选择在技术入股时缴纳个人所得税，则贾某在以专利技术作价入股时，应缴纳个人所得税14[=(100-20-10)×20%] 万元。

贾某在2019年4月转让股权时，因股权转让价格低于成本价，且转让价格合理，因此不需要缴纳个人所得税。注意，此时税务局并不会因为股权价格转让低而对贾某予以退税。贾某的总体税收负担为14万元。

若贾某选择在股权转让时缴纳个人所得税，则贾某应缴纳个人所得税3[=(50-20-10-5)×20%] 万元。

通过上述案例比较，我们发现递延纳税还有规避未来股权贬值风险的好处。

(3) 工资、年终奖、股权激励与技术入股搭配的税务优化。

我们知道，将工资、年终奖、股权激励合理搭配，可以达到合理少缴个人所得税的目的。若公司对重要技术人员的薪资安排构建“工资、年终奖、股权激励与技术入股”搭配的组合拳，个人所得税节税效果将更加明显。

实例 3-10 某公司技术总监秦某的年度总报酬为 200 万元，年缴纳三险一金 5.8 万元，专项附加扣除 3.2 万元，年生计费用扣除 6 万元。

按照“单独计税的年终奖的适用税率要等于或低于综合所得适用税率一个税率级次”与“股票期权与综合所得适用税率相同”的原则，经过公司人资部门安排设计，秦某年终奖为 66 万元，年工资与股票期权的应纳税所得额为 59.5［=(200－6－5.8－3.2－66)÷2］万元。经计算，公司全年代扣代缴秦某个人所得税444 750［=(595 000×30%－52 920)×2+660 000×30%－4 410］元，税负率达到 22.24%(=444 750÷2 000 000×100%)。秦某认为自己的个税负担比较重，希望公司能够进一步帮助其降低税负。

解析：

经过咨询中介机构，该公司人资部门获悉股息及技术转让所得的个人所得税税率为 20%。按照中介机构的建议，依照“单独计税的年终奖的适用税率要等于或低于综合所得适用税率一个税率级次”“股票期权与综合所得适用税率相同”“边际税率不低于 20%”的原则，公司采用约定每年发放固定股息、红利的方式，将一部分工资、薪金所得转化为股息、红利，其余部分仍按年终奖，股票期权，工资、薪金组合发放（均为 42 万元），并且使得年终奖，股票期权，工资、薪金的适用税率均达到 25%，经推算，每年发放的股息、红利为 59［=(200－6－5.8－3.2)－42×3)］万元。

重新设计后，秦某每年的股息、红利为 59 万元，年终奖为 42 万元，股票期权为 42 万元，其他以工资、薪金形式发放，金额为 57 万元。秦某股息、红利应纳税额为 118 000（=590 000×20%）元。

年终奖应纳税额=420 000×25%－2 660=102 340(元)
股票期权应纳税额=420 000×25%－31 920=73 080(元)
综合所得应纳税额=(57－6－5.8－3.2)×25%×10 000－31 920=73 080(元)

重新设计后，秦某个人所得税年度应纳税额计算如下。

个人所得税年度应纳税额=118 000+102 340+73 080×2=366 500(元)

重新设计可节约税款 78 250(=444 750－366 500)元，税负率为 18.33%（=366 500÷2 000 000×100%）。

4. 债券投资的个人所得税处理

债券也是个人金融投资中一种比较重要的金融商品。债券的所得税处理，也分为债券的持有环节收益的涉税处理以及债券的转让环节收益的涉税处理。

(1) 持有环节。

在债券的持有环节中，主要涉及债券利息收入的涉税规定。普通的企业债券利息收入和公司债券利息收入都是要缴纳个人所得税的。其中，对个人投资者持有 2016—2018 年发行的铁路债券取得的利息收入，按 10%的税率征收个人所得税，其他公司、企业债券利息收入按 20%征收个人所得税。企业债券利息个人所得税统一由各兑付机构在向持有债券的个人兑付利息时负责代扣代缴，就地入库。

对于特定的债券的利息收入，则给予免税待遇，主要包括国债、地方政府债券、国家发行的金融债券。

《中华人民共和国个人所得税法》（简称《个人所得税法》）规定：国债和国家发行的金融债券利息所得，免纳个人所得税。

《关于地方政府债券利息所得免征所得税问题的通知》规定：对企业和个人取得的2012年及以后年度发行的地方政府债券利息收入，免征企业所得税和个人所得税。地方政府债券是指经国务院批准同意，以省、自治区、直辖市和计划单列市政府为发行和偿还主体的债券。

实例 3-11 周先生准备购买债券。现有两种长期债券：一种是企业债券，年利率为4.8%；另一种是国债，年利率为4.4%。周先生应该投资于哪一种债券呢？

解析：

表面上看起来企业债券的利率要高于国债利率，但是由于前者要被征收20%的个人所得税，而后者不用缴纳个人所得税，因此应该通过计算实际的税后收益来评价和比较。

$$4.8\%\times(1-20\%)=3.84\%<4.4\%$$

企业债券的税后收益要低于国债的税后收益，所以进行国债投资更为合算。

事实上，只有当其他债券的利率不低于同期限国债的利率的1.25倍时，其他债券才有投资价值。

(2) 转让环节。

个人买卖债券，取得的所得按“财产转让所得”征收个人所得税。转让财产的收入额减除财产原值和合理费用后的余额为应纳税所得额。

具体可参考《关于个人因购买和处置债权取得所得征收个人所得税问题的批复》。

个人通过招标、竞拍或其他方式购置债权以后，通过相关司法或行政程序主张债权而取得的所得，应按照“财产转让所得”项目缴纳个人所得税。

个人通过上述方式取得“打包”债权，只处置部分债权的，其应纳税所得额按以下方式确定：①以每次处置部分债权的所得，作为一次财产转让所得征税。②其应税收入按照个人取得的货币资产和非货币资产的评估价值或市场价值的合计数确定。

当次处置债权成本费用（即财产原值）按下列公式计算：

$$\text{当次处置债权成本费用}=\text{个人购置“打包”债权实际支出}\times\text{当次处置债权账面价值(或拍卖机构公布价值)}\div\text{“打包”债权账面价值(或拍卖机构公布价值)}$$

个人购买和处置债权过程中发生的拍卖招标手续费、诉讼费、审计评估费以及缴纳的税金等合理税费，在计算个人所得税时允许扣除。

实例 3-12 薛某本期购入债券10 000份，每份买入价为10元，支付购进买入债券的税费共计1 500元。本期内将买入的债券一次卖出6 000份，每份卖出价为12元，支付卖出债券的税费共计1 100元。则本期卖出债券应该缴纳多少个人所得税？

解析：

薛某卖出债券应扣除的原值为60 900[=(10 000×10+1 500)÷10 000×6 000]元；薛某卖出债券的转让所得为10 000(=6 000×12−60 900−1 100)元。

因此，薛某本期卖出债券应缴纳的个人所得税是2 000(=10 000×20%）元。

实例3-13 2017年7月1日，王先生以105万元购买了1万份×记账式国债（每份面值为100元，共计面值100万元），该国债起息日为2017年1月1日，年末12月31日兑付利息，票面利率为5%。2017年10月1日，王先生将购买的国债转让，取得转让价款110万元。

解析：

个人转让未到期国债，要就转让所得全额征收个人所得税，所以王先生实际应缴纳的个人所得税为1[=(110－105)×20%] 万元。

5. 基金投资的个人所得税处理

《中华人民共和国证券投资基金法》（简称《证券投资基金法》）规定：基金财产投资的相关税收，由基金份额持有人承担，基金管理人或者其他扣缴义务人按照国家有关税收征收的规定代扣代缴。对个人投资者而言，进行基金投资的个人所得税政策，主要存在于《关于开放式证券投资基金有关税收问题的通知》等文件中。

（1）对投资者从基金分配中获得的国债利息、储蓄存款利息以及买卖股票价差收入，暂不征收个人所得税。

（2）对投资者从基金分配中获得的股票的股息、红利收入以及企业债券的利息收入，由上市公司和发行债券的企业在向基金派发股息、红利、利息时代扣代缴20%的个人所得税，基金向个人投资者分配股息、红利、利息时，不再代扣代缴个人所得税。

（3）对个人投资者申购和赎回基金单位取得的差价收入，在对个人买卖股票的差价收入恢复征收个人所得税以前，暂不征收个人所得税。

（4）对个人投资者从基金分配中获得的企业债券差价收入，应按税法规定对个人投资者征收个人所得税，税款由基金在分配时依法代扣代缴。

个人在进行基金投资时，比较关心基金是真免税，还是假免税。这就要谈到基金的刺穿原则。基金在持有期间获取的收益是否免税，要视具体情况具体分析，关键看基金的投资方向。如果基金主要投资于国债利息收入，根据刺穿原则，国债利息收入免征个人所得税，则基金也就免征个人所得税；如果基金主要投资于国债转让收入，由于国债转让收入本身应缴纳个人所得税，根据刺穿原则，则该基金的收益当然是应税的，是税后收益。基金的这种刺穿原则，还可以进一步拓展。例如近几年市场上非常火的余额宝、理财通、零钱宝，它们是否免征个人所得税呢？实际上，它们本质上都是一种货币基金，余额宝挂钩天弘增利宝，理财通挂钩华夏财富宝，零钱宝同时对应汇添富现金宝和广发天天红两只基金，投资者可以在其中任选。根据相关规定，个人投资者从基金分配中取得的收入，暂不征收个人所得税。根据刺穿原则，个人投资余额宝一类的货币基金产品所获取的分配收益不用再缴纳个人所得税。

同样的例子还有娱乐宝。2014年3月26日，阿里巴巴数字娱乐事业群宣布推出娱乐宝。网民出资100元即可投资热门影视作品，预期年化收益率为7%。娱乐宝平台有别于余额宝的属性，通过向消费者发售产品进行融资，所融资金配置为部分信托计划，最终投向阿里娱乐旗下的文化产业。其实质是一种投连险，娱乐宝背后对接的是一款名为“国华华瑞 1 号终身寿险 A 款”的投连险产品，1 年内领取或退保收取 3%的手续费，1 年后自动全部领取。这款投连险产品投向的是一个信托项目，娱乐宝仅募集了 7 300 万元资金，只占该信托项目资金的一小部分。根据我国的税收政策，对于个人投资投连险产品获取的收益目前是不征收个人所得税的，因此，根据刺穿原则，个人投资娱乐宝的各种收益也不用缴纳个人所得税。

二、不动产投资活动的税务优化

不动产投资就是将资金投资于不动产。不动产是指土地和土地上的定着物，包括各种建筑物，如房屋、桥梁、电视塔、地下排水设施等；生长在土地上的各类植物，如树木、农作物、花草等。需要说明的是，植物的果实采摘、收割之前，树木砍伐之前，都是地上的定着物，属于不动产，一旦采摘、收割、砍伐下来，脱离了土地，则属于动产。我们这里涉及的不动产投资专指个人在中国境内的房产投资。

房产投资是一种花费较大的投资活动，任何盲目和冲动都是不可取的。在房产投资之前，我们必须进行成本测算，而其中一个非常重要的考量因素就是房产投资的涉税成本。

我们把房产投资涉税处理分为三个环节，即取得环节涉税处理、持有环节涉税处理、转让环节涉税处理。房产投资的收益主要分为两类：持有环节收益和转让环节收益。这两部分收益在扣除各环节的税金后的收益为个人房产投资的真正收益。

（一）取得环节涉税处理

个人取得住房主要涉及印花税和契税两个税种。根据《关于调整房地产交易环节税收政策的通知》的规定，自 2008 年 11 月 1 日起，对个人销售或购买住房暂免征收印花税。因此，房产取得环节目前涉及税种是契税。

1. 家庭唯一普通住房可享受减征契税优惠

个人购置住房需要按照购房价款（2016 年 5 月 1 日后为不含增值税价款）乘以适用税率缴纳契税。目前各地适用契税税率为 3%、4%或 5%，具体的税率由各省自定。

个人投资房产在符合一定条件的情况下，可以享受购房的契税优惠。

从第一章的契税相关内容中我们知道，个人购买家庭唯一住房可享受减征契税优惠。

根据《关于做好稳定住房价格工作的意见》的规定，普通住房认定标准如下：住宅小区建筑容积率在 1.0（含 1.0）以上；单套建筑面积在 120 平方米（含 120 平方米）以下；实际成交价低于同区域享受优惠政策住房平均交易价格 1.2 倍以下。各省、自治区、直辖市要根据实际情况，制定本地区享受优惠政策的普通住房的具体标准。允许单套建筑面积和价格标准适当浮动，但向上浮动的比例不得超过上述标准的 20%。所以，根据以上规定，各地在制定普通住房标准的时候，还是有一定差异的。

①上海市关于普通住房的认定标准。

应同时满足以下三个条件：五层以上（含五层）的多高层住房，以及不足五层的老式公寓、新式里弄、旧式里弄等；单套建筑面积在 140 平方米以下；实际成交价格低于同级别土地上住房平均交易价格 1.44 倍以下，坐落于内环线以内的低于 330 万元/套，内环线与外环线之间的低于 200 万元/套，外环线以外的低于 160 万元/套。

②四川省关于普通住房的认定标准。

应同时满足以下三个条件：住宅小区建筑容积率在 1.0 以上，单套建筑面积在 140 平方米以下，实际成交价格低于同级别土地上住房平均交易价格 1.2 倍以下。

其中，成都市的普通住房认定应同时满足以下三个条件：住宅小区建筑容积率在 1.0 以上（含 1.0），单套建筑面积在 144 平方米以下（含 144 平方米），实际成交价格低于公布的同一范围土地上住房平均交易价格 1.4 倍以下。

契税是典型的地方性税种，各地有很大的自主权，如果客户涉及不同地区房屋的买卖，一定要及时查询本省本市的普通住房认定标准，以便享受税收优惠。

2. 房屋互换由多付方按差额缴纳契税

如果个人采用房屋互换方式交易，则还可以享受以房换房的契税优惠。根据契税相关规定：土地使用权交换、不动产交换，交换价格不相等的，由多交付货币、实物、无形资产或者其他经济利益的一方缴纳税款；交换价格相等的，免征契税。

实例 3－14 周某有一套价值 1 500 万元的房屋，拟与张某交换张某的一套价值2 500 万元的别墅，并支付差价 1 000 万元。请计算周某与张某各缴纳契税多少元（此处不考虑增值税影响，契税适用税率为 3%）？

解析：

土地使用权交换、不动产交换，契税的计税依据为所交换的土地使用权、不动产的价格差额，由多交付货币、实物、无形资产或者其他经济利益的一方缴纳税款。

因此，周某需要缴纳契税 30(＝1 000×3%) 万元，张某不需要缴纳契税。

3. 同一投资主体内部不动产转移免征契税

如果个人名下的房产要转移到自己的企业中，或者自己企业名下的房产要转到自己名下，税法也有契税的减免优惠。针对同一投资主体内部不动产转移的情况，《关于继续支持企业 事业单位改制重组有关契税政策的通知》规定，同一投资主体内部所属企业之间土地、房屋权属的划转，包括母公司与其全资子公司之间，同一公司所属全资子公司之间，同一自然人与其设立的个人独资企业和一人有限公司之间土地、房屋权属的划转，免征契税。

4. 夫妻之间房屋权属变更免征契税

随着房地产市场的发展和房价的普遍上涨，夫妻之间房屋、土地权属变更形式逐渐多样化，除了“加名”之外，夫妻之间房屋、土地权属变更还出现了“减名”、“换名”和“变更共有份额”等形式，为此，《关于夫妻之间房屋土地权属变更有关契税政策的通知》规定，在婚姻关系存续期间，不动产、土地权属原归夫妻一方所有，变更为夫妻双方共有或另一方所有的，或者不动产土地权属原归夫妻双方共有，变更为其中一方所有的，或者不动产、土地权属原归夫妻双方共有，双方约定、变更共有份额的，免征契税。

5. 法定继承免征契税

《关于继承土地、房屋权属有关契税问题的批复》规定：

①对于《中华人民共和国继承法》（简称《继承法》）规定的法定继承人（包括配偶、子女、父母、兄弟姐妹、祖父母、外祖父母）继承土地、房屋权属，不征契税。

②按照《中华人民共和国继承法》规定，非法定继承人根据遗嘱承受死者生前的土地、房屋权属，属于赠与行为，应征收契税。

（二）持有环节涉税处理

房产持有环节基本可以分为自住、投资和出租三种情形。

1. 房产自住涉税处理

房产自住，目前除上海和重庆两地已经对个人住房实施了房产税试点外，我国其他各地均不予征税。第十三届全国人民代表大会第二次会议政府工作报告中提出，稳步推进房地产税立法。房产税实施要按照“立法先行、充分授权、分步推进”的原则推进。在财政部官网公布的《2019 年财政部立法工作安排》中，房地产税还没有列入 2019 年的立法工作。

2. 房产投资涉税处理

个人房产进行经营投资的，主要涉及房产税与个人所得税。

首先是房产税问题。《中华人民共和国房产税暂行条例》（简称《房产税暂行条例》）规定，房产税由产权所有人缴纳。个人将自有房屋对外投资后，房产税征收要区分不同情况来处理。《关于安徽省若干房产税业务问题的批复》规定：对于以房产投资联营，投资者参与投资利润分红，共担风险的情况，按房产原值作为计税依据计征房产税；对于以房产投资，收取固定收入，不承担联营风险的情况，实际上是以联营名义取得房产的租金，应根据《房产税暂行条例》的有关规定，由出租方按租金收入计缴房产税。

实例 3－15　自然人张某拥有两幢房产，房产取得时间均在 2015 年 12 月，房产原值为 4 000万元，从 2017 年 1 月 1 日起将两处房产对外投资联营。

一幢原值 2 000 万元的酒店房产用于对外投资联营，合同约定，双方合作经营，共同承担经营风险，投资联营期限为 10 年，每年按照酒店的实际经营利润进行分红。另一幢原值2 000万元的办公楼用于对外投资，合同约定，该企业不承担经营风险，投资期限为 3 年，每年取得固定利润分红 80 万元。不考虑其他税费，请问这两幢房产应如何计算房产税（当地房屋计税余值的扣除比例为 30%）？

解析：

张某以原值 2 000 万元的酒店房产对外投资联营，按照酒店的实际经营利润进行分红，共担风险，应将房产原值作为计税依据从价计征房产税，房产税纳税人为联营企业，应缴纳房产税16.8[=2 000×(1−30%)×1.2%] 万元。

张某以原值 2 000 万元的办公楼对外投资，不承担经营风险，每年收取固定分红 80 万元，应视同取得租金收入，由出租方即张某将取得的分红收入作为计税依据缴纳房产税 9.6（=80×12%）万元。

接下来是个人所得税问题。个人将自有房屋对外投资后，个人所得税征收要区分不同情况来处理。个人以房产投资联营，若投资联营成立的是合伙企业，其参与投资利润分红应按“个体工商户的生产、经营所得”缴纳个人所得税；若投资联营成立的是有限责任公司或股份有限公司，参与投资利润分红应按“股息、利息、红利所得”缴纳个人所得税；若房产产权并未归属新的经济实体，按约定取得的固定收入和分红收入均应视为租金收入，按“财产租赁所得”缴纳个人所得税。

实例 3-16 自然人钱某以其一幢写字楼与甲物业公司合作经营，合同约定，合作后，房产仍归钱某所有，甲物业公司每月向钱某支付固定利润 5.25 万元，请问钱某应如何缴纳个人所得税（城市维护建设税适用税率为 7%）?

解析：

因房产产权仍归钱某所有，钱某每月取得的 5.25 万元固定利润应视为租金收入，按“财产租赁所得”缴纳个人所得税。计算“财产租赁所得”时，允许扣除已缴纳的税金、教育费附加、修缮费用。

可扣除的增值税及附加为：

$$5.25\div(1+5\%)\times5\%\times(1+7\%+3\%+2\%)=0.28(\text{万元})$$

房产出租的，计征房产税的租金收入不含增值税，因此，可扣除的房产税为：

$$5.25\div(1+5\%)\times12\%=0.6(\text{万元})$$

钱某未发生修缮费用，每月可扣除的修缮费用为 0 元。因此，钱某每月应缴纳的个人所得税为：

$$(5.25-0.28-0.6)\times(1-20\%)\times20\%=0.70(\text{万元})$$

3. 房产出租涉税处理

个人出租房产，主要涉及增值税及其附加税（城市维护建设税、教育费附加、地方教育费附加）、印花税、房产税、城镇土地使用税、个人所得税。

个人出租房产包括出租住房和非住房。个人出租住房的，根据《关于廉租住房　经济适用住房和住房租赁有关税收政策的通知》，可免征城镇土地使用税、印花税，个人所得税以扣除相关合理税费的余额减按 10%的税率征收，房产税按 4%的税率征收。根据《关于全面推开营业税改征增值税试点的通知》，增值税按 1.5%的征收率征收。城市维护建设税因房产所在地不同按 7%、5%或 1%征收，教育费附加费率为 3%，地方教育费附加费率为 2%。

需要提醒的是，房产税为不含增值税租金收入。月不含增值税租金收入不超过 10 万元的享受免征增值税优惠。

实例 3-17 居民个人王某于 2019 年 1 月出租住房，租期为 1 年，月租金为12 000元。假设无修缮费用，2019 年王某应缴纳多少税金？

解析：

（1）因王某对外出租的是住房，因此免征城镇土地使用税和印花税。

（2）由于王某的月租金收入为 12 000 元，低于 10 万元，因此免征增值税；同时，以增值税为计税依据的城市维护建设税、教育费附加、地方教育费附加予以免税。

（3）因其租金收入免征增值税，因此，不含增值税租金收入为 12 000 元，王某在 2019 年的房产税应纳税额为 5 760（=12 000×4%×12）元。

（4）个人出租住房，个人所得税适用税率为 10%，因此，王某在 2019 年的个人所得税应纳税额为 11 059.2[=12 000×(1−4%)×(1−20%)×10%×12]元。

（5）王某在 2019 年出租住房应缴纳税金 16 819.2（=5 760+11 059.20）元。

个人出租非住房的，城镇土地使用税按实际占用的土地面积及坐落土地等级的单位税额征收；印花税按租赁合同租金总额的 0.1%征收；个人所得税按“财产租赁所得”项目征收；房产税按不含增值税租金收入的 12%征收；增值税按 5%的征收率征收；城市维护建设税因房产所在地不同按 7%、5%或 1%征收，教育费附加费率为 3%，地方教育费附加费率为 2%，如表 3-1 所示。

表 3-1　个人出租房产涉税情况

房屋类型	增值税	城市维护建设税	教育费附加	地方教育费附加	城镇土地使用税	印花税	房产税	个人所得税
个人出租住房	1.5%	7%、5%或 1%	3%	2%	免征	免征	4%	10%
个人出租非住房	5%	7%、5%或 1%	3%	2%	使用面积×单位税额	0.1%	12%	20%

实例 3-18 居民个人张某于 2019 年 1 月出租商铺，租期为 3 年，月租金为50 000元。不动产权证上载明土地使用面积为 32.20 平方米，所处地段城镇土地使用税税额为 5 元/平方米。城市维护建设税税率为 7%。假设无修缮费用，2019 年张某应缴纳多少税金？

解析：

（1）因对外出租的是商铺，因此，

城镇土地使用税应纳税额=32.20×5=161(元)

（2）印花税是按合同金额计征的，因此，张某在 2019 年因对外出租商铺需要缴纳印花税。

印花税应纳税额=50 000×36×0.1%=1 800(元)

（3）自 2019 年起，月租金收入未超过 10 万元的，免征增值税。以增值税为计税依据的城市维护建设税、教育费附加、地方教育费附加也免征。

（4）房产税按不含增值税租金收入计征，因此，

房产税应纳税额=50 000×12%×12=72 000(元)

（5）张某在2019年的个人所得税应纳税额为：

个人所得税应纳税额＝(50 000×12－161－1 800－72 000)×(1－20%)×20%
＝84 166.24(元)

（6）张某在2019年出租住房应缴纳税金合计为：

应缴纳税金合计＝161＋1 800＋72 000＋84 166.24＝158 127.24(元)

（三）转让环节涉税处理

个人转让房产所涉及的主要税费有增值税、城市维护建设税、教育费附加、地方教育费附加、印花税、土地增值税以及个人所得税七项税费。与房产出租一样，我国现行税法对个人转让住房、非住房的征管规定不同。

1. 个人转让住房的涉税处理

（1）增值税及其附加税（附加税是指城市维护建设税、教育费附加、地方教育费附加，下同）。

个人转让住房的增值税处理，主要参考《关于全面推开营业税改征增值税试点的通知》的规定。

个人销售自建自用住房免征增值税。

个人将购买不足2年的住房对外销售的，按照5%的征收率全额缴纳增值税；在北京市、上海市、广州市和深圳市之外的地区，个人将购买2年以上（含2年）的住房对外销售的，免征增值税。在北京市、上海市、广州市和深圳市地区，个人将购买2年以上（含2年）的非普通住房对外销售的，以销售收入减去购买住房价款后的差额按照5%的征收率缴纳增值税；个人将购买2年以上（含2年）的普通住房对外销售的，免征增值税。

城市维护建设税、教育费附加、地方教育费附加以实际应缴纳的增值税为计税依据计征。其中，城市维护建设税因房产所在区域不同而适用不同的税率，市区税率为7%，县城、镇税率为5%，其他地区税率为1%。教育费附加费率为3%。地方教育费附加费率为2%。

个人转让房产增值税纳税情况如表3－2所示。

表3－2　个人转让房产增值税纳税情况

<table>
<tr><td>住房类型</td><td colspan="4">增值税处理</td></tr>
<tr><td>自建住房</td><td colspan="4">免征</td></tr>
<tr><td rowspan="4">外购住房</td><td colspan="3">购买年限<2年</td><td>全额纳税：
含税销售额÷(1+5%)×5%</td></tr>
<tr><td rowspan="3">购买年限≥2年</td><td rowspan="2">北京市、上海市、广州市、深圳市</td><td>非普通住房</td><td>差额纳税：
(含税销售额－购买住房价款)÷(1+5%)×5%</td></tr>
<tr><td>普通住房</td><td rowspan="2">免征</td></tr>
<tr><td colspan="2">其他地区</td></tr>
</table>

（2）土地增值税。

自2008年11月1日起，对个人销售住房暂免征收土地增值税。具体可参考《关于调整房地产交易环节税收政策的通知》的相关规定。

（3）印花税。

自2008年11月1日起，对个人销售或购买住房暂免征收印花税。具体可参考《关于调整房地产交易环节税收政策的通知》的相关规定。

（4）个人所得税。

①个人转让二手房取得的所得应按照“财产转让所得”项目征收个人所得税。对转让二手房收入计算个人所得税应纳税所得额时，纳税人可凭原购房合同、发票等有效凭证，经税务机关审核后，允许从其转让收入中减除房屋原值、转让住房过程中缴纳的税金及有关合理费用。

如果纳税人不能准确提供房产原值和有关税费凭证，无法确定房产原值，税务机关则可以综合考虑该项房产的坐落地、建造时间、当地房价、面积等因素，按房产转让收入额的一定比例核定征收个人所得税。《关于个人住房转让所得征收个人所得税有关问题的通知》要求，核定比例在住房转让收入1%～3%的幅度内确定。目前，我国大多数的房产出售，都是采用核定征收方式。

②个人转让自用达五年以上并且是唯一的家庭生活用房取得的所得，暂免征收个人所得税。

③无偿赠与房屋需要区别情况对待。

以下三种情形的房屋产权无偿赠与，对当事双方不征收个人所得税。

a. 房屋产权所有人将房屋产权无偿赠与配偶、父母、子女、祖父母、外祖父母、孙子女、外孙子女、兄弟姐妹；

b. 房屋产权所有人将房屋产权无偿赠与对其承担直接抚养或者赡养义务的抚养人或者赡养人；

c. 房屋产权所有人死亡，依法取得房屋产权的法定继承人、遗嘱继承人或者受遗赠人。

其他形式的房产赠与、房屋赠与中的受赠人按照“经国务院财政部门确定征税的其他所得”项目缴纳个人所得税，税率为20%。其中，应纳税所得额为房地产赠与合同上标明的赠与房屋价值减除赠与过程中受赠人支付的相关税费后的余额。赠与合同标明的房屋价值明显低于市场价格或房地产赠与合同未标明赠与房屋价值的，税务机关可依据受赠房屋的市场评估价格或采取其他合理方式确定受赠人应纳税所得额。

④通过离婚析产的方式分割房屋产权是夫妻双方对共同共有财产的处置，个人因离婚办理房屋产权过户手续，不征收个人所得税。

但是，个人转让离婚析产房屋所取得的收入，若符合家庭生活自用五年以上唯一住房要求，则可以申请免征个人所得税；否则，需要按“财产转让所得”缴纳个人所得税，其相应的财产原值为房屋初次购置全部原值和相关税费之和乘以转让者占房屋所有权的比例。

需要注意的是，个人转让房屋的个人所得税应税收入不含增值税，其取得房屋时所支付价款中包含的增值税计入财产原值，计算转让所得时可扣除的税费不包括本次转让所缴纳的增值税。

具体公式如下：

$$\text{转让住房个人所得税应纳税额}=\left(\text{不含增值税成交价格}-\text{含增值税的房屋原值}-\text{不含增值税的其他税金和有关合理费用}\right)\times 20\%$$

实例 3-19 自然人戴某于 2018 年 3 月转让北京唯一家庭生活用房一套，建筑面积为 156 平方米，被认定为非普通住宅，转让价格为含税价 1 200 万元，该房屋是在 2015 年 12 月取得的，房屋含契税等税费价款为 800 万元。请问戴某转让该住房需要缴纳多少税费（当地规定的城市维护建设税税率为 7%，不考虑中介费用等其他费用）？

解析：

戴某转让的住房属于购买时间超过两年但不足五年的家庭唯一生活用房，因此，需要缴纳个人所得税。由于房子地处北京，属于非普通住宅，因此需要依据差额缴纳增值税。

因此，

转让住房增值税应纳税额＝(1 200－800)÷(1＋5%)×5%＝19.05(万元)

转让住房增值税附加税费应纳税额＝19.05×(7%＋3%＋2%)＝2.29(万元)

转让住房个人所得税应纳税额＝[1 200÷(1＋5%)－800－2.29]×20%＝68.11(万元)

2. 个人转让非住房的涉税处理

（1）增值税及其附加税。

个人转让非住房的增值税处理，主要参考《关于全面推开营业税改征增值税试点的通知》的规定。

其他个人销售其取得（不含自建）的不动产（不含其购买的住房），应以取得的全部价款和价外费用减去该项不动产购置原价或者取得不动产时的作价后的余额为销售额，按照 5%的征收率计算应纳税额。

其他个人转让其自建的不动产（不含住房），参考增值税小规模纳税人的相关规定，以取得的全部价款和价外费用为销售额，按照 5%的征收率计算应纳税额。

城市维护建设税、教育费附加、地方教育费附加以实际应缴纳增值税为计税依据计征。其中，城市维护建设税因房产所在区域不同而适用不同的税率，市区税率为 7%，县城、镇税率为 5%，其他地区税率为 1%。教育费附加费率为 3%。地方教育费附加费率为 2%。

（2）土地增值税。

个人转让非住房应缴纳土地增值税，按增值额计算缴纳，增值额为销售收入减去扣除项目金额。

对于个人转让外购非住房的，应按房屋建筑物的评估价格、成新率，将取得土地使用权所支付的地价款、按国家统一规定缴纳的有关费用、在转让环节缴纳的税金以及支付的评估费用作为扣除项目金额计征土地增值税。若纳税人隐瞒、虚报房地产成交价格，发生的评估费用则不允许在计算土地增值税时予以扣除。

对于个人转让外购非住房，凡不能取得评估价格，但能提供购房发票的，扣除项目金额按照《关于营改增后土地增值税若干征管规定的公告》的相关规定计算。

①提供的购房凭据为“营改增”前取得的营业税发票的，按照发票所载金额（不扣减营业税）并从购买年度起至转让年度止每年加计5%计算。

②提供的购房凭据为“营改增”后取得的增值税普通发票的，按照发票所载价税合计金额从购买年度起至转让年度止每年加计5%计算。

③提供的购房发票为“营改增”后取得的增值税专用发票的，按照发票所载不含增值税金额加上不允许抵扣的增值税进项税额之和，并从购买年度起至转让年度止每年加计5%计算。

计算扣除项目时，每年按购房发票所载日期起至售房发票开具之日止，每满12个月计一年；超过一年，未满12个月但超过6个月的，可以视同一年。

对于个人转让外购非住房，既没有评估价格，又不能提供购房发票的，地方税务机关可以根据《中华人民共和国税收征收管理法》（简称《税收征管法》）的规定，实行核定征收。

（3）印花税。

个人转让非住房按照转让价款，依据万分之五的税率征收印花税。

（4）个人所得税。

个人转让非住房，按“财产转让所得”征收个人所得税。计税依据以转让财产的不含增值税收入额减除财产原值、缴纳的税金、合理费用后的余额为应纳税所得额。税率为20%。

财产原值是指购置该房屋时实际支付的房价款及缴纳的契税和印花税。

缴纳的税金是纳税人在转让过程中实际缴纳的城市维护建设税、教育费附加、土地增值税、印花税等税金。

合理费用是纳税人按照规定实际支付的住房装修费用、住房贷款利息、手续费、公证费等费用。例如，北京的税务部门规定，纳税人能提供实际支付装修费用的税务统一发票，并且发票上所列付款人姓名与转让房屋产权人一致的，经税务机关审核，其转让的住房在转让前实际发生的装修费用可以在以下规定比例内扣除：已购公有住房、经济适用房，最高扣除限额为房屋原值的15%；商品房及其他住房，最高扣除限额为房屋原值的10%。

个人转让房产涉税情况如表3-3所示。

实例3-20 李先生于2017年5月转让位于北京市某小区的商铺一套，房产面积为50平方米，房屋买卖合同转让价为4 500 000元，李先生于2006年6月取得该房屋销售不动产发票，金额为326 820元，同月已缴纳契税9 804.60元、印花税163.40元。房产评估机构给予的评估价格为2 500 000元，房屋成新率为7成新，发生评估费用3万元，税务机关均予以认可。请问李先生转让的商铺应缴纳什么税？税额是多少（城市维护建设税税率为7%）？

解析：

商铺的购置原价＝326 820＋9 804.60＋163.40＝336 788(元)

转让商铺增值税应纳税额＝(4 500 000－336 788)÷(1＋5%)×5%

=198 248.19(元)

增值税附加税应纳税额=198 248.19×(7%+3%+2%)

=23 789.78(元)

转让商铺印花税应纳税额=4 500 000×0.05%=2 250(元)

李先生转让的商铺能够取得合理的评估价格，因此，

土地增值税扣除项目金额=2 500 000×0.7+30 000+2 250+23 789.78

=1 806 039.78(元)

增值额=4 500 000÷(1+5%)-1 806 039.78=2 479 674.51(元)

增值率=2 479 674.51÷1 806 039.78×100%=137.3%

因此，适用税率为50%，从而有

土地增值税应纳税额=2 479 674.51×50%-1 806 039.78×15%

=968 931.29(元)

个人所得税应纳税额=[4 500 000÷(1+5%)-336 788-30 000-2 250

-23 789.78-968 931.29]×20%=584 791.04(元)

表 3-3　　个人转让房产涉税情况

<table>
<tr><th>税种</th><th>增值税</th><th>城市维护
建设税</th><th>教育费
附加</th><th>地方教育
费附加</th><th>土地
增值税</th><th>印花税</th><th colspan="2">个人
所得税</th></tr>
<tr><td rowspan="2">个人转让
住房</td><td rowspan="2">见表 3-2</td><td rowspan="2">7%、
5%或 1%</td><td rowspan="2">3%</td><td rowspan="2">2%</td><td rowspan="2">免征</td><td rowspan="2">免征</td><td colspan="2">五年唯一
免征</td></tr>
<tr><td colspan="2">20%/核定/
赠与/离婚
另行规定</td></tr>
<tr><td rowspan="2">个人转让
非住房</td><td>自建</td><td>全额 5%</td><td rowspan="2">7%、
5%或 1%</td><td rowspan="2">3%</td><td rowspan="2">2%</td><td rowspan="2">四级累进
税率或者
核定征收</td><td rowspan="2">0.1%</td><td rowspan="2">20%</td></tr>
<tr><td>外购</td><td>差额 5%</td></tr>
</table>

三、实业投资活动的税务优化

在个人创业投资中，生产经营的每一个方面均涉及税务处理，我们仅选取个人创业投资的几个方面进行涉税分析。

（一）选择行业的涉税分析：入对行

我国政府在制定税收法规时，都体现了明显的鼓励重点产业发展、引导社会投资方向的立法意图。大至企业所得税、增值税、消费税，小至印花税、车船税、耕地占用税，每个税种都有减免税的优惠规定。比如，符合国家规定的高新技术企业，农、林、牧、渔，基础设施以及资源综合利用的行业，都可以享受企

业所得税的优惠政策。再如，符合国家规定的民政福利企业可享受一定的增值税免税、减税待遇，以及农产品流通环节免征增值税等。因此，选择投资哪个行业，基本上就确定了可以放心合法地享受国家的哪些优惠政策。

以高新技术企业所得税优惠为例。企业在符合条件的情况下，一定要积极申请成为高新技术企业，因为可以享受15%的企业所得税优惠税率。但高新技术企业的门槛是比较高的，需要企业认真准备，符合条件的才可以申请认定。具体标准可以参考《关于修订印发〈高新技术企业认定管理办法〉的通知》。该文件规定，高新技术企业认定必须同时满足以下条件。

(1) 企业申请认定时须注册成立一年以上。

(2) 企业通过自主研发、受让、受赠、并购等方式，获得对其主要产品（服务）在技术上发挥核心支持作用的知识产权的所有权。

(3) 对企业主要产品（服务）发挥核心支持作用的技术属于国家重点支持的高新技术领域规定的范围。

(4) 企业从事研发和相关技术创新活动的科技人员占企业当年职工总数的比例不低于10%。

(5) 企业近三个会计年度（实际经营期不满三年的按实际经营时间计算，下同）的研究开发费用总额占同期销售收入总额的比例符合如下要求。

①最近一年销售收入小于5 000万元（含）的企业，比例不低于5%；

②最近一年销售收入在5 000万元至2亿元（含）的企业，比例不低于4%；

③最近一年销售收入在2亿元以上的企业，比例不低于3%。

其中，企业在中国境内发生的研究开发费用总额占全部研究开发费用总额的比例不低于60%。

(6) 近一年高新技术产品（服务）收入占企业同期总收入的比例不低于60%。

(7) 企业创新能力评价应达到相应要求。

(8) 企业申请认定前一年内未发生重大安全、重大质量事故或严重环境违法行为。

企业获得高新技术企业资格后，自高新技术企业证书注明的发证时间所在年度起申报享受税收优惠。企业的高新技术企业资格期满当年，在通过重新认定前，其企业所得税暂按15%的税率预缴，在年底前仍未取得高新技术企业资格的，应按规定补缴相应期间的税款。

(二) 选用房屋的涉税分析：进对房

选用自有房屋的，需要在采取收租方式和以实物投资参与经营分红的方式中进行选择，比较哪一种方式会明显降低税负。

一般而言，营业用房产税是按房产余值的1.2%按年征收，这里的房产余值是依照房产原值一次减除10%～30%后的余额计算缴纳；出租房屋的房产税是按租金收入的12%按年征收。

采取以房屋作价参与经营的方式，可以降低租金收入带来的增值税税负；采取收租的方式，可将企业支付的较高租金作为费用计入经营成本，减少应纳税所得额。虽然有人认为，在与他人合伙经营时，收租的方式较以房入股要明智一些，但还是建议创业者做一下简单的税负测算，做一个全面的权衡。

（三）选择企业组织形式的涉税分析：开对店

目前，个人创业可选择企业组织形式有个体工商户、个人独资企业、合伙企业、公司制企业四种。在上述四种企业运作模式中，一般来说，收入相同时，个体工商户、个人独资企业、合伙企业的税负是一样的，公司制企业的税负最重(特殊情况下存在例外)。在风险承担方面，公司制企业只承担有限责任，风险相对较小；个人独资企业和合伙企业承担无限责任，风险较大。同时，个人独资企业、合伙企业、公司制企业在发票的申购、纳税人的认定等方面占有优势，可以享受国家的一些税收优惠政策。个人投资者在制订投资计划时，应充分考虑各方面的因素，选择最优投资方案。

实例 3-21 王强、李刚二人打算成立一家玩具制造厂，符合小型微利企业标准。二人每人每月从制造厂领取工资 12 000 元，企业年度盈利二人平均分配。2019 年实现会计利润 250 000 元，无纳税调整事项。从税收角度考虑，应该选择有限责任公司形式还是合伙企业形式（专项附加扣除金额均为 3.2 万元，不考虑三险一金)?

解析：

方案一：成立有限责任公司。

王强、李刚的工资收入需要年终按综合所得汇算清缴个人所得税，两个人的个人所得税应纳税额为：

$$[(12\ 000\times12-60\ 000-32\ 000)\times10\%-2\ 520]\times2=5\ 360(\text{元})$$

2019 年小型微利企业年应纳税所得额不超过 100 万元的，对其所得减按 25%计入应纳税所得额，按 20%的税率缴纳企业所得税，因此，该玩具厂应缴纳企业所得税税额为：

$$250\ 000\times25\%\times20\%=12\ 500(\text{元})$$

2019 年对税后利润全部进行分配，王强、李刚需要按“利息、股息、红利所得”项目计征个人所得税，应纳税额为：

$$(250\ 000-12\ 500)\times20\%=47\ 500(\text{元})$$

2019 年王强、李刚及其有限责任公司应纳所得税合计税额为：

$$5\ 360+12\ 500+47\ 500=65\ 360(\text{元})$$

2019 年王强、李刚共实现税后收益为：

$$12\ 000\times12\times2+250\ 000-65\ 360=472\ 640(\text{元})$$

方案二：成立合伙企业。

如果成立合伙企业，按“先分后税”原则缴纳个人所得税，但投资者个人领取的工资必须并入应纳税所得额，按“经营所得”缴纳个人所得税。

2019 年合伙企业的应纳税所得额为：

$$(250\ 000+12\ 000\times12\times2)=538\ 000(\text{元})$$

2019 年王强、李刚的个人所得税应纳税额为：

[(538 000×50%－60 000－32 000)×20%－10 500]×2＝49 800(元)

2019 年王强、李刚共实现税后收益为：

12 000×12×2＋250 000－49 800＝488 200(元)

方案一比方案二少实现税后收益 15 560（＝488 200－472 640）元。

（四）雇用员工的涉税分析：用对人

福利企业的特殊性决定了其雇用的员工也有很大的不同。如果是残疾人员也能完成的工作，则应尽量雇用残疾人员。这是因为：第一，残疾人员的薪资水平相对较低，企业可以节省开支；第二，税法对企业雇用特定残疾人员有税收优惠，可以降低企业的增值税与所得税税负。

（1）企业所得税相关税法规定，涉及安置残疾人员所支付的工资需要加计扣除。即企业安置残疾人员的，在按照支付给残疾人员工资据实扣除的基础上，按照支付给残疾人员工资的 100%加计扣除。

（2）《促进残疾人就业增值税优惠政策管理办法》规定，对安置残疾人员的单位和个体工商户，实行由税务机关按纳税人安置残疾人员的人数，限额即征即退增值税的办法。安置的每位残疾人员每月可退还的增值税具体限额，由县级以上税务机关根据纳税人所在区县（含县级市、旗）适用的经省（含自治区、直辖市、计划单列市）人民政府批准的月最低工资标准的 4 倍确定。

为保障残疾人的合法权益及上述优惠政策的切实落实，国家对安置残疾人的单位和个体工商户享受税收优惠政策的条件进行了明确规定。

（1）依法与安置的每位残疾人员签订了一年以上（含一年）的劳动合同或服务协议，并且安置的每位残疾人员在企业实际上岗工作。

（2）为安置的每位残疾人员按月足额缴纳了基本养老保险、基本医疗保险、失业保险、工伤保险和生育保险等社会保险。

（3）通过银行等金融机构向安置的每位残疾人员按月支付了不低于纳税人所在区县适用的经省人民政府批准的月最低工资标准的工资。

此外，在企业所得税方面，还增加了安置残疾人员上岗工作基本设施的内容。在增值税方面，增加了人员比例及人数限制。比如，纳税人（除盲人按摩机构外）月安置的残疾人员占在职职工人数的比例不低于 25%（含 25%），并且安置的残疾人员人数不少于 10 人（含 10 人）；盲人按摩机构月安置的残疾人员占在职职工人数的比例不低于 25%（含 25%），并且安置的残疾人员人数不少于 5 人（含 5 人）。

（五）订立合同的涉税分析：签对单

企业在签署经济合同时，一定要密切关注合同所引发的税务事项，做好统筹规划。例如，《关于印花税若干具体问题的规定》指出，对于由受托方提供原材料的加工、定做合同，税法规定，若合同中分别记载加工费金额和原材料金额，则应分别计税，加工费金额按加工承揽合同 0.5‰的税率计税，原材料金额按购销合同适用0.3‰的税率，并按两项税额相加的金额贴花。若合同中未分别记载两项金额，则应按全部金额依照加工承揽合同适用0.5‰的税率计税。因此，签订此类合同时，应将加工费金额和原材料金额分别记载，可以避免多缴纳税款。有些合同在签订时无法确定计税金额，如有些技术转让合同中的转让收入是按销售收入的比例收取或按实现利润分成的。对财产租赁合同，只是规定了月（天）租金标准而无租赁期限。对这类合同，可在签订合同时先按定额5元贴花，以后结算时再按实际金额计税，补贴印花。因此，对数额较大的合同可进行税收筹划，即在保证双方利益的前提下，暂不确定合同上所载金额，可以适当延缓纳税，也可以减少由实际金额与预计金额的差异引起的多缴税款。

实例3-22 某企业与A公司签订生产设备租赁协议，协议租金为1年150万元，租赁期限为3年，则该企业应缴印花税1 500（=1 500 000×0.1%）元。如果该企业在签订合同时，租赁期限不固定，企业在签订时先按定额5元贴花，则可以延迟缴纳1 495元的税收。推迟纳税就是一种节税，因为这样获得了税金的时间价值，增加了企业的现金流。

当然，个人在经营企业的过程中，会涉及很多业务的节税安排，我们不能一一列举和分析。如果继续深入分析，就会进入公司节税安排的层面。

四、其他实物资产投资活动的税务优化

个人实物资产投资的种类也比较多，我们以近几年比较火的艺术品收藏投资作为主要的研究对象来分析。2013年10月4日，毕加索的名画《两个小孩》被万达集团在纽约以1.72亿元买下。《两个小孩》是毕加索于1950年为其3岁的儿子克劳德和1岁的女儿帕洛玛创作的一幅油画作品。问题是，万达集团买了这幅名画，假设要把这幅画运回国内，那么进口这幅画需要缴纳什么税？国内拍卖时又要缴纳什么税？

（一）艺术品进口环节的涉税规定

艺术品进口，最先涉及的就是进口关税，要分为确定税则归类并归入相应的税号、确定进口关税适用税率、明确完税价格和增值税适用税率、套用公式共四个步骤。

第一步，确定税则归类并归入相应的税号。主要依据是《中华人民共和国进出口税则》（简称《进出口税则》）。《进出口税则》将艺术品划分到第21大类、第97章“艺术品、收藏品及古物”之中，如表3-4所示。

表3-4　《进出口税则》（节选）

税则号列	中文货品名称
9701	油画、粉画及其他手绘画，但带有手工绘制及手工描饰的制品或税目4906的图纸除外；拼贴画及类似装饰板
9702	雕版画、印制画、石印画的原本
9703	各种材料制的雕塑品原件
9704	使用过或未使用过的邮票、印花税票、邮戳印记、首日封、邮政信笺（印有邮票的纸品）及类似品，但税目4907的货品除外

续前表

税则号列	中文货品名称
9705	具有动物学、植物学、矿物学、解剖学、历史学、考古学、古生物学、人种学或钱币学意义的收集品及珍藏品
9706	超过 100 年的古物

第二步，确定进口关税适用税率。明确税号之后，再明确产地（并不是所有的国家都享受我国的“最惠国待遇”），然后确定进口关税适用税率，如表 3-5 所示。

表 3-5　艺术品、收藏品、古物类货物海关编码及关税税率（节选）

序号	商品编码	商品名称	最惠国税率（%）	协定税率（%）	特惠税率（%）	普通税率（%）
1	97011011	唐卡	6	0/4.8/6	0	50
2	97020000	雕版画、印制画、石印画的原本	1	0/1/6	0	50
3	97030000	各种材料制的塑料品原件	1	0/1/6	0	50
4	97040010	邮票	4	0/5	0	50
5	97060000	超过 100 年的古物	0	0	0	0

第三步，明确完税价格和增值税适用税率。一般而言，进口货物的增值税税率为 13%。

第四步，套用公式。计算关税、消费税和增值税。

关税＝关税完税价格×关税税率

消费税＝(关税完税价格＋关税)÷(1－消费税税率)×消费税税率

增值税＝(关税完税价格＋关税＋消费税)×增值税税率

实例 3-23　假设 M 公司以关税完税价格 1.72 亿元拿下某知名艺术品，并于 2019 年 5 月从美国将该艺术品进口到上海。通过查找税号及关税税则，该艺术品的关税适用税率为 6%，增值税适用税率为 13%。请计算 M 公司进口该艺术品需要缴纳的税金金额。

解析：

艺术品进口关税需要按照税号对应的税率征收。

关税＝关税完税价格×6%＝1.72×6%×10 000＝1 032(万元)

艺术品进口不需要缴纳消费税。因此，

增值税＝(关税完税价格＋关税)×13%＝(1.72×10 000＋1 032)×13%
＝2 370.16(万元)

艺术品进口应纳税额＝1 032＋2 370.16＝3 402.16(万元)

如果某艺术品公司和 M 公司协商，租赁该艺术品到国内做展览，合同租金为 20 000

美元/月，租期为半年，汇率为1∶6.2，则虽然确定税则和产地的步骤完全相同，税率同样为6%，但是关税完税价格是M公司对外支付的租金，即120 000（=20 000×6）美元，通过汇率可换算成744 000元。套用租赁进口货物关税公式，关税为44 640（=744 000×6%）元。

（二）以企业名义购买文物艺术品的涉税问题

对于文物艺术品的投资，除了出于投资爱好或者保值增值的目的以外，有部分企业的老板本身对艺术品投资并无偏好，高价参与竞拍是出于节税考虑。很多老板以企业名义参加竞拍，由企业支付款项，取得企业抬头的发票，把艺术品作为企业固定资产入账，并计提折旧，扣减所得税。

事实上，文物艺术品能否作为固定资产处理，本身争议比较大。《企业会计准则第4号——固定资产》明确规定，固定资产是企业为生产商品、提供劳务、出租或经营管理而持有的使用寿命超过一个会计年度的资产。固定资产同时满足下列条件的，才能予以确认：（1）与该固定资产有关的经济利益很可能流入企业；（2）该固定资产的成本能够可靠地计量。部分财会专业人士认为，企业收藏的文物艺术品首先在持有目的上就无法满足固定资产的特征。

虽然我国所得税相关法规目前并没有明确规定艺术品不可以作为固定资产，但是各地税务机关对此做出了积极探索。例如，国家税务总局北京市税务局于2005年下发文件明确规定：纳税人为了提升企业形象，购置古玩、字画以及其他艺术品的支出，不得在购买年度企业所得税前扣除，而应在处置该项资产的年度企业所得税之前扣除。另外，国家税务总局浙江省税务局、国家税务总局辽宁省税务局等也纷纷下发文件规定，不允许企业税前扣除购买的高档艺术品，理由均是“与企业生产经营没有直接关系”。

（三）个人转让文物艺术品的涉税处理

艺术品进口环节的涉税处理，我们已经分析完毕，但更多的艺术品投资发生在中国境内，中国境内的艺术品投资要怎么交税呢？

个人在中国境内取得的艺术品拍卖收入征收个人所得税。《关于加强和规范个人取得拍卖收入征收个人所得税有关问题的通知》规定如下。

（1）作者将自己的文字作品手稿原件或复印件拍卖取得的所得，应以其转让收入额减除800元（转让收入额在4 000元以下）或者20%（转让收入额在4 000元以上）后的余额为应纳税所得额，按照“特许权使用费所得”项目适用20%的税率缴纳个人所得税。

（2）个人拍卖除文字作品原稿及复印件外的其他财产，应以其转让收入额减除财产原值、拍卖财产过程中缴纳的税金及有关合理费用后的余额为应纳税所得额，按照“财产转让所得”项目适用20%的税率缴纳个人所得税。

财产原值，是指售出方取得该拍卖品的价格（以合法有效凭证为准）。合法有效凭证是指税务机关监制的正式发票、相关境外交易单据或海关报关单据、完税证明等。

①通过商店、画廊等途径购买的，为购买该拍卖品实际支付的价款；

②通过拍卖行拍得的，为拍得该拍卖品实际支付的价款及缴纳的相关税费；

③通过祖传收藏的，为其收藏该拍卖品而发生的费用；

④通过赠送取得的，为其受赠该拍卖品而发生的相关税费；

⑤通过其他形式取得的，参照以上原则确定财产原值。

拍卖财产过程中缴纳的税金，是指在拍卖财产时纳税人实际缴纳的相关税金及附加。

有关合理费用，是指拍卖财产时纳税人按照规定实际支付的拍卖费（佣金）、鉴定费、评估费、图录费、证书费等费用。

（1）对个人财产拍卖所得征收个人所得税时，以该项财产最终拍卖成交价格为其转让收入额。

（2）纳税人如不能提供合法、完整、准确的财产原值凭证，不能正确计算财产原值的，按转让收入额的3%征收率计算缴纳个人所得税；拍卖品为经文物部门认定是海外回流文物的，按转让收入额的2%征收率计算缴纳。

（3）纳税人的财产原值凭证内容填写不规范，或者一份财产原值凭证包括多件拍卖品且无法确认每件拍卖品一一对应的原值的，不得将其作为扣除财产原值的计算依据，应视为不能提供合法、完整、准确的财产原值凭证，并按规定的征收率计算缴纳个人所得税。

（4）纳税人虽然能够提供合法、完整、准确的财产原值凭证，但不能提供有关税费凭证的，不得按征收率计算纳税，应当就财产原值凭证上注明的金额据实扣除，并按照税法规定计算缴纳个人所得税。

（5）个人财产拍卖所得应缴纳的个人所得税税款，应由拍卖单位负责代扣代缴，并按规定向拍卖单位所在地主管税务机关办理纳税申报。

实例3-24 某市居民王某于2019年委托某拍卖行拍卖其在2006年以201 000元购买的一件瓷器，最终拍卖取得的收入是601 000元。王某无法提供购买瓷器的财产原值凭证，因此需要按转让收入额的3%缴纳个人所得税18 030（=601 000×3%）元。

另外，王某于2012年从国外购回几件明朝时期藏品，文物部门已经认定为海外回流文物。2019年，他委托某拍卖行以1 001 000元的价格拍卖了其中一件，所提供财产原值凭证上的原值是几件拍卖品原值的合计数，因此王某要按转让收入额的2%计算缴纳个人所得税20 020（=1 001 000×2%）元。

中国境内转让外购的文物艺术品的个人所得税可按买卖差价的20%，或者以转让收入的3%（或2%）缴纳，因此，个人在转让外购的文物艺术品时，面临纳税方式的选择问题，即选择查账据实征收还是核定征收。基本思路如下。

①当文物艺术品适用的征收率为3%时，艺术品的增值比例为：

增值比例=(卖价－买价)÷买价

不考虑其他税费，当增值比例低于17.65%时，卖方可选择增值部分缴纳20%个税的办法；当增值比例高于17.65%时，卖方可选择按转让收入的3%纳税。

②当文物艺术品适用的征收率为2%时：文物艺术品的增值比例若低于11.11%，卖方可选择增值部分缴纳20%个税的办法；文物艺术品的增值比例若高于11.11%，卖方可选择按转让收入的2%纳税。

实例 3-25 王某投资一件非海外回流艺术品，买价为 100 万元，卖价为 112 万元，请问选择按查账据实征收还是核定征收对王某更有利（不考虑其他税费）?

解析：

该艺术品的实际增值率是12%[=(112－100)÷100×100%]，由于 12%<17.65%，因此，选择查账据实征收更有利。

若按查账据实征收，王某需要缴纳的个人所得税为 2.4[=(112－100)×20%] 万元。若按核定征收，因该艺术品是非海外回流艺术品，因此需要按转让收入的 3%缴纳个人所得税 3.36(=112×3%) 万元。通过计算也可得出选择查账据实征收对王某更有利的结论。

第二节　保险活动的税务优化

保险分为商业保险和社会保险。商业保险是指通过订立保险合同运营，以营利为目的的保险形式，由专门的保险企业经营。商业保险关系是由当事人自愿缔结的合同关系，投保人根据合同约定，向保险公司支付保险费，保险公司根据合同约定的可能发生的事故因其发生所造成的财产损失承担赔偿保险金责任，或者当被保险人死亡、伤残、生病或达到约定的年龄和期限时承担给付保险金责任。社会保险是指收取保险费，形成社会保险基金，用来对其中因年老、疾病、生育、伤残、死亡和失业而导致丧失劳动能力或失去工作机会的成员提供基本生活保障的一种社会保障制度。

对于社会保险的个人所得税政策，我们在后文中会有论述。本节中的保险指的是商业保险，主要包括人寿保险、健康保险和财产保险。商业保险是基于购买主体客户而言的税收，主要包括三个环节的内容：第一，缴费环节（保费缴纳）；第二，持有环节（如人寿保险投资型产品、年金保险等的投资收益）；第三，给付或者赔付环节。我们将站在客户角度探讨商业保险各环节的涉税处理。

一、商业保险缴费环节的涉税处理

目前，在缴费环节，我国有明确免税额的商业保险主要有商业健康保险和税收递延型商业养老保险。

对于商业健康保险，《关于将商业健康保险个人所得税试点政策推广到全国范围实施的通知》明确规定：对个人购买符合规定的商业健康保险产品的支出，允许在当年（月）计算应纳税所得额时予以税前扣除，扣除限额为 2 400 元/年(200 元/月)。单位统一为员工购买符合规定的商业健康保险产品的支出，应分别计入员工个人工资、薪金，允许在当年（月）计算应纳税所得额时予以税前扣除，扣除限额为 2 400 元/年（200 元/月)。

对于税收递延型商业养老保险，自 2018 年 5 月 1 日起，在上海市、福建省和苏州工业园区实施个人税收递延型商业养老保险试点。《关于开展个人税收递延型商业养老保险试点的通知》规定，个人通过个人商业养老资金账户购买符合规定的商业养老保险产品的支出，允许在一定标准内（取得工资、薪金、连续性劳务报酬所得的个人，扣除限额按照当月工资、薪金、连续性劳务报酬收入的6%和1 000元孰低办法确定；取得个体工商户生产经营所得、对企事业单位的承包承租经营所得的个体工商户业主、个人独资企业投资者、合伙企业自然人合伙人和承包承租经营者，扣除限额按照不超过当年应税收入的6%和12 000元孰低办法确定）税前扣除。

对于其他商业保险，应在企业向保险公司缴付时（即该保险落到被保险人的保险账户）并入员工当期的工资收入，按“工资、薪金所得”计征个人所得税，税款由企业负责代扣代缴。

二、商业保险持有环节的涉税处理

根据《关于开展个人税收递延型商业养老保险试点的通知》，对税收递延型商业养老保险，计入个人商业养老金账户的投资收益，暂不征收个人所得税。

除税收递延型商业养老保险外，个人购买的商业保险还有分红险。分红险是指保险公司在每个会计年度结束后，将上一会计年度该类分红险的可分配盈余按一定的比例以现金红利或增值红利的方式，分配给客户的一种人寿保险。

分红险起源于保单预定利率。例如，1994—1999年，保单预定利率一般为8%～10%。保单的这个预定利率是什么含义呢？它意味着保险公司要按照这个利率给付投保人，那就肯定要求保险公司的投资收益率高于这个预定利率。但事实上，后来银行连续7次下调利率，导致保险公司的投资收益率达不到当初预定的8%～10%，保险公司自己要贴补差额，这对保险公司是很不利的。当然，当投资收益率高于10%时，这对客户也是不利的。为了应对这个问题，就产生了分红险，就是投资收益不好时没有分红，好的时候有分红，从而实现由投保人和保险公司共同承担投资收益率变动风险的目的。为了避免分红在不同年度间的波动，保险公司一般会把红利在不同年份之间平滑。在中国银行保险监督管理委员会（简称中国银保监会）目前的统计口径中，分红寿险、分红养老险、分红两全险及其他有分红功能的险种都被列入分红险范围。

分红险的红利收入免税吗？《关于未分配的投资者收益和个人人寿保险收入征收个人所得税问题的批复》规定：对保险公司按投保金额，以银行同期储蓄存款利率支付给在保期内未出险的人寿保险保户的利息（或以其他名义支付的类似收入），按“其他所得”应税项目征收个人所得税，税款由支付利息的保险公司代扣代缴。另有地方（如哈尔滨）文件规定：关于合众人寿保险股份公司开办的分红险种，根据上年分红保险业务的实际经营情况，每年向保户支付的保单红利，可按省局文件的规定，暂按“利息、股息、红利”项目征收个人所得税，应纳税款由保险公司代扣代缴。

虽然已有上述征税政策，但关于分红险是否应当缴纳个人所得税，国内争论之声一直都没有停止过。分红险自诞生之日起，一直享有免税的待遇，这一点是保险公司推销保险时重点宣传的。并且，保险业内专家也表示，分红险的“分红”，与其他投资产品的“分红”不是一个概念，分红险的红利由三部分构成：死差、费差和利差。死差和费差是保险公司基于谨慎原则而多收的保费，从实质上讲具有保费返还的性质，用投保人初期“溢价”购买保险产品后的末期返还为投保费的返还；利差才是真的投资所得，由于分红险的主要投资渠道为国债、存款、基金和大型基础设施建设，这些投资渠道很多都是免税的，根据刺穿原则，分红险的收益也应免税。因此，在实际执行中，分红险的分红大都没有缴纳个人所得税。

三、商业保险给付时的涉税处理

商业保险的给付包括出险时的保险赔款和到期后按约领取保险金。对保险赔款，《个人所得税法》规定：保险赔款免征个人所得税。

需要注意的是，投资保险产品所得到的收益为保单收益，与保险赔款有本质的区别。投资保险产品的红利、利息及收益不具备保险赔款的性质，对其免税没有法律依据。

保险赔款的免税功能在国外的应用也很普遍，但技术含量较大。在办理此类业务时，受益人（财富传承的对象）获得的实际是保险赔款，并且主要是身故保险。

此外，对税收递延型商业养老保险，国家在领取环节给予了税收优惠政策：对计入个人商业养老金账户的投资收益暂不征收个人所得税；个人领取商业养老金时再征收个人所得税（对个人达到规定条件时领取的商业养老金收入，其中25%部分予以免税，其余75%部分按照10%的比例税率计算征收个人所得税）。

实例 3-26 老王在上海某公司工作，2019 年 1 月取得工资、薪金收入 10 000 元，老王自 2019 年 1 月起购买了一款符合规定的税收递延型商业养老保险产品，每月个人缴纳保险金 800 元，假定老王除 1 000 元子女教育费和 1 000 元赡养老人支出外，当月无其他税前扣除项目，那么 2019 年 1 月老王应缴纳个人所得税为多少（不考虑三险一金）?

解析：

首先，老王当月税收递延型商业养老保险的比例扣除限额为 600(=10 000×6%）元，小于 1 000 元(=12 000÷12）的扣除最高限额，因此，老王当月商业保险扣除限额为 600 元。

其次，老王当月实际支付保险金 800 元，大于当月税收递延型商业养老保险的比例扣除限额 600 元，因此只能税前扣除 600 元。

因此，2019 年 1 月老王应缴纳个人所得税为：

$$(10\ 000-5\ 000-1\ 000-1\ 000-600)\times 3\%=72(\text{元})$$

实例 3-27 假定实例 3-26 中的老王于 2025 年达到国家规定的退休年龄，按照其购买的税收递延型商业养老保险产品约定，可按月领取商业养老金 3 000 元，请问老王领取商业养老金时应如何缴纳个人所得税（暂不考虑个人所得税相关法规的变动)?

解析：

老王若按月领取商业养老金，则由保险公司在支付时代扣代缴个人所得税 225(=3 000×75%×10%）元。

老王若按年领取商业养老金，则应在领取月份，由保险公司在支付时代扣代缴个人所得税 2 700(＝3 000×12×75％×10％) 元。

第三节 福利与退休的税务优化

一、个人社会福利的涉税处理

对个人的社会福利，我们仅介绍法定五险一金的相关税收规定。

《个人所得税法》规定应纳税所得额的计算如下。

居民个人的综合所得，以每一纳税年度的收入额减除费用六万元以及专项扣除、专项附加扣除和依法确定的其他扣除后的余额，为应纳税所得额。

专项扣除包括居民个人按照国家规定的范围和标准缴纳的基本养老保险、基本医疗保险、失业保险等社会保险费和住房公积金等。

《关于基本养老保险费基本医疗保险费失业保险费住房公积金有关个人所得税政策的通知》规定，企事业单位按照国家或省（自治区、直辖市）人民政府规定的缴费比例或办法实际缴付的基本养老保险费、基本医疗保险费和失业保险费，免征个人所得税；个人按照国家或省（自治区、直辖市）人民政府规定的缴费比例或办法实际缴付的基本养老保险费、基本医疗保险费和失业保险费，允许在个人应纳税所得额中扣除。企事业单位和个人超过规定的比例和标准缴付的基本养老保险费、基本医疗保险费和失业保险费，应将超过部分并入个人当期的工资、薪金收入，计征个人所得税。

单位和个人分别在不超过职工本人上一年度月平均工资 12％的幅度内实际缴存的住房公积金，允许在个人应纳税所得额中扣除。单位和职工个人缴存住房公积金的月平均工资不得超过职工工作地所在设区城市上一年度职工月平均工资的 3 倍，具体标准按照各地有关规定执行。单位和个人超过规定比例和标准缴付的住房公积金，应将超过部分并入个人当期的工资、薪金收入，计征个人所得税。

根据《工伤保险条例》和生育保险相关规定，工伤保险和生育保险由单位缴纳，个人不缴纳。单位按规定缴纳的工伤保险、生育保险，不涉及个人所得税。

实例 3－28 某公司国内人员李刚在 2018 年的住房公积金缴存基数为 5 000 元，单位缴存比例为 12％，个人缴存比例为 20％。2018 年 7 月，李刚的工资收入为6 000元，问 2018 年 7 月李刚应缴纳多少个人所得税（不考虑三险）?

解析：

李刚月缴存住房公积金基数为 5 000 元。

单位缴存比例为 12％，不超过 12％的幅度，单位为李刚缴付的住房公积金为 600（＝5 000×12％）元，允许在税前扣除。

个人缴存比例为 20％，超过 12％的幅度。根据规定，李刚本人缴付的住房公积金为

1 000（=5 000×20%）元，只允许在税前扣除 600（=5 000×12%）元。其本人超过12%的幅度所缴付的住房公积金为 400（=5 000×8%）元，不予税前扣除。

李刚于 2018 年 7 月应缴纳个人所得税85［=(6 000−600−3 500)×10%−105］元。

实例 3－29 某私营企业从业职工有 30 人，实行小企业会计制度。假设 2018 年该企业员工月工资收入为 7 500 元，按最低比例缴纳社保，未缴纳住房公积金，人人缴纳个人所得税。2019 年拟增加员工收入 600 元，不考虑专项附加扣除因素，问如何操作更划算？

解析：

方案一：直接增加员工收入。

若不考虑专项附加扣除因素，直接增加员工收入 600 元，则因增收部分需要缴纳个人所得税，员工增加的实际可支配收入不到 600 元。

方案二：企业缴存住房公积金。

若该私营企业通过缴纳住房公积金增加员工收入 600（=7 500×8%）元，由于员工的 7 500元工资中会增加 600 元的扣除，从而降低个人所得税实际应纳税额，员工增加的实际可支配收入超过 600 元。同时，因企业缴存的住房公积金可以在税前列支，还能达到少缴企业所得税的效果。因此，企业缴存住房公积金具有双重节税的作用。

另外，企业缴存住房公积金一方面符合国家的政策规定，另一方面在一定程度上也会增加员工的凝聚力及稳定性。

二、个人单位福利的涉税处理

（一）企业年金和职业年金的涉税处理

1. 企业年金和职业年金

为进一步推动养老保险体系建设，2013 年，国务院批准发布了《关于深化收入分配制度改革的若干意见》，提出完善基本养老保险制度，发展企业年金和职业年金，发挥商业保险的补充性作用。《中共中央关于全面深化改革若干重大问题的决定》也明确提出加快发展企业年金、职业年金、商业保险，构建多层次社会保障体系。

目前，我国养老保险体系主要包括基本养老保险、补充养老保险和个人储蓄性养老保险三个层次。其中，补充养老保险包括企业年金和职业年金。企业年金主要针对企业，是指根据《企业年金办法》等国家相关政策，企业及其职工在依法参加基本养老保险的基础上，自愿建立的补充养老保险制度。职业年金主要针对事业单位，是指根据《机关事业单位职业年金办法》等国家相关政策，事业单位及其职工在依法参加基本养老保险的基础上，建立的补充养老保险制度。

2. 我国企业年金和职业年金的个人所得税处理

在经济合作与发展组织（OECD）成员中，法国、德国、美国、日本等多数国家对企业年金和职业年金个人所得税实施了递延纳税政策，即在年金缴费环节和年金基金投资收益环节暂不征收个人所得税，将纳税义务递延到个人实际领取年金的环节，也就是常说的交易型开放式指数基金（ETF）模式。我国对企业年金和职业年金个人所得税也采用了递延纳税的方式。

(1) 缴纳时的个人所得税处理。

《关于企业年金　职业年金个人所得税有关问题的通知》规定：

①企业和事业单位根据国家有关政策规定的办法和标准，为在本单位任职或者受雇的全体职工缴付的企业年金或职业年金，单位缴费部分，在计入个人账户时，个人暂不缴纳个人所得税。超过标准缴付的部分，应并入个人当期的工资、薪金所得，依法计征个人所得税。

企业缴费每年不得超过本企业上一年度职工工资总额的 1/12。对于职业年金，单位缴纳职业年金费用的比例最高不超过本单位上一年度缴费工资基数的 8%，且不能超过本单位工作人员平均分配额的 3 倍。

②个人根据国家有关政策规定缴付的年金个人缴费部分，在本人缴费工资计税基数的 4%标准内的部分，暂从个人当期的应纳税所得额中扣除。超过标准缴付的部分，应并入个人当期的工资、薪金所得，依法计征个人所得税。

企业年金个人缴费工资计税基数为职工岗位工资和薪级工资之和，是本人上一年度月平均工资。月平均工资超过职工工作地所在设区城市上一年度职工月平均工资 300%的部分，不计入个人缴费工资计税基数。

实例 3-30　某市 2018 年在岗职工年平均工资为 59 000 元。居民个人张先生在该市工作，2019 年 1 月的工资为 20 000 元，每月按 4%缴付年金，企业对等供款，问张先生在 2019 年 1 月需要缴纳多少个人所得税（不考虑三险一金、专项附加扣除及其他扣除）？

解析：

张先生在 2019 年 1 月的工资已超过该市职工平均工资的 3 倍，其企业年金个人缴费的税前扣除限额为 590(=59 000÷12×3×4%) 元。

张先生在 2019 年 1 月的年金个人缴费金额为 800(=20 000×4%) 元，超出扣除限额 210(=800−590) 元，应并入当月工资、薪金所得缴纳个人所得税。

因此，张先生在 2019 年 1 月应缴纳个人所得税432.30[=(20 000−800+210−5 000)×3%] 元。

(2) 投资运营收益的个人所得税处理。

年金基金投资运营收益分配计入个人账户时，个人暂不缴纳个人所得税。

(3) 领取年金的个人所得税处理。

①个人达到国家规定的退休年龄，在 2019 年 1 月 1 日之后，按月领取的年金不并入综合所得，全额单独计算应纳税款。其中按月领取的，适用综合所得税率月表计算纳税；按季领取的，平均分摊计入各月，按每月领取额适用综合所得税率月表计算纳税；按年领取的，适用综合所得税率年表计算纳税。

②对 2014 年 1 月 1 日以前由单位和个人缴付且在 2014 年 1 月 1 日之后领取的年金，在缴费时已缴纳个人所得税的部分，在领取时计算个人所得税时，允许扣除，以 2014 年 1 月 1 日前累计已缴金额占全部缴费金额的百分比减计当期的应纳税所得额。

③个人因出境定居而一次性领取的年金个人账户资金，或个人死亡后，其指定的受益人或法定继承人一次性领取的年金个人账户余额，适用综合所得税率年表计算纳税。

个人除上述特殊原因外一次性领取年金个人账户资金或余额的，适用综合所得税率月表计算纳税。

实例 3-31 吴先生参加了企业年金计划，于 2036 年退休后，每月可领取年金2 000元。假设个人所得税相关法规无变动，吴先生领取年金时该如何纳税？若吴先生随女儿出国定居，于 2034 年出国前一次性领取个人账户的全部年金 15 万元，吴先生又该如何纳税？

解析：

吴先生达到国家规定的退休年龄，按月领取的年金，不并入综合所得，全额单独适用月度税率表计算应纳税款。

吴先生每月应纳税额＝2 000×3%＝60(元)

个人因出境定居而一次性领取的年金个人账户资金，不并入综合所得，全额单独适用综合所得税率表计算应纳税额。

吴先生一次性领取时应纳税额＝150 000×20%－16 920＝13 080(元)

（二）补充医疗保险涉税处理

补充医疗保险是相对于基本医疗保险而言的，包括企业补充医疗保险、商业医疗保险、社会互助和社区医疗保险等多种形式，是基本医疗保险的有力补充，也是多层次医疗保障体系的重要组成部分。与基本医疗保险不同，补充医疗保险不是通过国家立法强制实施的，而是由用人单位和个人自愿参加的，是在单位和职工参加统一的基本医疗保险后，由单位或个人根据需求和可能原则，适当增加医疗保险项目，来提高保险保障水平的一种补充性保险。

单位统一为员工购买符合规定的商业健康保险产品的支出，应分别计入员工个人工资、薪金，允许在当年（月）计算应纳税所得额时予以税前扣除，扣除限额为 2 400 元/年（200 元/月）。除此之外，企业为员工支付的其他医疗保险，根据《关于单位为员工支付有关保险缴纳个人所得税问题的批复》的规定，应在企业实际缴付时并入员工当期的工资收入，按“工资、薪金所得”项目计征个人所得税。

三、企业为个人提供住房、汽车、旅游福利等的涉税处理

（一）企业为个人提供住房的涉税处理

《关于个人所得税法修改后有关优惠政策衔接问题的通知》规定如下。

单位按低于购置或建造成本价格出售住房给职工，职工因此而少支出的差价部分，不并入当年综合所得，以差价收入除以 12 个月得到的数额，按照月度税率表确定适用税率和速算扣除数，单独计算纳税。差价部分是指职工实际支付的购房价款低于该房屋的购置或建造成本价格的差额。应纳税额具体计算公式为：

$$应纳税额=职工实际支付的购房价款低于该房屋的购置或建造成本价格的差额\times 适用税率-速算扣除数$$

该项政策可被解读为：低价售房可使高收入职工再次获得按年终奖计税以降低税负的机会。

（二）企业为个人提供旅游福利的涉税处理

《关于企业以免费旅游方式提供对营销人员个人奖励有关个人所得税政策的通知》规定，在商品营销活动中，企业和单位对营销业绩突出人员以培训班、研讨会、工作考察等名义组织旅游活动，通过免收差旅费、旅游费对个人实行的营销业绩奖励（包括实物、有价证券等），应根据所发生费用全额计入营销人员应税所得，依法征收个人所得税，并由提供上述费用的企业和单位代扣代缴。

（三）企业为个人提供交通费、通信费的涉税处理

个人因公务用车和通信制度改革而取得的公务用车、通信补贴收入，扣除一定标准的公务费用后，按照“工资、薪金所得”项目计征个人所得税。按月发放的，并入当月“工资、薪金所得”计征个人所得税；不按月发放的，分解到所属月份并与该月份“工资、薪金所得”合并后计征个人所得税。公务费用的扣除标准，由省级地方税务局根据纳税人公务交通、通信费用的实际发生情况调查测算，报经省级人民政府批准后确定，并报国家税务总局备案。

大部分省市的税务局陆续出台了具体的标准或执行办法。

例如，天津市地方文件规定：单位因工作需要为个人负担的办公通信费用，采取全额或限额实报实销的，暂按每人每月不超过300元的标准，凭合法凭证，不计入个人当月工资、薪金收入征收个人所得税；单位为个人负担办公通信费用以补贴及其他形式发放的，应计入个人当月工资、薪金收入征收个人所得税。

辽宁省地方文件规定：通信费补贴可以全额扣除，免征个人所得税。但目前国家税务总局辽宁省税务局未对企业通信补贴扣除标准做出明确规定，对于党政机关的通信补贴标准，企业不得比照执行。

浙江省规定，按照企事业单位规定取得通信费补贴的工作人员，其单位主要负责人在每月500元额度内按实际取得数予以扣除，其他人员在每月300元额度内按实际取得数予以扣除。个人取得超过上述标准的通信费补贴收入一律并入个人“工资、薪金所得”征收个人所得税。

还有部分省市暂未出台具体标准或执行办法，对于未出台具体标准或执行办法的省市，国家税务总局的在线答疑指出，如果所在省市未规定通信费免税标准，单位发放此项津贴，应予以征收个人所得税。

（四）企业为个人提供其他实物福利的个人所得税问题

上市公司在向个人股东赠送实物时，该实物有可能被视为“股息、红利”差别化征收个人所得税。企业向公司内的其他员工赠送实物，该实物有可能被视为“工资、薪金所得”征收个人所得税。企业为公司以外的个人提供实物福利时，《关于企业促销展业赠送礼品有关个人所得税问题的通知》明确指出，企业在业务宣传、广告等活动中，随机向本单位以外的个人赠送礼品，对个人取得的礼品所得，全额适用20%的税率征收个人所得税，由发放赠品的上市公司代扣代缴。

（五）企业为个人购买房屋或其他财产的涉税处理

《关于企业为个人购买房屋或其他财产征收个人所得税问题的批复》规定：根据《中华人民共和国个人所得税法》和《关于规范个人投资者个人所得税征收管理的通知》的有关规定，符合以下情形的房屋或其他财产，不论所有权人是否将财产无偿或有偿交付企业使用，其实质均为企业对个人进行了实物性质的分配，应依法计征个人所得税。

（1）企业出资购买房屋及其他财产，将所有权登记为投资者个人、投资者家庭成员或企业其他人员的。

（2）投资者个人、投资者家庭成员或企业其他人员向企业借款用于购买房屋及其他财产，将所有权登记为投资者个人、投资者家庭成员或企业其他人员，且借款年度终了后未归还借款的。

对个人独资企业、合伙企业的投资者个人或投资者家庭成员取得的上述所得，视为企业对投资者个人的利润分配，按照“经营所得”项目计征个人所得税；对除个人独资企业、合伙企业以外其他企业的投资者个人或投资者家庭成员取得的上述所得，视为企业对投资者个人的红利分配，按照“利息、股息、红利所得”项目计征个人所得税；对企业其他人员取得的上述所得，按照“工资、薪金所得”项目计征个人所得税。

四、企业为个人提供隐性福利的涉税处理

随着经济的发展，各企业为留住员工纷纷采取加薪方式。但由于工资、薪金个人所得税的税率是超额累进税率，当累进到一定程度时，新增薪金带给个人的可支配收入将会逐步减少。从税收筹划的角度考虑，把个人现金形式的工资转为必需的福利待遇，同样可以满足其消费需求，却可少缴个人所得税。

工资福利化措施主要包括：（1）企业为职工提供上下班接送服务；（2）企业通过食堂经费补助职工；（3）以企业名义租赁房屋供职工居住；（4）职工使用企业提供的家具及住宅设备；（5）企业为职工提供办公用品和设施，如为职工提供高档计算机等；（6）企业提供教育福利。

按照所得税理论，与所得相关的成本补偿不构成所得（量能课税原则），误餐补贴之类就是一种与所得相关的成本补偿。误餐补贴是弥补实际工作午餐费用的支出，工作午餐又是获得工资收入的成本，所以其不构成所得，因此不需要缴纳所得税。职工内部食堂免费就餐也是这个道理，不构成所得，因为：第一，这种支出属于补偿性的；第二，它不属于具体某个人，受益的是整个职工群体，具体某个职工个人也无法支配和拥有这种补贴。国家税务总局所得税司就所得税相关政策在 2012 年 4 月 11 日进行答疑时，就谈到非现金形式的、不可分割的集体福利是不缴纳个人所得税的。职工食堂内部就餐就属于这种情况，所以，在实务中，对于职工食堂免费就餐没有扣个人所得税，税务机关也不查这一块。但如果每月以午餐补助的名义打入工资卡（或直接发放现金补助），就属于员工取得与任职或者受雇有关的其他所得及工资、薪金所得，应该缴纳个人所得税。

实例 3-32 北京某服装厂员工周某在2019年的每月工资收入为10 000元，每月支付租房费用2 000元。服装厂几乎无福利支出。周某认为自己的生活负担比较重，希望服装厂能帮忙解决生活上的问题。为此，服装厂改变了上述费用支付方式，由公司为周某与其他两名员工一起提供免费宿舍，房租为3 000元/月，平均房租为每人1 000元/月，周某每月工资调为9 000元（假设不考虑三险一金、其他专项附加扣除和其他扣除项目）。

解析：

工资调整前，周某每月应缴纳个人所得税140［＝(10 000－5 000－1 500)×10%－210］元。扣除房租这一必要支出后，周某每月的剩余可支配收入为7 860(＝10 000－2 000－140）元。

工资调整后，周某每月应缴纳个人所得税190[＝(9 000－5 000)×10%－210］元，周某每月的剩余可支配收入为8 810(＝9 000－190）元。

如此调整后，周某扣除房租之后的可支配收入增加了950(＝8 810－7 860）元，对公司来说，虽然福利费上升，但仍在企业所得税可扣除范围内，公司总体支出没有增加。

经此调整，对企业而言，既可在不增加企业费用支出的情况下提高企业的形象，又能把费用全额在税前扣除；对员工来说，既享受了企业提供的完善的福利设施，又减轻了个人税负，从而实现了真正意义上的企业和员工双赢。

五、退休相关收入的涉税处理

退休，是指根据国家有关规定，劳动者因年老或因工、因病致残，完全丧失劳动能力（或部分丧失劳动能力）而退出工作岗位。《关于工人退休、退职的暂行办法》和《关于安置老弱病残干部的暂行办法》规定，下列几种情况可以办理退休。

(1) 男性干部、工人年满60周岁，女干部年满55周岁，女工人年满50周岁，连续工龄或工作年限满10年。

(2) 从事井下、高空、高温、繁重体力劳动和其他有害健康工种的职工，男年满55周岁，女年满45周岁，连续工龄或工作年限满10年。

(3) 男年满50周岁，女年满45周岁，连续工龄或工作年限满10年的，经医院证明，并经劳动鉴定委员会确认，完全丧失劳动能力的职工。

(4) 因工致残，由医院证明，并经过工人和劳动鉴定委员会确认完全丧失工作能力的。根据《工伤保险条例》的规定，职工因工致残被鉴定为一级至四级伤残的，保留劳动关系，退出工作岗位，按月享受伤残津贴；工伤职工达到退休年龄并办理退休手续后，停发伤残津贴，享受基本养老保险待遇。基本养老保险待遇低于伤残津贴的，由工伤保险基金补足差额。

退休人员在退休之后，并不都是闲在家里，特别是有一技之长的退休人员往往被返聘到单位上班，或外出兼职。还有一些退休人员自己创业、对外投资等，退休人员由此取得的收入不断增加，退休人员的纳税问题也就引起了社会的关注。

(一) 提前退休一次性补贴收入的涉税处理

有的企业员工没有达到法定退休的年龄或者条件，而提前办理退休，企业会给这部分员工一部分收入，我们称之为提前退休收入。

个人办理提前退休手续而取得的一次性补贴收入，应按照办理提前退休手续至法定退休年龄之间的实际年度数平均分摊，确定适用税率和速算扣除数，单独适用综合所得税率表计算纳税。应纳税额计算公式如下：

$$\text{应纳税额}=\left\{\left[\left(\begin{matrix}\text{一次性}\\\text{补贴收入}\end{matrix}\div\begin{matrix}\text{办理提前退休手续至法定}\\\text{退休年龄之间的实际年度数}\end{matrix}\right)-\begin{matrix}\text{费用}\\\text{扣除标准}\end{matrix}\right]\times\begin{matrix}\text{适用}\\\text{税率}\end{matrix}-\begin{matrix}\text{速算}\\\text{扣除数}\end{matrix}\right\}\times\begin{matrix}\text{办理提前退休手续至法定}\\\text{退休年龄之间的实际年度数}\end{matrix}$$

实例 3-33 高新区某车辆制造企业张先生于 2019 年 1 月办理提前退休手续，比正常退休早 3 年，2019 年 1 月取得单位按照统一标准发放的一次性补贴收入 210 000 元。请计算张先生取得一次性补贴收入时个人所得税应纳税额。

解析：

先将一次性补贴收入按办理提前退休手续至法定离退休年龄之间的实际年度数进行平均：

$$210\ 000\div3=70\ 000(\text{元})$$

扣除 60 000 元费用后，确定适用税率为 3%，速算扣除数为 0 元。

提前退休一次性补贴收入单独适用综合所得税率表，因此，张先生提前退休一次性补贴收入个人所得税应纳税额为：

$$(210\ 000\div3-60\ 000)\times3\%\times3=900(\text{元})$$

（二）内部退养一次性补贴收入的涉税处理

内部退养是特殊时期国家针对企业富余人员的一项特殊政策。内部退养不是退休，内部退养人员还属于企业在职人员，企业仍为其缴纳五险一金，由企业发放生活费。一般地，内部退养有年龄要求，如要求距正式退休年龄不足 5 年，有的单位还有工作年限的要求。

个人在办理内部退养手续后从原任职单位取得的一次性补贴收入，应按办理内部退养手续后至法定离退休年龄之间的所属月份进行平均，并与领取当月的“工资、薪金所得”合并后减除当月费用扣除标准，以余额为基数确定适用税率，再将当月工资、薪金加上取得的一次性补贴收入，减去费用扣除标准，按适用税率计算缴纳个人所得税。

实例 3-34 高新区某车辆制造企业张先生于 2019 年 1 月办理提前退养手续，比正常退休早 3 年，2019 年 1 月取得单位按照统一标准发放的一次性补贴收入120 000元。

内部退养期间，企业发放退养工资 2 000 元/月。请问张先生在 2019 年 1 月应如何缴纳个人所得税（除基本费用外，不考虑专项附加扣除、其他扣除等扣除项目）？

解析：

张先生办理的是内部退养手续，因此，应按内部退养一次性补贴收入相关税务规定计算缴纳个人所得税。

①先确定内部退养一次性补贴收入的适用税率及速算扣除数。

张先生自 2019 年 1 月开始退养，退养期间为 3 年。

120 000÷36＋2 000－5 000＝333.33(元)

由此确定适用税率为 3%，速算扣除数为 0 元。

②2019 年 1 月张先生个人所得税应纳税额为：

(120 000＋2 000－5 000)×3%＝3 510(元)

(三) 退休的涉税处理

根据《个人所得税法》的规定，按照国家统一规定发给干部和职工的安家费、退职费、基本养老金、退休费、离休费、离休生活补助费，免征个人所得税。

退休收入免税的关键是达到法定退休年龄。

(四) 退休后从原单位获得其他收入的涉税处理

当然，个人退休以后，还会从原单位取得各种其他收入。根据《关于离退休人员取得单位发放离退休工资以外奖金补贴征收个人所得税的批复》的规定，离退休人员除按规定领取离退休工资或养老金外，另从原任职单位取得的各类补贴、奖金、实物，不属于《个人所得税法》第四条规定可以免税的退休工资、离休工资、离休生活补助费。根据《个人所得税法》及其实施条例的有关规定，离退休人员从原任职单位取得的各类补贴、奖金、实物，应在减除费用扣除标准后，按"工资、薪金所得"应税项目缴纳个人所得税。

(五) 退休再任职收入的涉税处理

部分退休个人退休后，会重新上岗再任职，从而获取收入。针对这种情况，《关于个人兼职和退休人员再任职取得收入如何计算征收个人所得税问题的批复》规定，退休人员再任职取得的收入，在减除按个人所得税法规定的费用扣除标准后，按"工资、薪金所得"应税项目缴纳个人所得税。不过，税法还规定了退休人员再任职的条件。根据《关于离退休人员再任职界定问题的批复》的规定，所谓的"退休人员再任职"，应同时符合下列条件。

(1) 受雇人员与用人单位签订 1 年以上（含 1 年）劳动合同（协议），存在长期或连续的雇用与被雇用关系。

(2) 受雇人员因事假、病假、休假等原因不能正常出勤时，仍享受固定或基本工资收入。

(3) 受雇人员与单位其他正式职工享受同等福利、社保、培训及其他待遇。

(4) 受雇人员的职务晋升、职称评定等工作由用人单位负责组织。

比较特殊的规定是，延长离休、退休年龄的高级专家从所在单位取得的工资、补贴等视同离休、退休工资免税。《关于高级专家延长离休退休期间取得工资、薪金所得有关个人所得税问题的通知》规定，延长离休、退休年龄的高级专家是指享受国家发放的政府特殊津贴的专家、学者，以及中国科学院院士、中国工程院院士。延长离休、退休年龄的高级专家按下列规定免缴个人所得税。

（1）对高级专家从其劳动人事关系所在单位取得的，单位按国家有关规定向职工统一发放的工资、薪金、奖金、津贴、补贴等收入，视同离休、退休工资，免征个人所得税。

（2）对除上述（1）项所述收入以外各种名目的津贴、补贴收入等，以及高级专家从其劳动人事关系所在单位之外的其他地方取得的培训费、讲课费、顾问费、稿酬等各种收入，依法计征个人所得税。

个人在办理内部退养手续后至法定离退休年龄之间重新就业取得的“工资、薪金所得”，应与其从原任职单位取得的同一月份的“工资、薪金所得”合并，并依法自行向主管税务机关申报缴纳个人所得税。

实例 3－35 接实例 3－34，张先生自 2019 年 2 月起受聘到另一家汽车配件厂做技术指导，签订了三年劳动合同，合同期间每月工资为 8 000 元，请问张先生在 2019 年 2 月应如何缴纳个人所得税（除基本费用外，不考虑专项附加扣除、其他扣除等扣除项目）?

解析：

张先生在 2019 年 1 月办理内部退养手续，退养期间为 3 年。2019 年 2 月，张先生接受聘任再就业，因此，受聘当月工资应与退养工资合并按“工资、薪金所得”计算个人所得税。

2019 年 2 月，张先生的个人所得税应纳税额为：

$$(2\ 000+8\ 000-5\ 000)\times 3\%=150(元)$$

（六）退休人员其他应税所得的涉税处理

根据《个人所得税法》的规定，退休人员取得的劳务报酬所得，稿酬所得，特许权使用费所得，经营所得，财产租赁所得，财产转让所得，利息、股息、红利所得，偶然所得等，均应依法缴纳个人所得税。

第四章

个人跨境所得的税务优化

随着国际分工的日益加强，境内外（本章中境内外一般指中国境内外）人员的流动也越来越频繁。越来越多的中国人走出国门，到世界各地从事各种经营活动，获得各种境外所得。同样，越来越多的外籍人士来到中国，也获得了各种形式的所得。这些拥有跨境所得的人员，可能要和多个国家或者地区的税务机关打交道，如何能够在合法、合规的前提下提前安排，从而获得更多的税后收益，这是跨境纳税人员必须考虑的一个重要问题。

第一节　跨境所得涉税基础知识

一、税收管辖权

一个拥有主权的国家，必然能够独立自主地处理内外事务，其基本权利包括独立权、平等权、自保权和管辖权等。国家主权中的管辖权是国家的最高管理权，它表明国家对其政治权力涉及范围内的人和物均能行使主权。按照国际法确认的原则，国家管辖权的主要原则有属地管辖原则、属人管辖原则、保护管辖原则和普遍管辖原则四种。税收管辖权是主权国家在征税方面所拥有的权力。

国际公认的确立和行使税收管辖权的基本原则有两个：一是属人原则；二是属地原则。税收管辖权的分类见图 4-1。

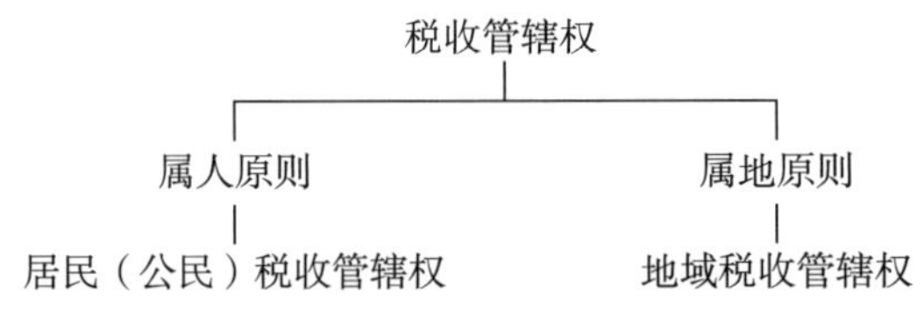

图 4-1　税收管辖权的分类

居民（公民）税收管辖权是按照属人原则确立的税收管辖权，其基本含义是，国家有权对居住在其境内的所有居民（包括自然人和法人）或具有该国国籍的公民取得的来源于世界范围的所得课税。换句话说，一国或地区有权对其所管辖的居民（公民）行使税收管辖权，而不论该国居民所从事的经济活动是否发生在本国领域，或该国公民是否居住在境内。就个人所得税的课征而言，目前世界大多数国家采用居民税收管辖权，只有少数国家同时运用公民税收管辖权（如美国）。由于大多数国家采用了居民（公民）税收管辖权课征个人所得税，因此，居民（公民）身份的认定就成为一个十分重要的问题。

地域税收管辖权（又称来源地税收管辖权）是按照属地原则确立的税收管辖权，其基本含义是，一国或地区有权对来源于其管辖地域内的所得课税，而不论纳税人是否为本国居民（公民）。

现在，大多数国家包括我国在内，都按属人原则和属地原则同时行使居民（公民）税收管辖权和地域税收管辖权，只是强调的重点不同。各国税法关于税收居民（公民）和所得来源地的判断标准不同，导致了同一所得或财产可能会被重复征收相同或相似性质的所得税，或者漏征所得税。因此，联合打击跨国避税和协商消除国际重复征税日益成为国际税收征管中的重要问题。

二、所得国际重复征税及其减除方法

（一）国际重复征税与所得国际重复征税

国际重复征税是指两个或两个以上的国家，在同一时期内，对同一纳税人或不同纳税人的同一课税对象征收相同或类似的税收。需要强调的是，如果同一课税对象被两个国家（或地区）征收了两个不同税种的税，则不属于国际重复征税。若不同国家或地区的税收管辖权同时叠加在同一笔所得上课征所得税，则被称为所得国际重复征税。本书中，我们重点讨论所得国际重复征税的问题。

（二）所得国际重复征税产生原因

所得国际重复征税主要分为两种情况：一是同种税收管辖权重叠引发的所得国际重复征税；二是不同税收管辖权重叠引发的所得国际重复征税。

1. 同种税收管辖权重叠引发的所得国际重复征税

第一，两国来源地税收管辖权重叠，即两个国家都认为某一笔所得来源于该国境内，都主张对该笔所得行使来源地税收管辖权。这种重复征税的情形在国际重复征税中所占比例不高，一般可以通过两国之间签订的双边税收协定来解决。

第二，两国居民税收管辖权重叠，即两个国家都认为某个主体构成了该国的居民，都应当对其行使居民税收管辖权。这种重复征税的情形在国际重复征税中所占比例较高，一般也可以通过两国之间签订的双边税收协定来解决。

2. 不同税收管辖权重叠引发的所得国际重复征税

不同税收管辖权重叠主要表现在两国来源地税收管辖权和居民税收管辖权重

叠，即一个国家依据来源地税收管辖权对某个主体取得的某笔所得行使征税权，另一个国家依据居民税收管辖权对该主体取得的该笔所得行使征税权。这种重复征税的情形在国际重复征税中所占的比例最高，大多数跨国所得均面临这种情形的国际重复征税。各国一般首先通过国内法来解决该种国际重复征税所带来的负面影响，在某些情形下，也会通过两国之间签订的双边税收协定来解决。

（三）所得国际重复征税的减除方法

1. 避免同种税收管辖权重叠引发的所得国际重复征税

避免同种税收管辖权重叠引发的所得国际重复征税，是指通过一系列的国际规范，对相冲突的情形进行明确划定，从而使得其居民身份或者所得来源地具有唯一性。例如，《关于发达国家与发展中国家间避免双重课税的协定范本》（简称《联合国税收协定范本》）中对居民身份有如下界定：同时是缔约国双方居民的个人，其身份应确定如下。

（1）应认为是其有永久性住所所在国的居民；如果在两个国家同时有永久性住所，应认为是与其个人和经济关系更密切（重要利益中心）所在国的居民。

（2）如果其重要利益中心所在国无法确定，或者在其中任何一国都没有永久性住所，应认为是其有习惯性居处所在国的居民。

（3）如果其在两个国家都有，或者都没有习惯性居处，应认为是其国民所在国的居民。

（4）如果其同时是两个国家的国民，或者不是其中任何一国的国民，应由缔约国双方主管当局通过协商解决。

需特别注意的是，这些标准的使用是有先后顺序的，只有当使用前一标准无法解决问题时，才使用后一个标准。

在各国税法实践中，关于自然人的居民身份的确认，采用的标准主要有三个。

（1）住所标准。住所标准，就是以自然人在征税国境内是否拥有住所这一法律事实，决定其居民个人或非居民个人身份。采用住所标准的国家，主要有中国、日本、法国、德国和瑞士等。由于住所具有永久性和固定性的特征，采用这种标准易于确定纳税人的居民身份。然而，住所并不一定代表一个人的真实活动场所。个人离开住所而长期或于一段时期在外居住活动的现象，时有发生。单纯依照住所标准来确定个人的居民或非居民身份显然有一定的缺陷。因此，采用住所标准的各国往往同时兼用其他标准，以弥补住所标准的不足。

（2）居所标准。居所这一概念，在各国税法上的含义不尽相同，但一般是指一个人在某个时期内经常居住的场所，并不具有永久居住的性质。采用居所标准的国家，主要有英国、加拿大、澳大利亚等。这些国家在税法上判断个人是否属于本国居民个人的标准之一，就是看个人在境内是否构成拥有居所的事实存在。居所标准能在更大程度上反映个人与其实际工作活动地之间的联系，这是它相对于住所标准而言显得更为合理的地方。但这种标准的缺陷在于一个人经常居住的场所，往往缺乏某种客观统一的识别标志，在有关国家税法上本身不是明确一致的概念，从而在实际适用中具有较大的弹性，容易引起纳税人与税务当局之间的争议。

(3) 停留时间标准。由于居所标准在实际执行中的不确定性，现在越来越多的国家采用停留时间标准来确定个人的居民个人身份，即以一个人在征税国境内停留是否达到和超过一定期限作为划分其居民或非居民的标准，并不考虑个人在境内是否拥有财产或住所等因素。由于个人在一国境内停留的时间期限可以通过入境、出境登记管理具体掌握，因而这种标准显得具体明确，易于在实践中掌握执行。不过采用这种标准的国家的税法对停留时间的规定不一致。有些国家规定为半年（6 个月或 183 天），如中国、英国、印度和印度尼西亚等；有些国家则规定为 1 年，如日本、巴西等。

除上述三个标准外，还有少数国家采取意愿标准和国籍标准，在此不赘述。

实例 4-1 田中先生在日本有一个永久性住所，其妻子和孩子都住在日本，同时他又在上海经商，并且当年在中国居住时间满 183 天。日本政府因他在日本具有永久性住所，按照日本国内法确定他为日本税务居民，而中国政府因其当年在中国停留时间满 183 天，按照中国税法又确定他为中国税务居民。中日双方都要对他行使居民税收管辖权以征收个人所得税。

如何判定田中先生的税收居民身份?

解析：

事实上，判定纳税人田中先生的最终税务居民身份，根据中日双边税收协定中确定的判定顺序，首先应考察其永久性住所所在国。既然田中先生的配偶和家庭所在地在日本，说明他在日本拥有永久性住所，则判定他是日本税收居民，应由日本政府对其来源于全球的所得行使税收管辖权。

2. 不同税收管辖权重叠引发的所得国际重复征税的减除方法

当居民税收管辖权与来源地税收管辖权重叠时该如何应对？首先，确立所得来源国优先征税的地位；其次，税收居民身份国在行使征税权的过程中采取某种方法减轻或免除来源于国外所得的税收。从各国的实践来看，扣除法、免税法、抵免法和减税法都有国家选用，而使用最普遍的方法是抵免法。

(1) 扣除法。

扣除法是指居住国政府允许将所得来源国收取的税款作为本国居民获得所得而付出的成本，从而在计算应税所得额中予以扣除。采用这一方法的典型国家包括美国、英国、加拿大、荷兰等，同时这些国家也允许纳税人在扣除法与抵免法之间进行选择。

(2) 免税法。

免税法是指居住国政府对本国居民的国外所得全部或部分免予征税。具体又分为全部免税法和累进免税法。全部免税法就是国外所得完全免予征税，即居住国政府只对来源于国内的收入征税。累进免税法是指将国外所得和国内所得加总后，确定适用的国内税率，从而对国内所得按此税率征收。采用这一方法的典型国家包括法国、巴拿马等，典型地区包括中国香港等。

(3) 抵免法。

抵免法的全称为外国税收抵免法，即一国政府在对本国居民的国外所得征税时，允许其用国外已缴纳的税款冲抵在本国应缴纳的税款，从而实际征收的税款只为该居民应缴纳本国税款与已缴纳外国税款的差额，即居住国政府允许本国居民用在外国已缴纳的税款冲抵其在本国应缴纳的税款，即以税抵税。

抵免限额是指国外所得按照居住国税法应该缴纳的税款，是抵免的上限。抵免法能够有效消除国际重复征税的问题，既承认了所得来源国的优先征税地位，又不要求居住国完全放弃对本国居民的国外所得征税权，有利于维护各方的利益。目前，大多数国家采取抵免法来解决国际重复征税的问题，中国也采用这一方法。

(4) 减税法。

减税法是指居住国政府对居民个人来源于国外的所得，单独适用较低的税率或者按境外所得的一定比例计税后给予减征税款照顾，以减缓居民纳税人的国际重复征税的方法。

减税法实施起来很灵活。但它对于解决国际重复征税问题的具体效果，主要取决于居住国税率的高低。如果税率接近原税率，则基本上起不到减轻国际重复征税的作用；如果税率近乎零税率，则几乎起到免税法的作用。正因为如此，采用低税制的国家在减征比例上差别很大。例如，比利时对来源于国外的所得按正常所得税减征 80%。新加坡则规定对本国居民在国外设立永久性贸易公司的营业收益所得税减征 40%，对于从未与之签订税收协议的国家汇回的收益也规定了减征的数额。

此外，还有一些国家采取折算法和双率法。折算法又称冲抵法，法国于 1966 年率先采用该方法。居民公司分配利润给非居民股东时，国库按其收到股息额的某一比率退还公司已纳税款，但要按收到股息与国库退款之和缴纳 15% 的预提税。实行折算法的国家主要有法国、英国、爱尔兰、意大利和德国，但各国的退税率不同，并且，往往一年一变。双率法是指对公司的分配利润和未分配利润采用不同的税率征收公司所得税。实行双率法的国家有日本、奥地利、挪威、芬兰等。

三、中国税收居民个人的判定

由于各国有权运用居民（公民）税收管辖权对本国居民（公民）来源于世界范围的所得课征个人所得税，所以居民（公民）身份的认定就成为一个十分重要的问题。《个人所得税法》按照国际上通常的做法，同时使用住所标准、停留时间两个标准，来判断一个人是否为中国的税收居民个人或者非税收居民个人。

《个人所得税法》第一条对居民个人进行了定义：在中国境内有住所，或者无住所而一个纳税年度内在中国境内居住累计满一百八十三天的个人，为居民个人。

（一）住所标准

《中华人民共和国个人所得税法实施条例》（简称《个人所得税法实施条例》）明确规定，在中国境内有住所，是指因户籍、家庭、经济利益关系而在中国境内习惯性居住。也就是说，习惯性居住是判定纳税人是居民个人或非居民个人的一个法律意义上的标准，不是指实际居住或在某一个特定时期内的居住地。

如因学习、工作、探亲、旅游等而在中国境外居住的，在其原因消除之后，必须回到中国境内居住的个人，中国境内为该纳税人的习惯性居住地。这一标准把中、外籍人员，以及把港、澳、台同胞与在境内居住的中国公民区别开来。

《中华人民共和国民法通则》（简称《民法通则》）明确规定：公民以他的户籍所在地的居住地为住所。也就是说，以公民本人户口簿登记的住址为住所，我国的公民一人只有一个住所。一般情况下，公民的住所就是其户籍所在地的居住地。然而，当前中国人口流动是一种常态，公民的居住地经常与户籍所在地不一致。《中华人民共和国民法总则》（简称《民法总则》）规定：自然人以户籍登记或者其他有效身份登记记载的居所为住所；经常居所与住所不一致的，经常居所被视为住所。

（二）停留时间标准（居住时间标准）

根据《个人所得税法》，在中国境内无住所的个人，如果在一个纳税年度内在中国境内居住累计满一百八十三天，也被视为中国的居民个人。

如何计算"在中国境内居住累计满一百八十三天"呢?

根据《关于在中国境内无住所的个人居住时间判定标准的公告》的规定，无住所个人一个纳税年度内在中国境内累计居住天数，按照个人在中国境内累计停留的天数计算。在中国境内停留的当天满 24 小时的，计入中国境内居住天数，在中国境内停留的当天不足 24 小时的，不计入中国境内居住天数。

实例 4－2 张先生为中国香港居民，在深圳工作，每周一早上来深圳上班，每周五晚上回香港。

解析：

由于周一和周五当天停留都不足 24 小时，因此，不计入中国境内居住天数，再加上周六、周日 2 天也不计入，这样，每周可计入的天数仅为 3 天，按全年 52 周计算，张先生全年在中国境内居住天数为 156 天，未超过 183 天，因此，张先生为中国非居民个人，取得的全部中国境外所得可免纳个人所得税。

需要注意的是，中国境内居住天数并不同于中国境内工作天数。中国境内居住天数用来判定居民、非居民身份；中国境内工作天数用于计算中国境内工作期间，进而用于计算来源于中国境内的工资、薪金收入。

《关于非居民个人和无住所居民个人有关个人所得税政策的公告》规定：

（1）中国境内工作期间按照个人在中国境内工作天数计算，包括其在中国境内的实际工作日，以及在中国境内工作期间在中国境内和境外享受的公休假、个人休假、接受培训的天数。

（2）在中国境内、境外单位同时担任职务或者仅在中国境外单位任职的个人，在中国境内停留的当天不足 24 小时的，按照半天计算中国境内工作天数。中国境外工作天数按照当期公历天数减去当期中国境内工作天数计算。

实例 4－3 李先生为中国香港居民，在深圳工作，且仅在深圳的公司任职，每周一早上来深圳上班，每周五晚上回香港。

解析：

李先生周一至周五在中国境内工作，且仅在中国境内有工作，虽然李先生于周六、周日在香港享受公休假，但其在中国境内的工作天数为 7 天/周。

参考实例 4 - 2，李先生在中国境内的居住天数为 156 天。

实例 4 - 4 钱先生为中国香港居民，在深圳工作，每周一早上来深圳上班，每周五晚上回香港。钱先生除在深圳工作外，在香港也有职务且周末在香港工作，并且取得工资、薪金所得。

解析：

钱先生属于在中国境内、境外同时任职的无住所个人，周一、周五当天停留不足 24 小时，中国境内工作天数均按半天计算，周六、周日 2 天属于在香港工作天数，钱先生在中国境内的工作天数为 4 天/周。

参考实例 4 - 2，钱先生在中国境内的居住天数为 156 天。

四、个人所得来源地的判定

《个人所得税法》第一条规定：在中国境内无住所又不居住，或者无住所而一个纳税年度内在中国境内居住累计不满一百八十三天的个人，为非居民个人。非居民个人从中国境内取得的所得，依照本法规定缴纳个人所得税。

如果说停留时间（居住时间）标准可以帮助我们判断外籍个人在中国应承担什么样的纳税义务，那么清楚地划分个人所得来源地是正确计算外籍个人在中国应纳税额的关键。哪些所得被认为是来源于中国境内的所得呢？

1.《个人所得税法实施条例》第三条

《个人所得税法实施条例》第三条做了如下规定，除国务院财政、税务主管部门另有规定外，下列所得，不论支付地点是否在中国境内，均为来源于中国境内的所得：

（1）因任职、受雇、履约等在中国境内提供劳务取得的所得；

（2）将财产出租给承租人在中国境内使用而取得的所得；

（3）许可各种特许权在中国境内使用而取得的所得；

（4）转让中国境内的不动产等财产或者在中国境内转让其他财产取得的所得；

（5）从中国境内企业、事业单位、其他组织以及居民个人取得的利息、股息、红利所得。

2.《关于非居民个人和无住所居民个人有关个人所得税政策的公告》

《关于非居民个人和无住所居民个人有关个人所得税政策的公告》对无住所个人（包括非居民个人和无住所居民个人）所得来源地做出了规定：

（1）工资、薪金所得来源地的判定。

个人取得归属于中国境内工作期间的工资、薪金所得为来源于中国境内的工资、薪金所得。

（2）数月奖金以及股权激励所得来源地的判定。

①无住所个人取得的数月奖金或股权激励所得按上述第（1）条规定确定所得来源地的，无住所个人在中国境内履职或者执行职务时收到的数月奖金或者股权激励所得，归属于中国境外工作期间的部分，为来源于中国境外的工资、薪金所得。

②无住所个人停止在中国境内履约或者执行职务并离境后收到的数月奖金或

者股权激励所得，对属于中国境内工作期间的部分，为来源于中国境内的工资、薪金所得。

数月奖金指一次取得归属于数月的奖金、年终加薪、分红等工资、薪金所得，不包括每月固定发放的奖金及一次性发放的数月工资。

(3) 董事、监事及高层管理人员取得报酬所得来源地的判定。

对于担任中国境内居民企业的董事、监事及高层管理职务的个人，无论是否在中国境内履行职务，取得由中国境内居民企业支付或者负担的董事费、监事费、工资、薪金或者其他类似报酬（包含数月奖金和股权激励），都属于来源于中国境内的所得。

其中，高层管理职务包括企业正、副（总）经理以及各职能总师、总监及其他类似于公司管理层的职务。

(4) 稿酬所得来源地的判定。

由中国境内企业、事业单位、其他组织支付或者负担的稿酬所得，为来源于中国境内的所得。

实例 4－5 判断下列各项所得是否属于来源于中国境内的所得。

A. 中国公民在中国银行纽约分行工作所取得的薪水（×）

B. 将财产出租给在英国的中国公民使用所取得的所得（×）

C. 日本公民受雇于中国境内的中日合资公司所取得的工资（√）

D. 中国专家将专利权提供给韩国境内公司使用所取得的所得（×）

E. 中国公民转让其在日本的房产所取得的所得（×）

F. 提供在中国境内使用的专利权、非专利技术等特许权所取得的所得（√）

G. 持有中国的各种债券而从中国境内的公司、企业取得的利息（√）

第二节 外籍个人“请进来”的税务优化

众所周知，我国是居民身份管理比较严格的国家，截至 2019 年，持有《外国人永久居留证》（即中国版“绿卡”）的外国人人数也仅仅过万。然而，随着中国经济的迅速发展和国际化进程的加快，越来越多欧美及亚、非、拉国家或地区的人士来华寻找工作机会，且增速非常迅猛。不仅在中国投资的跨国公司有很多职位空缺，许多中国本地公司对外籍专业技术人员也有旺盛需求。此外，中国企业走向海外，也促使中国对外籍专业人士的需求激增。目前，大约有 150 万名外国人在中国留学、打工和生活。

一、外籍个人跨境所得纳税义务及应纳税额计算

（一）无住所外籍个人跨境所得纳税义务

到中国淘金的外籍个人从中国获得各种收益，当然也面临个人所得税税款的缴纳，因此，对外籍人士的所得进行税务优化，就成为一个不可避免的话题。

若外籍个人在中国境内有住所，则一定负有中国个人所得税纳税义务。若外籍

个人在中国境内无住所，就来源于中国的所得应如何承担个人所得税纳税义务呢？接下来，我们就对在中国境内无住所的外籍个人的纳税义务进行详细分析。

《个人所得税法》规定：在中国境内无住所而一个纳税年度内在中国境内居住累计满 183 天的个人，为居民个人。居民个人从中国境内和境外取得的所得，依照本法规定缴纳个人所得税；在中国境内无住所又不居住，或者无住所而一个纳税年度内在中国境内居住累计不满 183 天的个人，为非居民个人，非居民个人从中国境内取得的所得，依照本法规定缴纳个人所得税。

《个人所得税法实施条例》《关于在中国境内无住所的个人居住时间判定标准的公告》同时补充规定：

(1) 在中国境内无住所的个人，在一个纳税年度内在中国境内居住累计不超过 90 天的，其来源于中国境内的所得，由境外雇主支付并且不由该雇主在中国境内的机构、场所负担的部分，免予缴纳个人所得税（即“90 天规则”）。

(2) 在中国境内无住所的个人，在中国境内居住累计满 183 天的年度连续不满 6 年的，经向主管税务机关备案，其来源于中国境外且由境外单位或者个人支付的所得，免予缴纳个人所得税（即“6 年规则”）。在中国境内居住累计满 183 天的任一年度中有一次离境超过 30 天的，其在中国境内居住累计满 183 天的年度的连续年限重新起算。

无住所个人一个纳税年度在中国境内累计居住满 183 天的，如果此前 6 年在中国境内每年累计居住天数都满 183 天，而且没有任何一年单次离境超过 30 天，那么该纳税年度来源于中国境内外的所得均应当缴纳个人所得税。此前 6 年，是指该纳税年度的前 1 年至前 6 年的连续 6 个年度，此前 6 年的起始年度自 2019 年（含）以后年度开始计算。

按此规定，2018 年（含）之前已经居住的年度一律“清零”，不计算在内，2024 年（含）之前，所有无住所个人在中国境内的居住年限都不满 6 年。此外，自 2019 年起任一年度如果有单次离境超过 30 天的情形，此前连续年限“清零”，重新计算。

这给外籍人士留下了税务优化的空间。

根据上述规定，我们可将外籍个人划分为两类：第一类是非居民个人，即在华居住时间不满 183 天的纳税人；第二类是居民个人，即在华居住时间超过 183 天的纳税人。进一步又可将非居民个人分为两类：一类是在华居住时间不超过 90 天的非居民个人，另一类是超过 90 天的非居民个人。同时，也可将居民个人分为两类：一类是居住时间不满 6 年的居民个人；另一类是居住时间超过 6 年的居民个人。具体如表 4－1 所示。

表 4－1　　无住所外籍人士划分

无住所外籍人士	细化分类	居住时间（T）
非居民个人	第一类人：（短非）	$T\leqslant 90$ 天
	第二类人：（长非）	90 天$<T<$183 天
居民个人	第三类人：（短居）	183 天$\leqslant T\leqslant$6 年
	第四类人：（长居）	$T>$6 年

注：我国与境外国家或地区签署的税收协定、税收安排、税收协议有特殊约定的，按照特殊约定执行。

实例 4－6 代先生为中国香港居民，2011 年 1 月 1 日来深圳工作，一直停留在深圳。2025 年 8 月 31 日返港。

解析：

虽然到 2018 年时，代先生在中国境内实际上已经住满六年，但是“6 年规则”从 2019 年（含）起算，因此，2018 年之前的年限一律“清零”。自 2019 年开始计算，往后的任意一年住满 183 天，且没有单次离境超过 30 天的情形，其在中国境内住满 6 年（2019—2024 年）的时间为 2025 年。

实例 4－7 新加坡籍凯瑟琳女士，自 2019 年 1 月 1 日被其所在的新加坡公司派到中国境内工作。此外，凯瑟琳与其香港好友在香港设立了一家咨询服务公司。

假设凯瑟琳女士除每年两次回国述职共 30 天外，还经常在香港作短期停留。自 2019 年到 2024 年，凯瑟琳女士每个纳税年度在中国境内停留时间均超过 183 天。若 2025 年，凯瑟琳女士继续在中国境内工作且累计能满 183 天，那么凯瑟琳女士该如何安排更省税?

解析：

至 2025 年，凯瑟琳已在中国境内连续 6 年（2019 年—2024 年）住满 183 天，且任一年度单次离境天数都不超过 30 天，因此，至 2025 年，其在中国境内居住已连续满 6 年。若自 2025 年继续居住满 183 天，则如果不提早做出安排，那么自 2025 年起，其从香港公司获得的咨询所得，要在中国境内申报个人所得税。由于香港利得税税率低于中国境内个人所得税税率，凯瑟琳女士可以依据“6 年规则”中的中国境外支付的境外所得在中国境内免交个人所得税规定，在 2024 年安排一次超过 30 天的离境。若自 2025 年，凯瑟琳女士在中国境内住满 183 天且一次离境不超过 30 天，则 2025 年为凯瑟琳女士重新起算连续“6 年”时间的第一年。若在 2024 年安排一次超过 30 天的离境，2025 年凯瑟琳女士在中国境内住满 183 天且也安排一次超过 30 天的离境，则也不会将 2025 年算作凯瑟琳女士重新起算连续“6 年”时间的第一年，连续年限仍然为 0。

无住所外籍个人的所得也可划分成四类所得。学习了这两个规则以后，我们根据所得的来源地的不同，把无住所外籍个人的所得分为中国境内所得和中国境外所得；我们根据所得的支付地的不同，把无住所外籍个人的所得分为中国境内支付和中国境外支付。因此，无住所外籍个人的所得也可以细分为四大类：第一类是“中国境内所得、中国境内支付”，第二类是“中国境内所得、中国境外支付”，第三类是“中国境外所得、中国境内支付”，第四类是“中国境外所得、中国境外支付”。如表 4－2 所示。

表 4－2　无住所外籍个人所得划分

支付地	来源地	
	境内	境外
中国境内	中国境内所得、中国境内支付	中国境外所得、中国境内支付
中国境外	中国境内所得、中国境外支付	中国境外所得、中国境外支付

接下来，我们结合一个案例，分析四类外籍个人分别取得四类所得应如何在中国缴纳个人所得税。

实例 4－8 S 国罗伯特女士被派到中国境内工作，2025 年 1 月，其来自中国境外的所得折合人民币 25 000 元，其中中国境内公司负担 10 000 元。来自中国境内的所得为 35 000 元，其中美国的派遣公司负担 17 000 元。同时，她在美国还获得了 1 000 美元的租金收入

（假设汇率为 1 美元＝6.5 元，我国个人所得税相关规定保持不变）。

若罗伯特女士在中国境内停留时间不超过 90 天，应就哪些所得纳税？

若罗伯特女士在中国境内停留时间超过 90 天但不满 183 天，应就哪些所得纳税？

若罗伯特女士在中国境内停留时间满 183 天的年度连续不满 6 年，应就哪些所得纳税？

若罗伯特女士在中国境内停留时间满 183 天的年度已连续满 6 年（其间任一年度都没有单次离境超过 30 天的情况），且 2025 年又满 183 天，应就哪些所得纳税？

解析：

罗伯特女士的工资、薪金所得如表 4－3 所示。

表 4－3　　罗伯特女士的工资、薪金所得

工资、薪金所得	来源于中国境内	来源于中国境外	合计
中国境内支付	18 000 元	10 000 元	28 000 元
中国境外支付	17 000 元	15 000 元	32 000 元
合计	35 000 元	25 000 元	60 000 元

（1）来自中国境内的所得，由中国境内公司负担的部分为 18 000 元。

（2）来自中国境内的全部所得为 35 000 元。

（3）来自中国境内的全部所得以及中国境外所得且由中国境内公司负担的部分为 45 000（＝35 000＋10 000）元。

（4）中国境内外的全部所得为 66 500（＝10 000＋15 000＋35 000＋6.5×1 000）元。

（二）无住所外籍个人跨境所得应纳税额的计算

此部分首先给大家介绍无住所个人（包括非居民个人以及无住所的居民个人，下同）工资、薪金所得收入额的计算，然后介绍无住所个人税款的计算。

1. 无住所个人工资、薪金所得收入额的计算

我们将分别就无住所个人为普通个人（指非高管，下同）和无住所个人为高管两种情况逐一展开讨论。

（1）无住所个人为普通个人的工资、薪金收入额计算。

在中国境内取得工资、薪金所得的，先根据《关于非居民个人和无住所居民个人有关个人所得税政策的公告》，分以下四种情形计算收入额，先“分”（收入额）后“税”（计算税款）。

①在中国境内累计居住不超过 90 天的非居民个人。

在一个纳税年度内，在中国境内累计居住不超过 90 天的非居民个人，仅就归属于中国境内工作期间并由中国境内雇主支付或者负担的工资、薪金所得计算缴纳个人所得税。当月工资、薪金收入额的计算公式如下（公式一）：

$$\text{当月工资、薪金收入额}=\text{当月中国境内外工资、薪金总额}\times\frac{\text{当月中国境内支付工资、薪金数额}}{\text{当月中国境内外工资、薪金总额}}\times\frac{\text{当月工资、薪金所属工作期间中国境内工作天数}}{\text{当月工资、薪金所属工作期间公历天数}}$$

中国境内雇主包括雇用员工的中国境内单位和个人以及中国境外单位或者个人在中国境内的机构、场所。

凡中国境内雇主采取核定征收所得税或者无营业收入未征收所得税的，无住所个人为其工作取得工资、薪金所得，不论是否在中国境内雇主会计账簿中记载，均视为由中国境内雇主支付或者负担。

工资、薪金所属工作期间公历天数，是指无住所个人取得工资、薪金所属工作期间按公历计算的天数。

当月中国境内外工资、薪金包含归属于不同期间的多笔工资、薪金的，应当先分别按照上述公式计算不同归属期间工资、薪金收入额，然后加总计算当月工资、薪金收入额。

②在中国境内累计居住超过 90 天不满 183 天的非居民个人。

在一个纳税年度内，在中国境内累计居住超过 90 天但不满 183 天的非居民个人，取得归属于中国境内工作期间的工资、薪金所得，均应当计算缴纳个人所得税；其取得归属于中国境外工作期间的工资、薪金所得，不征收个人所得税。当月工资、薪金收入额的计算公式如下（公式二）：

$$\text{当月工资、薪金收入额}=\begin{matrix}\text{当月中国境内外}\\\text{工资、薪金总额}\end{matrix}\times\frac{\begin{matrix}\text{当月工资、薪金所属}\\\text{工作期间中国境内工作天数}\end{matrix}}{\begin{matrix}\text{当月工资、薪金所属}\\\text{工作期间公历天数}\end{matrix}}$$

③在中国境内居住累计满 183 天的年度连续不满 6 年的居民个人。

根据《个人所得税法实施条例》，在中国境内无住所的外籍个人，每个纳税年度居住满 183 天，且居住时间不满 6 个纳税年度的，经向主管税务机关备案，其来源于中国境外且由中国境外单位或者个人支付的所得，免予缴纳个人所得税。除此之外的其他全部工资、薪金所得，均应计算缴纳个人所得税。当月工资、薪金收入额的计算公式如下（公式三）：

$$\begin{matrix}\text{当月工资、}\\\text{薪金收入额}\end{matrix}=\begin{matrix}\text{当月中国境内外}\\\text{工资、薪金总额}\end{matrix}\times\left[1-\frac{\begin{matrix}\text{当月中国境外支付}\\\text{工资、薪金数额}\end{matrix}}{\begin{matrix}\text{当月中国境内外}\\\text{工资、薪金总额}\end{matrix}}\times\frac{\begin{matrix}\text{当月工资、薪金所属工作}\\\text{期间中国境外工作天数}\end{matrix}}{\begin{matrix}\text{当月工资、薪金所属}\\\text{工作期间公历天数}\end{matrix}}\right]$$

④在中国境内居住累计满 183 天的年度连续满 6 年的居民个人。

在中国境内居住累计满 183 天的年度连续满 6 年，不符合上文所述《个人所得税法实施条例》优惠条件的无住所居民个人，其从中国境内、中国境外取得的全部工资、薪金所得均应计算缴纳个人所得税。

（2）无住所个人为高管的工资、薪金收入额计算。

高管是指担任中国境内居民企业董事、监事以及高层管理职务的无住所外籍个人。高层管理职务包括企业正、副（总）经理以及各职能总师、总监及其他类似公司管理层的职务。

《关于非居民个人和无住所居民个人有关个人所得税政策的公告》规定：对于担任中国境内居民企业高管的无住所外籍个人，无论是否在中国境内履行职务，取得由中国境内居民企业支付或者负担的董事费、监事费、工资、薪金或者其他类似的报酬（包含数月奖金和股权激励），均属于来源于中国境内的所得。

①高管人员为无住所居民个人。

高管人员为无住所居民个人，工资、薪金收入额的计算同普通个人。

②高管人员为非居民个人。

a. 高管人员在中国境内居住时间累计不超过 90 天的情形。

在一个纳税年度内，在中国境内累计居住不超过 90 天的高管人员，其取得由中国境内雇主支付或者负担的工资、薪金所得应当计算缴纳个人所得税；不是由中国境内雇主支付或者负担的工资、薪金所得，不缴纳个人所得税。

当月工资、薪金收入额为当月中国境内支付或者负担的工资、薪金收入额。

b. 高管人员在中国境内居住时间累计超过 90 天不满 183 天的情形。

在一个纳税年度内，在中国境内居住累计超过 90 天但不满 183 天的高管人员，其取得的工资、薪金所得，除归属于中国境外工作期间且不是由中国境内雇主支付或者负担的部分外，均应当计算缴纳个人所得税。

当月工资、薪金收入额按以下公式计算（同公式三）：

$$\begin{array}{c}\text{当月工资、}\\\text{薪金收入额}\end{array}=\begin{array}{c}\text{当月中国境内外}\\\text{工资、薪金总额}\end{array}\times\left[1-\frac{\begin{array}{c}\text{当月中国境外支付}\\\text{工资、薪金数额}\end{array}}{\begin{array}{c}\text{当月中国境内外}\\\text{工资、薪金总额}\end{array}}\times\frac{\begin{array}{c}\text{当月工资、薪金所属}\\\text{工作期间中国境外工作天数}\end{array}}{\begin{array}{c}\text{当月工资、薪金所属}\\\text{工作期间公历天数}\end{array}}\right]$$

2. 无住所个人税款的计算

（1）无住所居民个人税款计算。

无住所居民个人取得综合所得，年度终了后，应按年计算个人所得税；有扣缴义务人的，由扣缴义务人按月或者按次预扣预缴税款；需要办理汇算清缴的，按照规定办理汇算清缴。年度综合所得应纳税额计算公式如下：

$$\begin{array}{c}\text{年度综合所}\\\text{得应纳税额}\end{array}=\left(\begin{array}{c}\text{年度工资、}\\\text{薪金收入额}\end{array}+\begin{array}{c}\text{年度劳务}\\\text{报酬收入额}\end{array}+\begin{array}{c}\text{年度稿酬}\\\text{收入额}\end{array}+\begin{array}{c}\text{年度特许权}\\\text{使用费收入额}\end{array}-\begin{array}{c}\text{减除}\\\text{费用}\end{array}-\begin{array}{c}\text{专项}\\\text{扣除}\end{array}-\begin{array}{c}\text{专项附}\\\text{加扣除}\end{array}-\begin{array}{c}\text{依法确定的}\\\text{其他扣除}\end{array}\right)\times\begin{array}{c}\text{适用}\\\text{税率}\end{array}-\begin{array}{c}\text{速算}\\\text{扣除数}\end{array}$$

其中，无住所个人为外籍个人的，2022 年 1 月 1 日前计算工资、薪金收入额时，已经按规定减除住房补贴、子女教育费、语言训练费等八项津补贴的，不能同时享受专项附加扣除。

年度工资、薪金收入额，年度劳务报酬收入额，年度稿酬收入额，年度特许权使用费收入额，分别按年度内每月工资、薪金，以及每次劳务报酬、稿酬、特许权使用费的收入额合计数额计算。

（2）非居民个人税款计算。

非居民个人以计算出的当月工资、薪金收入额，减去 5 000 元后的余额，为应纳税所得额，适用按月换算后的综合所得税率表计算应纳税额。

非居民个人一个月内取得数月奖金，以计算出的当月工资、薪金收入额，单独（不与当月其他工资、薪金合并）按 6 个月分摊计税，不减除费用，适用月度税率表计算应纳税额。在一个公历年度内，对每一个非居民个人，该计税办法只允许适用一次。计算公式如下：

当月数月奖金应纳税额＝[(数月奖金收入额÷6)×适用税率－速算扣除数]×6

非居民个人一个月内取得股权激励所得，以计算出的当月工资、薪金收入额，单独（不与当月其他工资、薪金合并，一个公历年度内的股权激励所得应合并计算）按6个月分摊计税，不减除费用，适用月度税率表计算应纳税额。计算公式如下：

当月股权激励所得应纳税额＝[(本公历年度内股权激励所得合计额÷6)×适用税率－速算扣除数]×6－本公历年度内股权激励所得已纳税额

非居民个人取得来源于中国境内的劳务报酬所得、稿酬所得、特许权使用费所得，以税法规定的每次收入额为应纳税所得额，适用月度税率表计算应纳税额。

(3) 无住所个人中国境内居住时间预计与实际不符时，税款的计算与清算。

无住所个人在一个纳税年度内首次申报时，应当根据合同约定等情况预计一个纳税年度内中国境内居住天数以及在税收协定规定的期间内中国境内停留天数，按照预计情况计算缴纳税款。实际情况与预计情况不符的，分别按照以下规定处理。

①无住所个人预先判定为非居民个人，因延长居住天数达到居民个人条件的，一个纳税年度内税款扣缴方法保持不变，年度终了后按照居民个人有关规定办理汇算清缴，但该个人在当年离境且预计年度内不再入境的，可以选择在离境之前办理汇算清缴。

②无住所个人预先判定为居民个人，因缩短居住天数不能达到居民个人条件的，在不能达到居民个人条件之日起至年度终了15天内，应当向主管税务机关报告，按照非居民个人重新计算应纳税额，申报补缴税款，不加收税收滞纳金。需要退税的，按照规定办理。

③无住所个人预计一个纳税年度中国境内居住天数累计不超过90天，但实际累计居住天数超过90天的，或者对方税收居民个人预计在税收协定规定的期间内中国境内停留天数不超过183天，但实际停留天数超过183天的，待达到90天或者183天的月度终了后15天内，应当向主管税务机关报告，就以前月份工资、薪金所得重新计算应纳税款，并补缴税款，不加收税收滞纳金。

实例4-9 S国罗伯特女士被派到中国境内工作，2025年1月，该外籍人士来自中国境外的所得折合人民币25 000元，其中中国境内公司负担10 000元。来自中国境内的所得为35 000元，其中美国的派遣公司负担17 000元。同时，她在美国还获得了1 000美元的租金收入（假设汇率为1美元＝6.5元，罗伯特女士于2025年1月在中国境内的工作天数为10天，我国个人所得税相关规定保持不变，罗伯特女士有3个超过3岁的子女正在中国境内就读国际学校，除此之外无其他扣除项目，不考虑税收抵免因素）。

解析：

罗伯特女士的工资、薪金所得情况如表 4－4 所示。

表 4－4　　罗伯特女士的工资、薪金所得情况

工资、薪金所得	来源于中国境内	来源于中国境外	合计
中国境内支付	18 000 元	10 000 元	28 000 元
中国境外支付	17 000 元	15 000 元	32 000 元
合计	35 000 元	25 000 元	60 000 元

（1）若 2025 年罗伯特女士在中国境内的居住时间不超过 90 天。

①2025 年 1 月，其工资、薪金收入额为：

$$\text{当月工资、薪金收入额}=\text{当月中国境内外工资、薪金总额}\times\frac{\text{当月中国境内支付工资、薪金数额}}{\text{当月中国境内外工资、薪金总额}}\times\frac{\text{当月工资、薪金所属工作期间中国境内工作天数}}{\text{当月工资、薪金所属工作期间公历天数}}$$

$$=60\ 000\times\frac{28\ 000}{60\ 000}\times\frac{10}{31}$$

$$=9\ 032.26(\text{元})$$

②2025 年 1 月，其工资、薪金所得应纳税额为：

$(9\ 032.26-5\ 000)\times10\%-210=193.23(\text{元})$

（2）若 2025 年罗伯特女士在中国境内的居住时间超过 90 天但不满 183 天。

①2025 年 1 月，其工资、薪金收入额为：

$$\text{当月工资、薪金收入额}=\text{当月中国境内外工资、薪金总额}\times\frac{\text{当月工资、薪金所属工作期间中国境内工作天数}}{\text{当月工资、薪金所属工作期间公历天数}}$$

$$=60\ 000\times10\div31$$

$$=19\ 354.84(\text{元})$$

②2025 年 1 月，其工资、薪金所得应纳税额为：

$(19\ 354.84-5\ 000)\times20\%-1\ 410=1\ 460.97(\text{元})$

（3）若 2025 年罗伯特女士在中国境内居住累计满 183 天的年度连续不满 6 年。

①2025 年 1 月，其工资、薪金收入额为：

$$\text{当月工资、薪金收入额}=\text{当月中国境内外工资、薪金总额}\times\left[1-\frac{\text{当月中国境外支付工资、薪金数额}}{\text{当月中国境内外工资、薪金总额}}\times\frac{\text{当月工资、薪金所属工作期间中国境外工作天数}}{\text{当月工资、薪金所属工作期间公历天数}}\right]$$

$$=60\ 000\times[1-(32\ 000\div60\ 000)\times(21\div31)]$$

$$=38\ 322.58(\text{元})$$

②2025 年 1 月，其工资、薪金所得按累计预扣法计算的应纳税额为：

$(38\ 322.58-5\ 000-3\ 000)\times3\%=909.68(\text{元})$

注意自 2022 年起，境外个人如为居民个人，则统一享受专项附加扣除。

(4) 若2025年罗伯特女士在中国境内居住累计满183天的年度连续满6年，且其间任意一年单次离境不超过30天，则2025年1月，其工资、薪金所得按累计预扣法计算的应纳税额为：

(60 000－5 000－3 000)×10%－2 520＝2 680(元)

罗伯特女士1 000美元的租金收入应纳税额为：

1 000×6.5×(1－20%)×20%＝1 040(元)

实例4-10 某外企总经理美籍华人林立同时兼任美国某公司副总经理职务，其工资、薪金由中国境内与中国境外企业分别支付。2019年1月，林立在中国境内工作18天，在美国工作13天，取得工资、薪金为由中国境内企业支付的49 200元和由中国境外企业支付的6 000美元（假设1美元＝6.7元），林立于2019年1月在中国境内应缴纳个人所得税多少元（假设林立于2019年在中国境内累计居住时间不满183天）？

解析：

林立作为总经理，是个人所得税相关规定中的高级管理职务人员。

林立取得的中国境外支付的工资、薪金数额＝6 000×6.7＝40 200(元)

林立取得的中国境内外工资、薪金总额＝40 200＋49 200＝89 400(元)

(1) 若林立于2019年在中国境内累计居住时间不超过90天，则2019年1月，其工资、薪金收入额为当月中国境内支付的数额49 200元，从而其应纳税额为：

(49 200－5 000)×30%－4 410＝8 850(元)

(2) 若林立于2019年在中国境内累计居住时间超过90天但不满183天，则2019年1月，其工资、薪金收入额为：

$$\begin{aligned}\frac{\text{当月工资、}}{\text{薪金收入额}} &= \frac{\text{当月中国境内外}}{\text{工资、薪金总额}} \times \left[1-\frac{\begin{array}{c}\text{当月中国境外支付}\\\text{工资、薪金数额}\end{array}}{\begin{array}{c}\text{当月中国境内外}\\\text{工资、薪金总额}\end{array}} \times \frac{\begin{array}{c}\text{当月工资、薪金所属工作}\\\text{期间中国境外工作天数}\end{array}}{\begin{array}{c}\text{当月工资、薪金所属}\\\text{工作期间公历天数}\end{array}}\right] \\ &= 89\ 400\times(1-40\ 200\div 89\ 400\times 13\div 31) \\ &= 72\ 541.94(\text{元})\end{aligned}$$

2019年1月其应纳税额＝(72 541.94－5 000)×35%－7 160＝16 479.68(元)

3. 无住所个人的税收协定适用问题

截至2018年年底，我国已经同世界上110个国家或地区签订了双边税收协定，已生效的有101个。《关于非居民个人和无住所居民个人有关个人所得税政策的公告》规定，无住所个人为双边税收协定缔约方对方税收居民个人的，可以选择享受双边税收协定待遇计算纳税，也可以选择不享受双边税收协定待遇计算纳税。除双边税收协定及财政部、国家税务总局另有规定外，无住所个人适用双边税收协定的，按照以下规定执行。

(1) 受雇所得条款的适用。

①境外受雇所得协定待遇。

境外受雇所得协定待遇，是指按照税收协定受雇所得条款规定，对方税收居民个人在境外从事受雇活动取得的受雇所得，可不缴纳个人所得税。在中国境内的当月工资、薪金收入额计算公式为：

$$当月工资、薪金收入额=\begin{matrix}当月中国境内外\\工资、薪金总额\end{matrix}\times\frac{\begin{matrix}当月工资、薪金所属\\工作期间中国境内工作天数\end{matrix}}{\begin{matrix}当月工资、薪金所属\\工作期间公历天数\end{matrix}}$$

无住所居民个人为对方税收居民个人的，可在预扣预缴和汇算清缴时按上述公式计算当月工资、薪金收入额；非居民个人为对方税收居民个人的，可在取得所得时按上述公式计算当月工资、薪金收入额。

实例 4-11 某外企公司技术专家安德里亚斯是德国人，其工资、薪金由中国境内和中国境外企业分别支付。2019 年 1 月，安德里亚斯在中国境内工作 18 天，在德国工作 13 天，取得工资、薪金为由中国境内企业支付的 49 200 元和由中国境外企业支付的6 000欧元。假设 1 欧元=7.6 元，安德里亚斯于 2019 年在中国境内累计居住时间预计超过 183 天，选择适用境外受雇所得协定待遇。

那么，2019 年 1 月他在中国应预扣预缴个人所得税多少元（假设除 5 000 元费用外，无其他扣除项目)?

解析：

按照居住时间预期，安德里亚斯是中国居民个人。但是，根据中德双边税收协定，安德里亚斯为德国居民个人，可选择适用境外受雇所得协定待遇，其在德国的受雇所得，可在中国不缴纳个人所得税。2019 年 1 月的工资、薪金收入额为：

$$当月工资、薪金收入额=\begin{matrix}当月中国境内外\\工资、薪金总额\end{matrix}\times\frac{\begin{matrix}当月工资、薪金所属\\工作期间中国境内工作天数\end{matrix}}{\begin{matrix}当月工资、薪金所属\\工作期间公历天数\end{matrix}}$$

$$=(49\ 200+6\ 000\times 7.6)\times 18\div 31=55\ 045.16(元)$$

安德里亚斯为居民个人，工资、薪金所得应按累计预扣法预扣预缴，因此，2019 年 1 月其在中国预扣预缴个人所得税应纳税额为：

$$(55\ 045.16-5\ 000)\times 10\%-2\ 520=2\ 484.52(元)$$

②境内受雇所得协定待遇。

境内受雇所得协定待遇，是指按照税收协定受雇所得条款规定，在税收协定规定的期间内境内停留天数不超过 183 天的对方税收居民个人，在境内从事受雇活动取得受雇所得，不是由境内居民雇主支付或者代其支付的，也不是由雇主在境内常设机构负担的，可不缴纳个人所得税。在中国的当月工资、薪金收入额计算公式为：

$$\begin{matrix}当月工资、\\薪金收入额\end{matrix}=\begin{matrix}当月中国境内外\\工资、薪金总额\end{matrix}\times\left(1-\frac{\begin{matrix}当月中国境内支付\\工资、薪金数额\end{matrix}}{\begin{matrix}当月中国境内外\\工资、薪金总额\end{matrix}}\right)\times\frac{\begin{matrix}当月工资、薪金所属\\工作期间中国境内工作天数\end{matrix}}{\begin{matrix}当月工资、薪金所属\\工作期间公历天数\end{matrix}}$$

非居民个人为对方税收居民个人的，可在取得所得时按上述公式计算当月工资、薪金收入额。

实例 4-12 某外企技术专家安德里亚斯为德国人，其工资、薪金由中国境内和中国境外企业分别支付。2019 年 1 月，安德里亚斯在中国境内工作 18 天，在德国工作 13 天，取得工资、薪金为由中国境内企业支付的 49 200 元和由中国境外企业支付的6 000欧元。假设 1 欧元＝7.6 元，安德里亚斯于 2019 年在中国境内累计居住时间预计不超过 183 天，选择适用境内受雇所得协定待遇。

那么，2019 年 1 月他在中国应代扣代缴个人所得税多少元？

解析：

按照居住时间预期，安德里亚斯是中国非居民个人。根据中德双边税收协定，安德里亚斯为德国居民个人，可选择适用境内受雇所得协定待遇。其在中国境内工作期间，由德国雇主支付且不由中国境内企业承担的工资、薪金所得，可不缴纳个人所得税。

当月中国境内外工资、薪金总额＝49 200＋6 000×7.6＝94 800(元)

2019 年 1 月，工资、薪金收入额为：

$$\text{当月工资、薪金收入额}=\text{当月中国境内外工资、薪金总额}\times\frac{\text{当月中国境内支付工资、薪金数额}}{\text{当月中国境内外工资、薪金总额}}\times\frac{\text{当月工资、薪金所属工作期间中国境内工作天数}}{\text{当月工资、薪金所属工作期间公历天数}}$$

$$=94\ 800\times(49\ 200\div94\ 800\times18\div31)=28\ 567.74(\text{元})$$

安德里亚斯为非居民个人，因此，2019 年 1 月他在中国代扣代缴个人所得税应纳税额为：

(28 567.74－5 000)×20%－1 410＝3 303.55(元)

(2) 独立个人劳务或者营业利润协定待遇。

独立个人劳务或者营业利润协定待遇，是指按照税收协定独立个人劳务或者营业利润条款的规定，对方税收居民个人取得的独立个人劳务所得或者营业利润符合税收协定规定条件的，可不缴纳个人所得税。

享受独立个人劳务或者营业利润协定待遇的，若无住所居民个人为对方税收居民个人，其取得的劳务报酬所得、稿酬所得，在预扣预缴和汇算清缴时，可不缴纳个人所得税；若非居民个人为对方税收居民个人，在取得劳务报酬所得、稿酬所得时可不缴纳个人所得税。

(3) 董事费协定待遇。

对方税收居民身份的个人为高管人员，该个人适用的税收协定未纳入董事费条款，或者虽然纳入董事费条款但该个人不适用董事费条款，且该个人取得的高管人员报酬可享受税收协定受雇所得、独立个人劳务或者营业利润条款规定待遇的，可以享受税收协定受雇所得、独立个人劳务或者营业利润条款规定待遇。

对方税收居民身份的个人为高管人员，该个人取得的高管人员报酬按照税收协定董事费条款规定可以在中国境内征收个人所得税的，应按照有关工资、薪金所得或者劳务报酬所得的规定缴纳个人所得税。

(4) 特许权使用费或者技术服务费协定待遇。

特许权使用费或者技术服务费协定待遇，是指按照税收协定特许权使用费或者技术服务费条款规定，对方税收居民个人取得符合规定的特许权使用费或者技术服务费，可按照税收协定规定的计税所得额和征税比例计算纳税。

享受特许权使用费或者技术服务费协定待遇的，若无住所居民个人为对方税收居民个人，其取得的特许权使用费所得、稿酬所得或者劳务报酬所得，可不纳入综合所得。在取得当月按照税收协定规定的计税所得额和征税比例预扣预缴应纳税额，年度汇算清缴时，不再并入年度综合所得，单独按照税收协定规定的计税所得额和征税比例计算年度应纳税额及补退税额。

享受特许权使用费或者技术服务费协定待遇的，若非居民个人为对方税收居民个人，其取得的特许权使用费所得、稿酬所得或者劳务报酬所得，可按照税收协定规定的计税所得额和征税比例计算应纳税额。

二、外籍个人涉税规划

除个人所得一般税收优惠规定外，针对个人跨国所得，以下几方面值得重视。

(一) 充分利用免税规定

1. 各项补贴的免税规定

(1) 2019 年 1 月 1 日至 2021 年 12 月 31 日期间。

外籍个人符合居民个人条件的，可以选择享受个人所得税专项附加扣除，也可以选择享受住房补贴、语言训练费、子女教育费等津补贴免税优惠政策，但不得同时享受。外籍个人一经选择，在一个纳税年度内不得变更。

外籍个人住房补贴、语言训练费、子女教育费等津补贴免税优惠政策的具体对象如下。

①外籍个人以非现金形式或实报实销形式取得的住房补贴、伙食补贴、搬迁费、洗衣费。

②外籍个人按合理标准取得的中国境内外出差补贴。

③外籍个人取得的探亲费、语言训练费、子女教育费等，经当地税务机关审核批准为合理的部分。

需要注意的是，以上免税补贴仅能基于实报实销或者在合理标准范围内，并且需经当地税务机关批准。有些补贴需要提供有效凭证，且有效凭证不仅局限于发票，比如中国境内外出差补贴需要有企业安排出差的有关计划，语言训练费及子女教育费需要提供支出凭证、期限证明材料等。

(2) 自 2022 年 1 月 1 日起。

外籍个人不再享受住房补贴、语言训练费、子女教育费津补贴免税优惠政策，应按规定享受专项附加扣除。

2. 工资、薪金所得免税规定

凡符合下列条件之一的外籍专家取得的工资、薪金所得可免征个人所得税。

（1）根据世界银行专项贷款协议由世界银行直接派往我国工作的外国专家。

（2）联合国组织直接派往我国工作的专家。

（3）为联合国援助项目来我国工作的专家。

（4）援助国派往我国专为援助国无偿援助项目工作的专家。

（5）根据两国政府签订的文化交流项目来我国工作两年以内的文教专家，其工资、薪金所得由派出国负担的。

（6）根据我国大专院校国际交流项目来我国工作两年以内的文教专家，其工资、薪金所得由派出国负担的。

（7）通过民间科研协定来我国工作的专家，其工资、薪金所得由派出国政府机构负担的。

3. 股息、红利免税规定

《关于个人所得税若干政策问题的通知》明确规定：外籍个人从外商投资企业取得的股息、红利所得，暂免征收个人所得税。

（二）合理设计停留时间及收入架构

非居民个人在一个纳税年度内在中国境内居住累计不超过 90 天的，或者在税收协定规定的期间在中国境内连续或累计居住不满 183 天的个人，其来源于中国境内的所得，由中国境外雇主支付并且不由该雇主在中国境内的机构、场所负担的部分，免缴个人所得税。

在中国境内无住所的居民个人，在中国境内居住累计满 183 天的年度连续不满 6 年的，由中国境外雇主支付并且不是由该雇主的中国境内机构负担的工资、薪金，免于申报缴纳个人所得税。

在实际操作中，在中国停留不超过 90 天，对外籍个人来讲，可能存在困难，但在一个纳税年度内单次离境超过 30 天或者累计离境天数达到税收协定规定的 183 天比较容易实现。因此，充分利用“6 年规则”或者双边税收协定的 183 天规定，搭建中国境外所得、中国境外支付的收入架构，外籍人士可以合理地节约个人所得税税金支出。

实例 4－13 我国香港同胞林女士，在香港的一家咨询服务公司工作，该公司每月支付其 4 万港元工资、薪金所得。该香港公司于 2019 年 1 月 1 日起在内地开设子公司，林女士被派往该子公司，该子公司每月支付其 3 万元工资。林女士每个月大约一半时间在香港工作，一半时间在内地工作。目前，预计林女士每年在内地居住时间超过 183 天，请为林女士设计节税方案。

解析：

我国《个人所得税法》明确规定，在中国境内无住所的个人，在一个纳税年度内在中国境内居住时间累计超过 183 天的为居民个人。

内地与香港双边税收协定明确规定如下。

（1）在某课税年度内在香港特别行政区逗留超过 180 天或在连续两个课税年度（其中一个是有关的课税年度）内在香港特别行政区逗留超过 300 天的个人，为香港税收居民。

（2）同时为双方居民的个人，其身份应按以下规则确定。

①应认为是其有永久性住所所在一方的居民；

②如果其重要利益中心所在一方无法确定，或者在任何一方都没有永久性住所，应认为是其有习惯性居处所在一方的居民。

为避免林女士同时成为内地和香港税收居民，自2019年起，可以规划林女士在香港停留时间超过183天，且明确划分香港公司与内地子公司各自的工资、薪金。由香港公司负担且支付的工资不需要在内地申报个人所得税，从而享受香港低税负的好处。

如果林女士因工作需要，在一个公历纳税年度内，在内地停留时间满183天，不得不成为内地税收居民，那么，她需要同时拥有香港税收居民身份，即确保在香港的连续两个课税年度内，林女士在香港停留时间超过300天，且明确划分香港公司与内地子公司各自的工资、薪金。这样，依据内地与香港的双边税收协定，香港公司负担且支付的工资不需要在内地申报个人所得税，从而也可以享受香港低税负的好处。

（三）合理设计在中国工作期间的身份

从外籍个人跨境所得纳税义务来看，在中国工作期间的身份不同，其纳税义务也有所不同。一般而言，外籍个人在中国境内企业担任高层管理职务或者董事的，其个人所得税的纳税义务比较重。因此，在不影响工作的前提下，可以考虑改变员工身份，从而有效降低个人所得税税负。

需要注意的是，身份改变之前应纳税金还是要足额缴纳的。比如，中新（中国与新加坡）双边税收协定规定：将董事费的征税权赋予了董事所在公司为其居民的国家，即新加坡居民如担任中国境内企业的董事而取得董事费和其他类似款项，无论该董事是否在中国境内履行董事职责，中国对此项所得都有征税权。“其他类似款项”包括个人以公司董事会成员身份取得的实物福利，例如，股票期权、居所、交通工具、健康或人寿保险及俱乐部成员资格等。在董事会成员被授予股票期权的情况下，公司居民国有权对构成董事费或类似性质报酬的股票期权利益征税，即使征税时该人已经不再是董事会的成员。

（四）合理发放奖金

外籍雇员如果为我国居民个人，我国个人所得税相关法规规定如下。

（1）其取得的全年一次性奖金，在2021年12月31日前，不并入当年综合所得，以全年一次性奖金除以12个月得到的数额，按照按月换算后的综合所得税率表确定适用税率和速算扣除数，单独计算纳税。计算公式为：

$$应纳税额=全年一次性奖金\times适用税率-速算扣除数$$

居民个人取得全年一次性奖金，也可以选择并入当年综合所得计算纳税。

（2）自2022年1月1日起，居民个人取得全年一次性奖金，应并入当年综合所得计算缴纳个人所得税。

（3）雇员取得除全年一次性奖金以外的其他各种名目奖金，如半年奖、季度奖、加班奖、先进奖、考勤奖等，一律与当月工资、薪金收入合并，按税法规定缴纳个人所得税。

当然，如果选择年终奖单独计税，发放全年一次性奖金或者将各种其他名目的奖金变身为全年一次性奖金，也要注意奖金的区间问题。这是因为，选择全年一次性奖金单独计税的，由于全年一次性奖金适用的税率相当于全额累进税率，如果全年一次性奖金除以 12 后的数值靠近不同税率的临界点，会出现获得奖金多反而税后收入少的情况。我们通过实例 4－14 予以说明。

实例 4－14 小田先生于 2018 年被日本母公司派往中国境内的子公司工作，负责子公司日常生产的技术指导。2019 年，小田先生在中国境内停留时间为 320 天。按照合同规定，小田先生于 2019 年 12 月可得到全年一次性奖金 42 万元，因其出色表现子公司决定加发奖金到 44 万元。若公司选择年终奖单独计税，请从个人所得税负担角度分析，小田先生是否应接受加发奖金的奖励方案。

解析：

2019 年，小田先生在中国境内停留 320 天，超过 183 天，成为中国的税收居民。

（1）按合同约定的奖金计算的个人所得税应纳税额为：

420 000×25％－2 660＝102 340(元)

税后奖金收入为：

420 000－102 340＝317 660(元)

（2）按加发奖金方案计算的个人所得税应纳税额为：

440 000×30％－4 410＝127 590(元)

税后奖金收入为：

440 000－127 590＝312 410(元)

经过计算我们发现，加发奖金后，由于适用的个人所得税税率更高，小田先生的税后奖金收入反而下降了。

年终奖发放数额的临界点税务优化表见表 4－5。

表 4－5　年终奖发放数额的临界点税务优化表

级数	奖金收入级距	适用税率	年终奖发放避免的收入区间
1	不超过 36 000 元	3％	
2	36 000～144 000 元	10％	36 000～38 566.67 元
3	144 000～300 000 元	20％	144 000～160 500 元
4	300 000～420 000 元	25％	300 000～318 333.33 元
5	420 000～660 000 元	30％	420 000～447 500 元
6	660 000～960 000 元	35％	660 000～706 538.46 元
7	960 000 元以上	45％	960 000～1 120 000 元

（五）充分利用双边税收协定

税收协定，又称国际税收协定、国际税收条约，是指两个或两个以上主权国家，为了协调相互之间的税收管辖关系和处理有关税务问题，通过谈判缔结的书面协议。签署税收协定主要是为了促进跨国经济、技术交流，避免税收因素对跨国经济交往形成障碍。

按参加国的多少，可以将税收协定分为双边协定与多边协定；而按内容划分，可以将税收协定分为综合协定与专项协定，比如，避免对所得和财产双重征税和防止偷漏税的协定是综合协定，而空运和海运企业国际运输收入互免税收的协定则属于专项协定。

在处理有关国际税务关系时，当税收协定与国内税法发生矛盾和冲突时，大多数国家采取的是税收协定优先的做法，也有一些国家将国际法和国内法放在同等地位，按时间的先后顺序确定是优先还是服从。在一些税收协定中，有税收饶让条款的规定。税收饶让是税收抵免的一种，指一国政府对本国居民在来源国获得减免的所得税额，视同已经缴纳，并允许其用这部分被减免的外国税款抵免在本国应缴纳的所得税税款。

举例来说，A 国居民甲有来源于 B 国的所得 100 万，按 B 国税法，甲在 B 国的应纳税额为 10 万，实施税收优惠规定后，甲在 B 国实际缴纳的税款为 7 万。如果 A 国和 B 国签订的税收协定允许对 A 国居民来源于 B 国的所得实施税收饶让，则对甲来说，其来源于 B 国所得的境外已纳税款视为 10 万，而不是 7 万。当抵免限额大于境外实际缴纳税款时，税收饶让可以减少甲在居民国的应纳税额。

熟悉各国税法及其税收协定等内容，可以扩大跨国所得税收安排的空间。

三、外籍人士个人所得税优化综合案例

玛丽是美国公民，在美国 A 公司工作。2019 年 1 月，A 公司将玛丽调派到其在北京的合资企业龙翔公司担任技术总监，负责某项目的实施。玛丽将在北京持续工作 3 年，在此期间，玛丽每年可以回国探亲两次，每次均不超过两周。

由于玛丽同时负责 A 公司在香港的一个项目（A 公司可以提供玛丽在香港公司工作的证明），因此，玛丽每个月会到香港出差一次。但是其在香港的逗留期间通常很短，每次均不超过 15 天。根据合同及工作需要，玛丽在中国境内预计工作天数详见表 4－6。

玛丽调到北京以后，美国公司将负担其每月的工资 4 000 美元，北京的龙翔公司额外负担其在北京每月 30 000 元的工资。此外，玛丽每个季度还会取得龙翔公司发放的 90 000 元的奖金，季度奖分别于 3 月、6 月、9 月、12 月发放。同时，玛丽将在美国的一套房产出租给一家美国当地公司，每月取得租金收入 2 000美元。玛丽的收入明细与实报实销的支出明细详见表 4－7 和表4－8，假设表 4－8 的各项支出均已备案，且符合税务机关的扣除要求（玛丽在中国境内无住所，不考虑社保情况）。

要求：对玛丽 2019 年在中国期间应该缴纳的个人所得税进行税务优化。

注：(1) 假设美元兑人民币的汇率为 1 美元＝6.7 元。

(2) 中美两国签有税收协定。

(3) 2019 年，玛丽作为居民个人选择享受各项补贴的免税待遇，不享受专项附加扣除。

表 4-6　　玛丽在中国境内预计工作天数

时间	中国境内预计工作天数
2019 年 1—3 月	每月 22 天
2019 年 4 月	10 天
2019 年 5—11 月	每月 22 天
2019 年 12 月	15 天

表 4-7　　玛丽的收入明细

时间	工资、薪金		季度奖金（龙翔公司支付）	美国房产租金
	A 公司支付	龙翔公司支付		
2019 年 1 月起	4 000 美元/月	30 000 元/月	90 000 元/季	2 000 美元/月

表 4-8　　实报实销的支出明细

支出类型	支出金额
首次来中国境内的搬迁费	20 000 元
住房租金	8 000 元/月
子女教育费	3 000 元/月
探亲费	25 000 元/次

解析：

按现有方案，玛丽 2019 年在中国境内的停留时间超过 183 天，为中国的居民个人。玛丽就其取得的工资、薪金收入，每月按累计预扣法预扣预缴个人所得税，于次年 3—6 月按综合所得在中国进行个人所得税汇算清缴。

其取得的季度奖金，其中一次可选择按全年一次性奖金单独计税。

根据《中华人民共和国个人所得税法实施条例》，在中国境内无住所的个人，在中国境内居住累计满 183 天的年度连续不满 6 年的，经向主管税务机关备案，其来源于中国境外且由中国境外单位或者个人支付的所得，免予缴纳个人所得税。该法实施后，6 年的起算年度自 2019 年开始。因此玛丽于 2019 年取得的房产出租收入，不需要在中国境内缴纳个人所得税。

2019 年，玛丽实报实销的搬迁费、探亲费、住房租金、子女教育费可以享受原免税优惠政策，则玛丽在 2019 年每月预扣预缴税额及全年应纳税额的情况如表4-9所示。

表 4-9　　玛丽在 2019 年每月预扣预缴税额及全年应纳税额的情况

月份	中国境内雇主支付工资（元）	中国境外雇主支付工资（元）	中国境内工作天数（天）	本月公历天数（天）	本月工资、薪金收入额（元）	累计应纳税所得额（元）	应纳税额（元）
1	30 000.00	26 800.00	22	31	49 019.35	44 019.35	1 881.94
2	30 000.00	26 800.00	22	28	51 057.14	90 076.49	4 605.71
3	120 000.00	26 800.00	22	31	139 019.35	224 095.84	21 411.52
4	30 000.00	26 800.00	10	30	38 933.33	258 029.17	6 786.67
5	30 000.00	26 800.00	22	31	49 019.35	302 048.52	8 906.30

续前表

月份	中国境内雇主支付工资(元)	中国境外雇主支付工资(元)	中国境内工作天数(天)	本月公历天数(天)	本月工资、薪金收入额(元)	累计应纳税所得额(元)	应纳税额(元)
6	120 000.00	26 800.00	22	30	139 653.33	436 701.85	34 498.43
7	30 000.00	26 800.00	22	31	49 019.35	480 721.20	13 205.81
8	30 000.00	26 800.00	22	31	49 019.35	524 740.55	13 205.81
9	120 000.00	26 800.00	22	30	139 653.33	659 393.88	40 396.00
10	30 000.00	26 800.00	22	31	49 019.35	703 413.23	15 376.47
11	30 000.00	26 800.00	22	30	49 653.33	748 066.56	15 628.67
12	30 000.00	26 800.00	15	31	42 967.74	786 034.30	13 288.71
12月奖金	90 000.00						8 790.00
全年							197 982.04

注：本例中选择12月季度奖为全年一次性奖金单独计税。

中国境外雇主支付工资＝4 000×6.7＝26 800(元)

为降低玛丽的个人所得税税负，分别设计三个税务优化方案如下。

方案一：季度奖全部变为全年一次性奖金。

将玛丽的季度奖金按照全年一次性奖金方式在第四季度末发放，其他内容保持不变。

玛丽2019年的纳税情况（方案一）如表4-10所示。

表4-10　玛丽2019年的纳税情况（方案一）

月份	中国境内雇主支付工资(元)	中国境外雇主支付工资(元)	中国境内工作天数(天)	本月公历天数(天)	本月工资、薪金收入额(元)	累计应纳税所得额(元)	应纳税额(元)
1	30 000.00	26 800.00	22	31	49 019.35	44 019.35	1 881.94
2	30 000.00	26 800.00	22	28	51 057.14	90 076.49	4 605.71
3	30 000.00	26 800.00	22	31	49 019.35	134 095.84	4 401.94
4	30 000.00	26 800.00	10	30	38 933.33	168 029.17	5 796.25
5	30 000.00	26 800.00	22	31	49 019.35	212 048.52	8 803.87
6	30 000.00	26 800.00	22	30	49 653.33	256 701.85	8 930.67
7	30 000.00	26 800.00	22	31	49 019.35	300 721.20	8 839.93
8	30 000.00	26 800.00	22	31	49 019.35	344 740.55	11 004.84
9	30 000.00	26 800.00	22	30	49 653.33	389 393.88	11 163.33
10	30 000.00	26 800.00	22	31	49 019.35	433 413.23	11 675.50
11	30 000.00	26 800.00	22	30	49 653.33	478 066.56	13 396.00
12	30 000.00	26 800.00	15	31	42 967.74	516 034.30	11 390.32
12月奖金	360 000.00						87 340.00
全年							189 230.30

方案二：调整在华身份及选择享受境外受雇所得协定待遇。

玛丽作为技术总监，属于高级管理人员，税负比较重。玛丽在龙翔公司的身份由技术总监变更为技术顾问，然后根据中美双边税收协定，选择享受境内受雇所得协定待遇，其他保持不变。

其计算当月工资、薪金收入额的公式变为：

$$\text{当月工资、薪金收入额}=\begin{matrix}\text{当月中国境内外}\\\text{工资、薪金总额}\end{matrix}\times\frac{\begin{matrix}\text{当月工资、薪金所属}\\\text{工作期间中国境内工作天数}\end{matrix}}{\begin{matrix}\text{当月工资、薪金所属}\\\text{工作期间公历天数}\end{matrix}}$$

玛丽 2019 年的纳税情况（方案二）如表 4－11 所示。

表 4－11　　玛丽 2019 年的纳税情况（方案二）

月份	中国境内雇主支付工资（元）	中国境外雇主支付工资（元）	中国境内工作天数（天）	本月公历天数（天）	本月工资、薪金收入额（元）	累计应纳税所得额（元）	应纳税额（元）
1	30 000.00	26 800.00	22	31	40 309.68	35 309.68	1 059.29
2	30 000.00	26 800.00	22	28	44 628.57	74 938.25	3 914.53
3	120 000.00	26 800.00	22	31	104 180.65	174 118.89	12 929.95
4	30 000.00	26 800.00	10	30	18 933.33	188 052.23	2 786.67
5	30 000.00	26 800.00	22	31	40 309.68	223 361.90	7 061.94
6	120 000.00	26 800.00	22	30	107 653.33	326 015.24	21 831.43
7	30 000.00	26 800.00	22	31	40 309.68	361 324.92	8 827.42
8	30 000.00	26 800.00	22	31	40 309.68	396 634.59	8 827.42
9	120 000.00	26 800.00	22	30	107 653.33	499 287.93	29 627.73
10	30 000.00	26 800.00	22	31	40 309.68	534 597.60	10 592.90
11	30 000.00	26 800.00	22	30	41 653.33	571 250.94	10 996.00
12	30 000.00	26 800.00	15	31	27 483.87	593 734.81	6 745.16
12 月奖金	90 000.00						8 790.00
全年							133 990.44

方案三：调整在中国境内停留时间、身份、奖金安排及选择享受境内受雇所得协定待遇。

玛丽在龙翔公司的身份由技术总监变更为技术顾问，在中国境内时间调整为低于 183 天，调整绩效奖金安排，分别于 2019 年 4 月、12 月以工资形式发放各 12 万元，剩余 12 万元作为全年一次性奖金发放，选择单独计税。其他保持不变。玛丽 2019 年在中国境内停留天数如表 4－12 所示。

表 4－12　　玛丽 2019 年在中国境内停留天数表

时间	中国境内停留天数
2019 年 1—3 月	每月 16 天
2019 年 4 月	5 天
2019 年 5—11 月	每月 16 天
2019 年 12 月	5 天

当月工资、薪金收入额按以下公式计算：

$$\text{当月工资、薪金收入额}=\text{当月中国境内外工资、薪金总额}\times\frac{\text{当月中国境内支付工资、薪金数额}}{\text{当月中国境内外工资、薪金总额}}\times\frac{\text{当月工资、薪金所属工作期间中国境内工作天数}}{\text{当月工资、薪金所属工作期间公历天数}}$$

玛丽 2019 年的纳税情况（方案三）如表 4－13 所示。

表 4－13　　玛丽 2019 年的纳税情况（方案三）

月份	中国境内雇主支付工资（元）	中国境外雇主支付工资（元）	中国境内工作天数（天）	本月公历天数（天）	本月工资、薪金收入额（元）	累计应纳税所得额（元）	应纳税额（元）
1	30 000.00	26 800.00	16	31	15 483.87	10 483.87	838.39
2	30 000.00	26 800.00	16	28	17 142.86	12 142.86	1 018.57
3	30 000.00	26 800.00	16	31	15 483.87	10 483.87	838.39
4	150 000.00	26 800.00	5	30	25 000.00	20 000.00	2 590.00
5	30 000.00	26 800.00	16	31	15 483.87	10 483.87	838.39
6	30 000.00	26 800.00	16	30	16 000.00	11 000.00	890.00
7	30 000.00	26 800.00	16	31	15 483.87	10 483.87	838.39
8	30 000.00	26 800.00	16	31	15 483.87	10 483.87	838.39
9	30 000.00	26 800.00	16	30	16 000.00	11 000.00	890.00
10	30 000.00	26 800.00	16	31	15 483.87	10 483.87	838.39
11	30 000.00	26 800.00	16	30	16 000.00	11 000.00	890.00
12	150 000.00	26 800.00	5	31	24 193.55	19 193.55	2 428.71
12 月奖金	120 000.00						15 540.00
全年							29 277.62

各方案的节税效果比较如表 4－14 所示。

表 4－14　　各方案的节税效果比较　　单位：元

方案	原方案	方案一	方案二	方案三
税金支出	197 982.04	189 230.30	133 990.44	29 277.62
比原方案节税		8 751.74	63 991.60	168 704.42

第三节　中国居民“走出去”的税务优化

一、中国居民境外所得涉税规定

中国社会科学院发布的《全球政治与安全报告》显示，中国已成为世界上最大的移民输出国。中国海外侨胞的数量已超过 4 500 万人，绝对数量稳居世界第一。虽然有一些人已经移居中国境外，但由于其大部分时间、经济利益或者户籍仍然在中国境内，根据我国个人所得相关法规规定，这些人依然是中国税务居民。因此，金融理财师有必要掌握中国居民境外所得涉税规定，以协助财富人士降低所得双重征税的风险。

（一）利用抵免法，避免中国居民境外所得国际重复征税

《个人所得税法》规定：居民个人从中国境外取得的所得，可以从其应纳税额中抵免已在境外缴纳的个人所得税税额，但抵免额不得超过该纳税人境外所得依照本法规定计算的应纳税额。

《个人所得税法实施条例》又做出进一步规定如下。

①已在境外缴纳的个人所得税税额，是指居民个人来源于中国境外的所得，依照该所得来源国家（地区）的法律应当缴纳并且实际已经缴纳的所得税税额。

②居民个人取得境外所得后，可以抵免已在境外缴纳的个人所得税税额，按抵免限额与已在境外缴纳税额孰低的原则确定。

抵免限额是境外所得按照我国《个人所得税法》规定计算的应纳税额。我国采用分国不分项的方式计算个人所得税抵免限额。即纳税人取得来源于境外同一个国家或地区的多项所得，先按我国《个人所得税法》规定分别计算应纳税额，然后取各项所得应纳税额之和，作为来源于该国或地区所得的实际抵免限额。纳税人取得来源于境外多个国家或地区所得的，应分别计算各国的实际抵免限额。

也就是说，分国不分项计算抵免限额，分国加总计算比较限额。

如果境外已纳税额＞抵免限额，则不退境外多交税额
如果境外已纳税额＜抵免限额，则补交差额部分税额

需要强调的是，居民个人从中国境内和境外取得的综合所得、经营所得，应当分别合并计算应纳税额；从中国境内和境外取得的其他所得，应当分别单独计算应纳税额。

③在境外缴纳的个人所得税税额低于抵免限额的，应当在中国缴纳差额部分的税款；在境外缴纳的个人所得税税额高于抵免限额的，在以后 5 个纳税年度内，在来源于该国家（地区）所得的抵免限额的余额中补扣。

实例 4－15 某外籍人员在中国境内累计居住满 183 天的年度已连续满 6 年，且 2025 年在中国境内累计居住满 183 天。2025 年取得甲国一家公司支付的税后薪金所得 200 000 元，已被扣缴的所得税款为 10 200 元。同月，还从乙国取得税后净股息所得 80 500 元，且被扣缴的所得税款为 20 500 元。经审查，以上均已取得相应国家合法完税凭证。请计算该纳税人在中国的应纳税额（假定其只有 60 000 元减除费用可扣除，在中国境内无所得）。

解析：

由于此人在中国境内累计居住满 183 天的年度已连续满 6 年，因此其在 2025 年属于中国居民个人，负有全面纳税义务，应就来源于中国境内外的全部所得缴纳个人所得税。同时，在国外已缴纳的个人所得税税款可分国进行抵免，抵免额为实际已纳税额和抵免限额的最小值。

（1）来源于甲国的薪金所得，依照我国《个人所得税法》计算的应纳税额（即抵免限

额）为：

$$(200\ 000+10\ 200-60\ 000)\times 20\%-16\ 920=13\ 120(\text{元})$$

从甲国取得的薪金所得的应纳税额13 120元大于在甲国的已纳税额10 200元，因此，在甲国已缴纳的税金可以全额抵免，超出部分即差额还应在中国境内补税。

（2）来源于乙国的股息所得，依照我国个人所得税法计算的应纳税额（即抵免限额）为：

$$(80\ 500+20\ 500)\times 20\%=20\ 200(\text{元})$$

从乙国取得的股息所得应纳税额20 200元小于在乙国已纳税额20 500元，不退国外多交税款，但可以在以后5年内抵来源于乙国所得的抵免限额。

（3）此人在中国境内应补缴差额部分的税款为：

$$13\ 120-10\ 200=2\ 920(\text{元})$$

需要注意的是，在计算中国境外所得应纳税所得额时，应包含在中国境外已实际缴纳的税额。

实例4-16 中国公民甲在2019年取得S国一家公司支付的税前劳务报酬金额10 000元，被扣缴个人所得税1 000元；在S国出版一部小说，获得税前稿酬收入20 000元，被扣缴个人所得税2 000元。同月还从A国取得税前股息收入10 000元，被扣缴个人所得税3 000元。经核查，中国境外完税凭证无误。计算中国境外所得在中国境内应补缴的个人所得税。假定其在中国境内取得综合收入经计算的应纳税所得额为120 000元，已纳税额9 480元。

解析：

我们先厘清中国公民甲在2019年的收入及其来源，具体如表4-15所示。

表4-15 **中国公民甲在2019年的收入及其来源** 单位：元

项目	中国境内	S国	A国	应纳税所得额合计	已纳税额
工资、薪金所得					
劳务所得		10 000			1 000
稿酬所得		20 000			2 000
综合所得应纳税所得额小计	120 000	19 200	0	139 200	
股息			10 000	10 000	3 000

注：10 000×(1−20%)+20 000×(1−20%)×(1−30%)=19 200(元)。

（1）综合所得。

①居民个人从中国境内和境外取得的综合所得应当合并计算应纳税额，因此，中国公民甲在2019年的综合所得应纳税额为：

$$(120\ 000+19\ 200)\times 10\%-2\ 520=11\ 400(\text{元})$$

②计算从S国取得综合所得的应纳税额（即抵免限额）。①

$$11\ 400\times[19\ 200\div(120\ 000+19\ 200)]=1\ 572.41(\text{元})$$

① 计算方法目前尚未明确，暂参考企业所得税抵免限额的计算方法。

③中国公民甲从S国取得的综合所得，已在中国境外缴纳税额3 000（=2 000+1 000）元，已纳税额大于抵免限额，不退国外多交税款，但可以在以后5年内抵来源于S国所得的抵免限额。

（2）股息所得。

①居民个人从中国境内和境外取得的综合所得和经营所得以外的其他所得，应当分别单独计算应纳税额。中国公民甲在2019年的股息所得应纳税额为：

$$10\ 000\times 20\%=2\ 000(元)$$

②中国公民甲从A国取得的股息所得，已在中国境外缴纳税额3 000元，已纳税额大于抵免限额，不退国外多交税款，但可以在以后5年内抵来源于A国所得的抵免限额。

（二）充分利用税收协定

截至2018年年底，我国已经同世界上110个国家或地区签订了双边税收协定，已生效的有101个。对于这么多双边税收协定，该如何利用呢?

1. 免税、减税条款的利用

例如，我国同科威特、阿拉伯联合酋长国（简称阿联酋）的税收协定规定，对缔约国政府直接或间接拥有至少20%股份的居民公司取得的利息，来源地国家应免于征税。

2. 减税条款的利用

例如，《内地和香港特别行政区关于对所得避免双重征税和防止偷漏税的安排》规定，一方居民公司支付给另一方居民的股息，可以在该另一方征税。然而，这些股息也可以在支付股息的公司是其居民的一方，按照该方法律征税。但是，如果股息受益所有人是另一方的居民，则所征税款不应超过：

（1）如果受益所有人是直接拥有支付股息公司至少25%资本的公司，为股息总额的5%。

（2）在其他情况下，为股息总额的10%。

我国与部分国家的协定股息税率如表4-16所示。

表4-16　我国与部分国家的协定股息税率

序号	国家	股息		备注
		条件	税率	
1	美国	未说明	10%	
2	日本	未说明	10%	
3	澳大利亚		15%	
4	西班牙		10%	
5	巴西	不应超过股息总额的15%	15%	
6	新加坡	公司（合伙企业除外）直接拥有股份不少于25%	5%	
		其他	10%	

续前表

序号	国家	股息		备注
		条件	税率	
7	英国	公司直接拥有股份不少于25%	5%	
		其他	10%	
8	法国	公司（合伙企业除外）直接拥有股份不少于25%	5%	
		其他	10%	
9	韩国	公司直接拥有股份不少于25%	5%	
		其他	10%	
10	马来西亚	中国支付给对方	10%	
		对方支付给中国	在对方国免税	
11	加拿大	公司拥有不少于10%的选举权股份	10%	
		其他	15%	
12	泰国	直接拥有股份不少于25%	15%	
		其他	20%	
13	荷兰	公司直接拥有股份不少于25%	5%	
		其他	10%	
14	瑞士	公司（合伙企业除外）直接拥有股份不少于25%	5%	
		其他	10%	
15	俄罗斯	公司（合伙企业除外）直接拥有不少于25%的股份且持股金额至少达8万欧元（或等值的其他货币）	5%	自2017年执行
		其他	10%	
16	德国	公司（合伙企业除外）直接拥有股份不少于25%	5%	
		据以支付股息的所得或收益由投资工具直接或间接从投资于不动产所得，在该投资工具按年度分配大部分上述所得或收益，且其来自上述不动产的所得或收益免税的情况下	15%	
		其他	10%	
17	比利时	在受益所有人是公司（合伙企业除外），并在支付股息前至少连续12个月曾经直接拥有支付股息的公司不少于25%资本的情况下	5%	
		其他	10%	

3. 有些税收协定还对投资所得的征免税实行定率抵扣

我国同有些国家签订的税收协定规定，双方国家各自对本国居民从对方国家取得的投资所得征税时，要按税收协定规定的定率进行抵扣。中韩（中国与韩国）协定规定，对拥有股份不少于25%的股息征税的限制税率是5%；而双方国家的抵扣定率是10%。也就是说，在韩国按5%征税，回到中国按10%抵扣。

同时，中国对外签订的很多税收协定中专门规定了专业性劳务条款，这些条款都可以被跨国个人广泛利用。专业性劳务特别包括独立的科学、文学、艺术、教育或教学活动，以及医师、律师、工程师、建筑师、牙医师和会计师的独立活动。例如，美国居民个人由于专业性劳务或者其他独立性活动取得的所得，应在美国征税。除非该美国居民个人在中国为从事上述活动的目的设有经常使用的固定基地，或者在中国有关历年中连续或累计停留超过183天。如果该居民拥有上述固定基地或在该缔约国另一方连续或累计停留上述日期，则其所得可以在中国征税。也就是说，通常情况下，1年中美国居民个人在中国停留不超过183天的，当其提供劳务取得报酬属于协定中规定的独立个人劳务的范围时，中国不征税，超过183天的中国要征税。

二、中国居民境外资产涉税安排

此处主要讲解如何利用避税港来合理安排中国居民境外资产。

避税港亦称国际避税地或避税乐园、税务天堂、税收避难所。一般来说，避税港是指国际上轻税甚至无税的场所。从实质上说，避税港就是指外国人可以在那里取得收入或拥有资产而不必负担高额税款的地方。

避税港的特征包括：①不征税或税率很低，特别是所得税和资本利得税；②实行僵硬的银行或商务保密法，替当事人保密，不得通融；③外汇开放，毫无限制，资金来去自由；④拒绝与外国税务当局进行合作；⑤不定税收协定或只有很少的税收协定；⑥是便利的金融、交通和信息中心。

首先我们看一下中国的一些主流企业都选择哪些避税港来注册企业和安排资产，见表4-17。

表4-17　　部分公司注册地

所涉及企业	注册地
国美	百慕大
上海证大	百慕大
SOHO中国	英属维尔京群岛
奇虎360	开曼群岛
新浪	开曼群岛
阿里巴巴	开曼群岛
腾讯	开曼群岛

同时，我们仔细分析世界上主要避税港的课税状况，每个避税港的涉税有很大差异，如表4-18所示。

表 4-18 主要避税港课税状况

避税港	个人所得税	法人税	资本利得税	红利税	利息税	公司注册费	年检费
巴哈马	无	无	无	无	无	100～1 000 美元	100～1 000 美元
百慕大	无	无	无	无	无	1 680～25 000 美元	1 680～25 000 美元
开曼群岛	无	无	无	无	无	500～1 750 美元	500～1 750 美元
英属维尔京群岛	3%～20%	15%	无	无	无	300～1 000 美元	300～1 000 美元
毛里求斯	5%～30%	35%	无	无	无	100～500 美元	100～1 500 美元
马恩岛	15%～20%	20%	无	20%	无	注册资金×1.4%	470 美元或 940 美元

资料来源：经济合作与发展组织官网。

分析了国际上主要的避税港之后，我们可以看一下中国企业家在涉税考量后的选择。

（一）选择英属维尔京群岛的涉税考量

1985 年，英属维尔京群岛颁布了《国际商业公司法》，开始成为离岸公司注册地，政策相当优惠：投资可免税，无国籍限制，注册资本低，不需要申报管理者资料，也不必进行年检等。所有的注册费用折合人民币大约为 6 500 元，包括 650 美元的政府牌照费，以及注册代理人费、注册地址费等。

根据英属维尔京群岛政府于 2005 年颁布的新公司法，离岸公司注册资本为 5 万美元。事实上，资金不需要实际注入，保密性强。

对于很多公司而言，英属维尔京群岛被认为是避税天堂。英属维尔京群岛不征收企业所得税和个人所得税，开征的税种主要有社会保障税、预提所得税、房地产税、关税、印花税、旅店住宿税、旅客离港税等。其中，英属维尔京群岛对个人储蓄存款的利息收益开征了 15%税率的预提所得税。

此外，注册公司也不用向英属维尔京群岛政府递交年报及财务报表，仅公司内部保留资料反映公司状况即可。公司股份转让不受任何限制，而公司资料也能得到严格保密。

但是迫于经济合作与发展组织成员国的压力，英属维尔京群岛于 2015 年年底官方公布反洗钱条例并修改商业公司法后，要求在英属维尔京群岛注册的公司自 2016 年起必须提供公司最终受益人数据给注册代理人备存，同时还要将董事名册提交给公司注册处。2018 年年底通过的《经济实质法案》要求，自 2020 年起，在英属维尔京群岛注册的公司必须提供所设立英属维尔京群岛公司的实质营运证明。至此，英属维尔京群岛的保密性面临着新挑战。

我国也有一些企业家在英属维尔京群岛注册了离岸公司，借此吸收其名下国内部分实体项目的权益。

（二）选择汤加的涉税考量

汤加人均土地为 50 亩，这个税率极低的小岛国是投资大洋洲的桥头堡。除可注册公司外，还可投资农业。几乎所有想在大洋洲国家，譬如澳大利亚、新西兰投资的公司，都在汤加设立了控股公司。

（1）在汤加境外成立的股份有限公司，如果需要在汤加境内建立商业场所，应在建成的 3 个月内与公司注册机构贸工部签署三份备忘录和合作条款。

（2）合伙人公司和独资公司不需要办理注册手续，但同所有的商业机构一样，需要办理贸易许可证。

（3）对已批准的工业企业，汤加出台了一系列鼓励政策。其中最吸引人的就是免税期、免征海关关税和港口服务税方面的优惠。

①免税期是指通过批准的企业可以有 5 年的所得税免征期（视情况可延长至 15 年）。企业如果扩大规模，可延长免税期，而且股东在免税期间所取得的红利不纳税。

②免征海关关税是指已获批准的企业如果进口生产资料，从该企业正式投入商业运作时起，或企业扩大规模后起，对所进口的资本货物（生产机械、办公设备、车辆等）可免征 2 年海关关税等。

③港口服务税方面的优惠包括：所有进口的生产资料、机械和建筑材料，免征 50%港口和服务税；加工制造业中，用于来料加工再出口的半成品和原材料，免征全部港口服务税。

在汤加投资，还有其他许多鼓励政策和便利条件。例如限制特殊行业的贸易竞争，在注册某项加工制造企业后可申请行业保护，政府同意后在一段时限内不再批准同类产品企业；按企业运营的时间期限为投资者及其家属签发工作和居留签证等。

（三）选择泽西岛的涉税考量

泽西岛是英国的皇家属地，属于海外领地，有自己独立的立法以及税收系统，因此泽西岛成为欧洲有名的避税天堂。当地政府收入主要来自对本地居民征收的个人所得税，但是对在泽西岛注册或者总部设在泽西岛的企业不征收公司税、印花税、利息与分红税等。泽西岛也没有遗产税。泽西岛被认为是中国公司登陆伦敦证券交易所（简称伦交所）的跳板。在伦敦上市的约 80 家中国公司中，约 1/4 来自泽西岛。某些上市公司高管就是通过泽西岛的信托公司设立家族信托来间接持有自己的股份，以达到避税的目的。

（四）选择开曼群岛的涉税考量

开曼群岛被认为是世界第五大金融中心。开曼群岛对共同基金的收益实行免税政策，通过开曼群岛注册基金，能够节省基金公司的大量税务成本。

开曼群岛之所以能够吸引大量外国公司，关键在于其公司法中独一无二的豁免条款。根据这一条款设立的豁免公司可以在注册后 20 年内不缴纳所得税，豁免信托公司则可在 50 年内不缴纳所得税。而且，依法成立的豁免公司可以只有 1 个股东，也不需要向开曼群岛的公司注册处提交股东资料。

开曼群岛税种只有进口税、印花税、工商登记税、旅游者税等几个简单的税种，没有开征个人所得税、公司所得税、资本利得税、房产税、遗产税等税种。与英属维尔京群岛类似，开曼群岛的《经济实质法案》更早实行，从 2019 年开始，未在开曼群岛有实质经济活动的企业将面临信息被交换回其税收居民所在地的风险。

阿里巴巴、新东方等在美国纳斯达克上市的企业均在开曼群岛注册了公司。当当网、奇虎360、小肥羊和新浪，这些在国内知名度颇高的公司，也都是在开曼群岛注册的。

（五）选择百慕大的涉税考量

2016年12月，乐施会（Oxfam）发布的一份报告显示，目前百慕大已经成为全球15大避税天堂之首。一份荷兰商会的文件称，作为减少海外税负的安排之一，2017年，谷歌通过一家荷兰壳公司将199亿欧元（约合227亿美元）转移到百慕大。百慕大不对利润、收入、股息或资本收益征收企业所得税，对利润的累积没有限制，也没有要求分配股息。百慕大也不征收个人所得税。

百慕大公司的标准注册资本是12 000美元，不需要进行验资，公司董事和股东可以是自然人或者法人，没有国籍上的限制，需要年满十八周岁，公司的股东和董事可以是同一个人。

在百慕大注册的公司可以在卢森堡、都柏林、温哥华及中国香港申请挂牌上市。百慕大同时被认为是境外公司在香港上市的最佳“跳板”。目前约有8 000家境外公司在百慕大注册，自1985年香港怡和集团将总公司迁册至百慕大后，约有将近一半的香港上市公司纷纷迁册于此。

需要提醒的是，中国加入共同申报准则（CRS）后，除汤加外，英属维尔京群岛、泽西岛、百慕大、开曼群岛已经与我国政府自动交换金融账户信息。

三、移民境外的涉税规划

中信银行私人银行与胡润研究院联合发布的《全球视野下的责任与传承——2017中国高净值人群财富管理需求白皮书》中数据显示，高净值人群对于跨境最大的五个需求依次为出境旅游、跨境金融投资、子女境外留学、境外置业和移民。在2017年接受调查并具有出境背景的近700位高净值人群中，37.8%的人士表示有移民需求，而这个比例在2016年为29.3%。我国《个人所得税法》明确表示，纳税人因移居境外注销中国户籍的，应当在注销中国户籍前办理税款清算。虽然目前还没有出台具体操作细则，但在投资移民前后如何做好境外税务筹划，是有意办理移民的人士需要重视的课题。

（一）香港地区和美国的税务规定

《福布斯》的一项调查表明，对于中国高净值人群来说，加拿大、新加坡、澳大利亚、新西兰、马来西亚、太平洋岛国、巴西、美国、英国以及瑞典是最理想的移民地。这些移民地对富人最大的吸引力在于，它们都有稳定的社会秩序以及良好的税务和公民福利。

如果选择移民，做足税务功课十分必要。根据英国现行税法的规定，英国个人所得税最高税率为50%，税负很重。每年在英国居住天数不超过90天就不用缴税。“进入英国”和“离开英国”的当天，都不算在英国居住的天数。据说有英国富豪晚上飞离英国，午夜后再返回英国，通过上述安排就可以将每年在英国居住的天数控制在 90 天以内，从而规避英国高昂的个人所得税。本书中，我们简要介绍中国香港地区和美国的税收制度中与所得和资产配置相关的部分内容。

1. 中国香港地区相关税制简介

香港采用地域来源原则征税，只有源自香港的所得才需要在香港课税。香港税制比较简单，税负较低，而且税收政策具有弹性。在香港，个人所得需要缴纳的税项主要包括三类：薪俸税、利得税和物业税。

（1）薪俸税。薪俸税是按照每个人从任何有收益的职位或受雇工作或退休金所取得的于香港产生或得自香港的入息而征收的税款。

纳税人为在香港任职、受雇或享有退休金的个人，以及在香港受雇或提供服务超过 60 天的港外人士。应课税额是按应评税入息（同我国个人所得税法中的应税所得）实额减去各项扣除，以标准税率（2017—2018 课税年度为 15%）计算，或按应课税入息实额以累进税率计算，以两者中的较低数额为准。雇主和雇员双向申报，不实行代扣代缴。课税年度为每年的 4 月 1 日至翌年的 3 月 31 日。

表 4 - 19 反映了 2018—2019 课税年度薪俸税的累进税率情况。

表 4 - 19　　2018—2019 课税年度薪俸税的累进税率情况

应课税入息实额		税率
首（最初）	50 000 港元	2%
次（其次）	50 000 港元	6%
另（再次）	50 000 港元	10%
另（再次）	50 000 港元	14%
余额		17%

资料来源：香港税务局官网。

比如，个人 2018—2019 年度应课税入息实额为 136 750 港元，如果按累进税率计算，本期应课税额为 7 675（=50 000×2%+50 000×6%+36 750×10%）港元。

在香港的薪俸税中，高收入人士负担了大部分税额，中低收入的香港居民缴纳税额很少，甚至不用缴税，这是很正常的现象。此外，薪俸税中还设有多项很高的免税额。假设有一位香港单身人士甲，年度扣缴强积金等扣除项目后的收入为 17.80 万港元，而香港 2018—2019 课税年度薪俸税基本免税额为 13.20 万港元。他需要供养父母两人，父母年龄都在 60 岁以上。若父母不与其同住，则他还可以获得供养父母免税额 5 万港元；而如果他全年与父母同住，则可以获得供养父母免税额 10 万港元。另外，如果是已婚人士，全年免税额为 26.40 万港元，则甲当年收入不需要缴税。表 4 - 20 为香港薪俸税免税额标准。

表 4-20　　香港薪俸税免税额标准

2018—2019 课税年度计算薪俸税时可获得的免税额	金额（港元）
个人基本免税额	132 000
已婚人士免税额	264 000
子女免税额	
第一至第九名子女（每名计算）：	
出生年度	240 000
其他年度	120 000
供养父母/祖父母或外祖父母免税额	
年龄为 60 岁或以上：	
不与纳税人同住	50 000
全年与纳税人同住	100 000
年龄为 55～59 岁：	
不与纳税人同住	25 000
全年与纳税人同住	50 000
供养兄弟/姐妹免税额 （不包括已被其父母申请子女免税额的兄弟/姐妹）	37 500
单亲家长免税额	132 000
伤残受养人免税额 （伤残人士享受其他免税额外，可同时享受该免税额）	75 000
纳税伤残人士免税额	75 000

（2）利得税。利得税是向每一位在香港经营任何行业、专业或业务的人士就其从事这些经济活动而获得于香港产生或得自香港的应评税利润按标准税率征收的税款。纳税人是各行各业的个人和团体，并无居港人士与非居港人士之分，纯粹取决于该人（包括法团、合伙业务或团体）是否在香港经营任何行业、专业或业务，以及是否从中赚取利润。

2017 年 10 月 11 日，香港特区行政长官林郑月娥在香港特区立法会正式发布施政报告，宣布企业利得税引入两级制。第一级即企业首个 200 万港元利润，利得税税率由现行的 16.5%减至 8.25%；个人首个 200 万港元利润，利得税税率由现行的 15%减至 7.5%。而 200 万港元以上的利润以第二级利得税计算，即企业维持在目前的 16.5%，个人维持在目前的 15%。

（3）物业税。香港物业税是对业主物业（土地和楼宇）出租收入所征收的一种税。物业税按照一个课税年度内赚取的租金收入计征，其中可以扣减的项目只包括物业持有人所支付的物业差饷，以及以租金收入 20%计算的标准维修免税额和开支费用。如果物业租金未能收回，则可予以扣减，但其后又收回的租金必须在收回年度征税。

物业税税率为 15%。

（4）其他税种。在香港，个人经济活动可能还涉及印花税、博彩税、汽车首次登记税、酒店房租税等。

我们以香港投资房产涉税为例，分析到港人士的涉税考量。香港地区对房产交易调控的主要手段为征收高额印花税。香港地区涉及房产交易的印花税主要如下。

①从价印花税。

香港印花税税率分为第一标准税率及第二标准税率，第一标准税率又分为第1部税率及第2部税率。《2018年印花税（修订）（第2号）条例》规定，除获特定豁免或另有法律规定外，于2017年4月12日或之后签立买卖或转让住宅物业的文书，即使买方或承让方是代表自己行事的香港永久性居民，且他/她在取得有关住宅物业时，在香港没有拥有任何其他住宅物业，若以一份文书取得多于1个住宅物业，均须按第1标准第1部税率（15%）缴纳从价印花税。

②买家印花税。

除非获豁免，买家印花税适用于2012年10月27日或以后就住宅物业所签立的买卖协议或售卖转易契，买方或承让方为代表自己行事的香港永久性居民（即该人为物业的名义及实益拥有人）则除外。买方或承让方必须负缴纳买家印花税的法律责任。买家印花税按物业交易的代价款额或物业市值（以较高者为准），以15%的税率计算。

③额外印花税。

如符合下列三项条件，而又并非获豁免的交易，便要缴纳额外印花税。

a. 该交易涉及买卖或转让住宅物业；

b. 卖方或转让方于2010年11月20日或之后才取得有关物业；

c. 卖方或转让方取得有关物业后，于24个月或以内（如物业是在2010年11月20日至2012年10月26日期间取得）或者36个月或以内（如物业是在2012年10月27日或之后取得）处置（包括转售或转让）该物业。

根据上述印花税规定，我们可以知道，自2017年4月12日起，非本地居民、所有本地及外地公司在香港购置物业，需要支付15%的买家印花税；非本地居民购置住房，同时要支付15%的从价印花税。买房后3年内把住房出手的，还需要支付一笔10%～20%的额外印花税。例如，一名非港籍人士于2018年在香港购买了一处价值为1 000万港元的住房，半年后转手卖出，他需要缴纳的印花税税款将高达500万港元。

除买家印花税和从价印花税外，内地个人赴香港买楼还需要缴纳一些包括给中介的费用在内的各种手续费。因此，内地个人到香港开公司或者进行资产配置时，要充分考虑以下税收优惠规定。

首先，资本增值免税。

香港《税务条例》规定：任何人在香港经营任何行业、专业或业务，而从该行业、专业或业务获得按照本部被确定的其在有关年度于香港产生或得自香港的应评税利润（售卖资本资产所得的利润除外），均需要就其上述利润按标准税率缴纳其在每个课税年度的利得税。即仅对经营利润征收利得税，对出售资本资产所得的利润不征税。出售的资产是否属于资本资产，关键在于企业持有该资产的原始意图。若原始意图是长期持有，则其增值属于资本资产。由此可知香港公司对外投资或出于非交易目的持有的股权都属于资本资产，因其转让或交易而获得的溢利属于资本增值，均不需要缴税。

其次，股息收入免税。

香港公司从香港地区外公司取得的股息因来源于香港地区外而免税，从香港公司取得的股息因在被投资公司已经负担过利得税，也不需要缴税。

最后，免征预提税。

如果香港公司支付利息及股息给非居港人士，通常是不用缴纳预提税的。政府只对非居港人士向居港人士或公司收取的知识产权在港使用费征收预提税。

2. 美国相关税制简介

个人所得税是美国最大的税种，是美国联邦政府的主要收入来源之一。2017年，美国个人所得税收入达2.69万亿美元，占美国联邦总税收收入3.37万亿美元的比重高达79.82%。①

美国个人所得税规定的纳税人分为美国公民、美国居民与美国非居民。美国公民和美国居民以其来源于世界范围内的所得申报个人所得税，美国非居民仅就在美国居住期间来源于美国境内的所得申报个人所得税。

美国公民是指出生在美国的个人及后来加入美国国籍的个人。

美国居民是指依据移民法拥有法律认可的永久居留权的人以及按实际居住法则确定为居民纳税人的外国人。一个外国人即使未持有“绿卡”，只要于本年度在美国居留达183天，或者本年度在美国居留至少31天且在本年及上溯两年的时间里在美国累计居留达183天，也将被认定为居民纳税人。3年时间里在美国累计停留天数的计算方法为：

$$\begin{aligned}\begin{matrix}\text{3年时间里在美国}\\\text{累计停留天数}\end{matrix} &= \text{当年居留天数}\times 1+\text{上年居留天数}\\ &\quad \times 1/3+\text{上上年居留天数}\times 1/6\end{aligned}$$

美国非居民是指一段时间内在美国居住但按实际居住法则不能被认定为居民纳税人的外国人。

根据美国所得税法相关规定，自2018年1月起，美国个人所得税税率执行10%～37%的七级累进税率，如表4-21所示。

表4-21　　美国个人所得税税率表

序号	税率	应税收入（美元）	
		单身	已婚
1	10%	0～9 525	0～19 050
2	12%	9 526～38 700	19 051～77 400
3	22%	38 701～82 500	77 401～165 000
4	24%	82 501～157 500	165 001～ 315 000
5	32%	157 501～200 000	315 001～400 000
6	35%	200 001～500 000	400 001～600 000
7	37%	超过500 000	超过600 000

资料来源：美国国家税务局官网。

① 数据来源于美国财政部网站。

美国在计算个人所得税实际应纳税额时，设置了五类减项：一是不征税收入；二是与取得收入直接相关的成本费用，将毛收入减去成本费用的余额作为调整后的毛所得；三是免征额，纳税人本人、符合条件的配偶和被赡养者都可享受一份免征额；四是标准扣除或分项扣除，扣减额基本涵盖了与纳税人生活成本有关的相关费用，与纳税人取得收入大小没有直接关系；五是税收抵免。应纳税额具体计算公式如下：

应纳税额＝(收入－不征税收入－免征额－标准扣除或分项扣除)×税率－税收抵免

（1）不征税收入。

要实现对"纯所得"征收，要先从全部收入当中，把不征税收入排除，得出应税收入。《美国税法典》列举的不征税收入包括：根据人寿保险合同，因死亡、患有不治之症或慢性病而获得的收入；获得的赠与和遗产；州及地方政府债券利息；纳税人因遭受人身伤害或者疾病（指肉体上的伤害或者疾病）而获得的赔偿金；某些符合条件的奖学金和雇主支付的学费；小额福利；由雇主负担的 5 万美元以下的团体人寿保险等。

（2）扣除项目。

美国个人所得税的税前扣除分为标准扣除和分项扣除两种，纳税人可以择其一适用。一般来说，分项扣除适用于高收入纳税人，而中低收入者选择标准扣除比较有利。

①标准扣除。

在美国，标准扣除限额每年都根据通货膨胀程度调整。美国公民和美国居民也可适用标准扣除，美国非居民外籍个人不适用标准扣除。标准扣除包括基本扣除和额外标准扣除额。额外标准扣除额包括丧偶个人额外标准扣除额、65 岁及以上额外标准扣除额、失明标准扣除额等。2017 年，还增加了因为飓风"哈维"、"伊尔玛"或"玛丽亚"而受到损失的人的扣除额度。2018 年，美国取消了个人的4 050美元免征额。

以下人士不适用标准扣除。

a. 已婚人士选择分别申请税收扣除，并且一方选择分项扣除的人士；

b. 因年度会计期间发生变化而报税表报税期间少于 12 个月的人士；

c. 申请者是美国非居民或双重身份的外国人。

美国个人所得基本扣除额如表 4－22 所示。

表 4－22　　美国个人所得基本扣除额

填报人身份	2017 年基本扣除额	2018 年基本扣除额
已婚合并申报	12 700 美元	24 000 美元
户主	9 350 美元	18 000 美元
未婚个人	6 350 美元	12 000 美元
已婚单独申报	6 350 美元	12 000 美元

续前表

填报人身份	2017 年基本扣除额	2018 年基本扣除额
受抚养人抵免额	以下二者之中的较大者： ①1 050 美元； ②受抚养人年劳动所得加 350 美元之和，且不超过 6 350 美元。	以下二者之中的较大者： ①1 050 美元； ②受抚养人年劳动所得加 350 美元之和，且不超过 6 350 美元。

资料来源：美国国家税务局官网。

②分项扣除。

主要项目包括抚养支出、资本亏损、迁移支出、经营亏损、符合扣除条件的个人退休账户等。这些项目不得与标准扣除同时申报，也就是说，纳税人如果选择上述项目按实际支出扣除，就不再申报标准扣除。另外一些项目如医疗支出、住房贷款利息、州或地方税收、雇工经营支出和慈善捐献等，则可以与标准扣除同时申报。美国税法中还有一种特别扣除，主要有教师和其他教育工作者的补课费、学生教育贷款利息支出、支付给合法教育机构的学费等，但以上几项数额较小，且不具普遍性。

2017 年 12 月 22 日通过的《减税和就业法案》调整了部分专项扣除项目和免税额规定，主要内容如下。

a. 取消对高收入者分项扣除总额的限制。

原调整后总收入达到一定金额时，分项扣除总额受限的规定，税改后停止执行。

b. 修订医疗及牙科费用税前扣除比例。

2018 年，未报销的医疗及牙科费用，超过调整后总收入 7.5%的部分可以在税前扣除；2017 年及以前，这一比例为 10%；2019 年，该比例恢复至 10%。

c. 限制州和地方税扣除种类与金额。

州和地方税由原来可全部扣除，改为仅允许扣除州和地方征收的所得税、销售税和财产税，夫妻共同申报扣除上限为 1 万美元，已婚人士单独申报扣除限额为 5 000 美元。但是，已缴纳的国外不动产相关税费不得扣除。

此外，与贸易和经营相关的财产税允许全额扣除。

d. 修订住房抵押贷款利息扣除规定。

纳税人使用住宅类房产抵押贷款，购买、建造或者大修主要住所或第二居所，所产生的利息支出可以扣除。

住房抵押贷款必须以纳税人符合条件的房产抵押，且不能超过房产成本。

相应地，贷款本金限额也有所调整。贷款发放日或推定发放日在 2017 年 12 月 15 日之前，可以扣除的利息所对应的住房贷款限额为 1 000 000 美元（夫妻单独申报的为 500 000 美元）；在该日期之后，可以扣除的贷款利息所对应的住房贷款限额为 750 000 美元（夫妻单独申报的为 375 000 美元）。计算住房贷款限额时，应将购买、建造或者大修主要住房及第二居所的贷款额合并计算。

e. 调整慈善捐赠扣除比例。

当年可扣除的现金捐赠额由调整后总收入的 50%提高为 60%。

用于取得学校体育赛事席位权的捐赠，不得扣除。

f. 意外及盗窃净损失扣除。

只有美国联邦认定的灾难所造成的意外和盗窃净损失才可以在税前扣除。税前可扣除的净损失还必须满足以下条件：每次净损失的发生额超过 100 美元；合计净损失的金额超过调整后总收入的 10%。

意外及盗窃净损失，纳税人可以选择在损失发生的次年申报扣除。

g. 取消部分杂项扣除。

与工作有关的费用（如工装费、工会费、商务餐饮费等）支出，以及其他多项杂项（如税务代理费、投资管理费等）支出，不得在税前扣除。税改前，该部分的扣除限额为调整后总收入的 2%。

h. 取消搬家费扣除。

取消搬家费扣除，员工取得的搬家费补偿，应计入应税收入。但是，军人因执行基地搬迁命令而发生的搬迁费用可以扣除。

i. 取消离婚赡养费扣除。

2018 年 12 月 31 日以后签署或修改的离婚协议及分居协议，离婚的赡养费不得扣除。同时，收到离婚赡养费的一方，不计入个人收入，不需要做纳税申报。

j. 提高替代最低税的免征额。

替代最低税是独立计算的最低应纳税额，通过对税前减免额的限制，以确保高收入者缴纳他们应承担的最低税款。

计算替代最低税时，免征收入额自 2018 年起提高到 70 300 美元（夫妻联合申报/符合条件的丧偶者为 109 400 美元，已婚人士单独申报的为 54 700 美元）。适用该计税方法的收入门槛，提高到 50 万美元（夫妻联合申报的为 100 万美元）。

此次个人所得税变动的有效期仅至 2025 年年底。

（3）税收抵免。

美国个人所得税法还规定了很多税收抵免项目，纳税人可以充分加以利用。美国个人所得税抵免项目如表 4－23 所示。

表 4－23　美国个人所得税抵免项目

美国个人所得税抵免项目	抵免的政策目标
勤劳所得税收抵免	鼓励勤勉劳动
儿童抚养附加抵免	社会救济的一种方式
工薪税额超缴抵免	减轻劳工税负
儿童税收抵免	尽量让儿童因自己的收入而受惠
依赖他人者抵免	减轻被依赖者税负，鼓励尊老爱幼
老人与残疾人的税收抵免	惠及老人与残疾人
退休计划捐助抵免	鼓励支助退休计划
收养费用抵免	鼓励收养
霍普和终生教育支助抵免	鼓励教育
外国税收抵免	避免重复征税

注：①自 2018 年起，取消个人、配偶与家庭成员 4 050 美元/人的免税额。

②对于符合条件的儿童，免税额提高到 2 000 美元。符合条件的儿童，还可以享受 1 400 美元的儿童附加退税。

③享受儿童免税额和获得儿童附加退税的纳税人，单独申报纳税额的，年收入额应在 20 万美元以下，夫妻联合申报纳税的，年收入额则应在 40 万美元以下。

④年收入额不超过 20 万美元的单独申报的纳税人，或者年收入额不超过 40 万美元的夫妻联合申报的纳税人，抚养子女以外的抚养人可享受 500 美元/人的免税额。但是，受抚养人必须是美国公民、美国居民或美国非居民。

除个人所得税外，对美国绿卡持有人来说，还应考虑以下税务问题。

（1）与房产相关的税。

美国绿卡持有人如果在美国境内拥有房产，每年需要按照规定缴纳房产税。房产税税率各州不尽相同，大多数州处于1%～2%。康涅狄格州为5%，该税率是美国各州中最高的房产税税率。

此外，在美国出售房产需要缴纳资本利得税，持有房产满两年再出售可以享受税收优惠。

（2）可能面临重复征税。

为了避免双重征税的现象出现，中美之间签有税收协定。根据税收协定，持有美国绿卡的中国公民在中国已按照中国税率缴纳完税款，只需要向美国提供相关缴税证明，即可免除相应数额的纳税义务。但由于中美两国间的税制不一样，美国绿卡持有人可能面临同一项所得在美国和中国要纳性质近似的税收的情况。

（3）遗产税。

在美国，遗产税分为联邦遗产税和州遗产税。其中，联邦遗产税的征收对象是被继承人，即在被继承人过世后，被继承人的遗产要付税，继承人在得到继承遗产时则不需要再缴税。因此，做好遗产税的规划至关重要。2017 年 12 月 22 日，美国政府公布的《减税和就业法案》中，遗产税适用税率依然维持 18%～40%的 12 档税率，2018—2025 年，美国公民和美国绿卡持有人遗产税免税额翻倍。以 2018 年为例，遗产税个人免税额为 560 万美元，翻倍后，个人免税额为 1 120万美元。

（4）放弃美国绿卡要缴纳弃籍税。

美国政府有权对放弃美国国籍的公民及终止美国纳税居民身份的长期居民征税。对 2008 年 6 月 17 日及以后弃籍的纳税人，计算弃籍税税基时遵循“按市价课税”的原则，纳税人的资产被视为在其放弃美国国籍前一天按当天市价出售，每项资产的市场价值扣除取得成本和规定的免税额后计入税务年度总所得，按照 7 级累计税率缴纳个人所得税。

（5）资本利得税。

在美国，个人获得资本利得要缴税资本利得税。一年以上资本利得税税率通常为 5%、15%、20%，对某些投资所得如信托投资所得加征 3.8%的净投资所得税。短期资本利得并入个人综合所得中，2018—2025 年，短期资本利得适用 10%～37%的 7 级累进税率。

除上述税务问题外，根据《海外账户纳税法案》，美国绿卡持有人在海外金融账户资产超过 5 万美元的，必须向美国政府申报。申报项目包括现金、共同基金、股票等流动资产，不含房产。过时申报的，海外金融资产在 7 万美元以下会面临 5%～12.5%的罚款，高于 7 万美元的金融资产罚款提高到 25%，有可能被没收一半财产。

（二）移民前的涉税规划

移民有两种：一种是成为永久性居民，除选举权和被选举权外，其他待遇与当地公民相同。另一种是加入国籍（即成为公民），可以获得和当地公民同样的待遇。

在移民前，可以依照移民目的选择移民国家或地区。

（1）仅身份移民境外。

如果只是身份移民，资产和事业没转移，移民后大部分时间还在中国境内经营事业，那么从全球税务优化的角度，应考虑采取居民税收管辖权的加拿大与澳大利亚，或采取来源地税收管辖权的新加坡。

取得身份后只要不在加拿大居住，企业家可住在中国境内并经营事业，不用担心加拿大的税务问题。若选择新加坡，则税负更低。

（2）身份和资产同时移民境外。

如果人和资产同时移民境外，则可以选择移民美国。美国税法采取属人主义原则，美国居民需要就全球所得纳税，大部分企业家得到美国绿卡后继续在中国境内经营企业，这部分所得在美国也要课税。根据中美税收协定，在中国境内缴纳的税可以抵扣，但手续相当麻烦，因此多数移民人士选择不申报在中国境内的所得。由于美国是最重视税务稽查的国家，不申报存在较大的税务处罚风险。

（3）移民前考虑财产处分问题。

如果能够移民成功，则纳税人在移民前必须考虑财产处分问题。比如，我国《个人所得税法》明确规定，纳税人因移居中国境外而注销中国户籍的，应当在注销中国户籍前办理税款清算。而美国相关税法规定，在成为永久居民之前，所有的海外非增值资产都不需要向美国交税，只有登陆后已经实现的增值收入，才需要向美国政府申报并依法纳税。因此，纳税人在移民前必须考虑清楚，房产等增值资产要不要先行出售，取得现金。如果先行出售，虽然可以提高资产的购置成本，从而避免将来在移民国缴纳高额所得税，但需要在中国缴纳按“财产转让所得”计征的个人所得税。如果不先行出售，尽管我国目前没有明确是否要征税及如何征税，但移民美国后，不论将来出售还是成为遗产，都会涉及税收问题。

（4）收入低、财产少的配偶做主申请人。

夫妻申请移民时，以收入低、财产少的配偶当主申请人。如在美国，仅有一人申请到美国绿卡，则配偶在美国以外的资产不需要向美国申报纳税。

（三）移居当地后的税务规划

1. 初到移民地税务问题的处理

海外税制都非常复杂，有些税种属于中国没有开征但移民国已开征的税种。比如物业税、资本利得税、赠与税和遗产税在美国以及欧洲地区很多国家都要征收。建议移民人士先找当地会计师或税务顾问咨询相关税务问题，比如如何提高扣除额、保留哪些单据，必要的时候请这些专业人士协助申报纳税。

2. 学习利用移民地的节税工具

虽然中国的信托公司一般只做商业信托而不做家庭信托，但个人或家庭信托是英美法系国家一个常用的节税工具。个人财产一旦交付信托，受托财产便与原来的个人财产在法律上分离开来，成为一个单独的纳税实体。委托人对信托财产及所得不再有纳税义务，由信托受益人就受益所得缴纳所得税。在累进所得税制下，可达到分散所得、降低缴税总额的效果。移民人士移民英美法系国家一段时间后，建议移民人士积极学习移民国的各种节税工具，并学以致用。如通过在美国成立信托来做税务规划。

3. 通过信托或慈善基金来规避遗产税

美国、英国、法国、德国、日本、韩国等国均征收赠与税与遗产税。为规避高额的赠与税或遗产税，境外的财富人士通常采用的方法有：一是将财产交由信托公司持有或者装入个人慈善基金以变成永续存在的法人；二是先将财产装入公司，再通过多层避税港公司持有该公司，最后在境外转让避税港公司股权。第二种方法在架构设计上比较复杂，并且需要多地区专业人士如法律人士的协助，在操作上有难度。因此，建议移民境外的人士采用第一种方法进行提前安排，以规避高额的遗产税。

4. 利用资本利得税优惠降低税负

虽然多数发达国家征收资本利得税，但对长期持有的资本利得，通常有低税甚至免税优惠。对于资本损失，还可以从资本利得中扣除，不过，需要保存相关资产投资亏损的凭证。因此，对于资产配置地区比较复杂的移民人士，可以在不同税收居民身份的家庭成员之间分散持有资产或者尽量长期持有资产，以充分利用资产所在国不同的税收优惠政策，从而达到降低资本利得税的目的。

（四）移民后需经常往返中国境内的移民人士应注意的税务问题

1. 利用税收协定住所标准避免所得国际重复征税

一些移民人士出于事业发展的需要，还会经常往返中国境内。而我国《个人所得税法》明确规定，在中国境内无住所的个人，在一个纳税年度内在中国境内居住时间累计超过 183 天的为居民个人。因此，这些移民人士很有可能被同时认定为移民地和中国境内双重税务居民。

为避免移民地和中国境内的重复征税问题，建议移民人士关注移民地与中国境内签订的双边税收协定。对自然人而言，中国境内与中国境外签署的税收协定对居民身份的判断标准分为永久性住所标准、重要利益中心标准、习惯性居所标准和国籍标准。其中，永久性住所一般是指配偶、家庭以及财产的所在地。上述四个标准的使用是有先后顺序的，只有当使用前一标准无法解决时，才使用后一标准。因此，移民后还需要经常往返中国境内的个人，最好是配偶与子女多半时间留在移民地，仅自己一人在中国境内工作。

2. 利用税收协定享受低税优惠

如果家庭整体移民的移民人士仍有来源于中国境内的所得，且移民地实施全球所得征税，则可以利用中国境内与中国境外签订的双边税收协定。这些协定一般都对股息、利息与特许权使用费所得等规定了低税优惠政策。

如果移民人士有国际企业在多地经营，则可能要在避税港设立中间公司来实现节税目的。例如，利用香港做中转地。《内地和香港特别行政区关于对所得避免双重征税和防止偷漏税的安排》规定：以香港公司作为投资方，在中国内地设立企业，香港公司取得的股息所得，在香港公司直接拥有支付股息公司至少 25%股份的情况下，在中国内地缴纳的股息所得税为股息总额的5%。而与中国内地未签订税收协定的中国境外的企业，在中国境内取得的股息应按10%在中国内地缴纳股息所得税。不过，随着全球税收透明化及各国反避税港避税法规的日益完善，在避税港设立中间公司在操作上越来越复杂，避税失败的风险也越来越高。

四、非居民金融账户尽职调查及其应对

（一）我国《非居民金融账户涉税信息尽职调查管理办法》出台背景

CRS是“Common Reporting Standard”的简称，中文意为“共同申报准则”。在美国《海外账户纳税法案》和欧盟储蓄指令等信息共享法规的基础之上，2014年7月，经济合作与发展组织发布了金融账户涉税信息自动交换标准（AEOI标准）。共同申报准则是金融账户涉税信息自动交换标准的一部分，是一套金融机构尽职调查和申报的标准，要求签署国之间系统地、定期地进行信息自动交换，以使纳税人居住国与纳税人账户所在国自动分享纳税人在海外金融机构中的账户信息。共同申报准则旨在通过加强全球税收合作，提高税收透明度，打击利用跨境金融账户逃避税行为。虽然共同申报准则并不具有法律效力，但经济合作与发展组织提倡成员国按照该范本的要求缔结国家间的金融账户信息交换协议。截至2019年1月，加入共同申报准则的国家及地区已增至104个。

2014年9月，我国在20国集团（G20）层面承诺将实施金融账户涉税信息自动交换标准。2015年12月，中国正式签署了《金融账户涉税信息自动交换多边主管当局间协议》。2017年5月9日，我国出台了《非居民金融账户涉税信息尽职调查管理办法》，启动非居民金融账户涉税信息尽职调查程序，以识别非居民账户及双重甚至多重税务居民身份账户。

（二）我国非居民金融账户涉税信息尽职调查主要内容

1. 涉及的金融机构

开展金融账户信息收集的金融机构如下。

（1）存款机构，指各种接受存款的银行或类似机构。

（2）托管机构，指替他人持有金融资产，并且金融资产和服务的相关收入超过总收入的20%的机构。

（3）投资实体，指在过去三年主要的经济活动（相关收入超过总收入的50%）是为客户或代表客户办理特定的一种或者几种业务的机构。这些业务主要包括：①交易货币市场工具（支票、汇票、存单、衍生品等），外汇，汇率、利率、指数工具，可转让证券，商品期货。②个人和集体投资组合管理。③代表他人对金融资产进行投资管理。

如果某机构受共同申报准则中规定的其他金融机构管理，并且收入主要来源于金融资产的投资、再投资、交易，则该机构也会被认定为投资实体。

（4）特定保险机构，指从事有现金解约价值的保险业务和年金业务的保险公司或控股公司。

(5) 消极非金融机构适用刺穿原则。

这一类非金融机构的主要收入来源，不是来自积极进取的生产经营利润，而是主要来自股息、利息、租金、特许权使用费收入等非积极经营活动收入。来自还没有实施共同申报准则的国家和地区的非金融机构，也被认定为消极非金融机构。

金融资产管理公司、财务公司、金融租赁公司、汽车金融公司、消费金融公司、货币经纪公司、证券登记结算机构以及其他不符合条件的机构，不属于需要开展尽职调查的金融机构。

2. 涉及的金融账户范围

金融机构开展信息收集的金融账户包括存款账户、托管账户、现金值保险合约、年金合约、持有金融机构的股权和债权权益等。涉税信息包括金融账户的名称、纳税人识别号、地址、账号、余额、利息、股息以及出售金融资产的收入等信息，不包括实物商品或者不动产非债直接权益。

3. 我国尽职调查时间表

(1) 2017 年 1 月 1 日，完成对新客户开户流程的改造，对于 2017 年 1 月 1 日以后的新开户客户，可以通过尽职调查程序识别出其中的非居民账户。

(2) 2017 年 12 月 31 日前，中国境内的金融机构完成对存量个人高净值账户（截至 2016 年 12 月 31 日金融账户加总余额超过 600 万元）的尽职调查。

(3) 2018 年 9 月，中国进行首次对外交换非居民金融账户涉税信息。

(4) 2018 年 12 月 31 日前，中国境内的金融机构完成对存量个人低净值账户和全部存量机构账户的尽职调查。

(三) 我国非居民金融账户涉税信息尽职调查最新进展

2018 年 12 月 31 日前，中国境内的金融机构完成对存量个人低净值账户和全部存量机构账户的尽职调查。也就是说，除了高净值客户外，普通客户的账户也会被纳入审查范围。

2018 年 9 月，我国完成了首次对外信息交换。截至 2019 年 3 月，确定从中国境内交换信息去往的辖区有 66 个，确定交换信息到中国境内的辖区有 93 个。具体信息可参阅经济合作与发展组织官网。

(四) 非居民金融账户涉税信息自动交换的影响

1. 信息自动交换的程序

共同申报准则不仅规定了金融机构识别、收集和报送非居民个人和机构账户信息的相关要求和程序，还规范了各国（地区）税务主管当局之间开展金融账户涉税信息自动交换的操作性文件。

根据共同申报准则规定的开展金融账户涉税信息自动交换程序。首先由一国（地区）金融机构通过尽职调查程序识别另一国（地区）税收居民个人和企业在该金融机构开立的账户，按年向金融机构所在国（地区）主管部门报送账户持有人名称、纳税人识别号、地址、账号、账户余额或价值、利息、股息以及出售金融资产（不包括实物资产）的收入等信息；再由该国（地区）税务主管当局与账户持有人的居民国税务主管当局开展信息交换；最终为各国（地区）进行跨境税源监管提供信息支持。信息自动交换程序如图 4-2 所示。

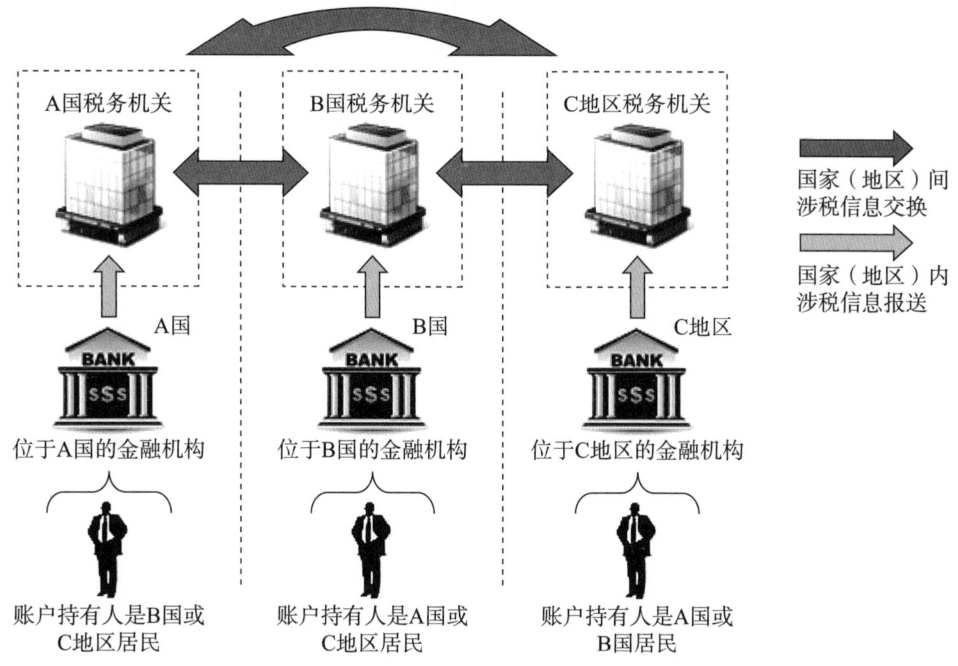

图 4-2 信息自动交换程序

2. 信息自动交换影响的人群

账户持有人为中国税收居民个人的，金融机构不会收集和报送相关账户信息，也不会交换给其他国家（地区）。因此，尽职调查对中国税收居民个人影响不大，但是对以下群体会产生影响。

(1) 账户持有人同时构成中国境内税收居民和其他国家（地区）税收居民的，其中国境内的账户信息将会被交换给相应税收居民国（地区）的税务当局，其中国境外的账户信息将会被交换给国家税务总局。

比如，中国与新加坡签订了信息互换协议。自然人钱某同时为中国和新加坡的税收居民，钱某在中国和新加坡的金融机构均设立了账户，则新加坡金融机构会将金融账户信息汇总给新加坡税务局，中国金融机构会将金融账户信息汇总给我国国家税务总局。新加坡税务局、我国国家税务总局会在约定时间，自动将收到的本土金融账户信息提供给对方。虽然新加坡不对来自境外的所得征税，但中国就税收居民的全球所得征税，若新加坡金融账户中的收入未在中国申报纳税，则钱某面临在中国补税的风险。

(2) 账户持有人为非中国税收居民的，其中国境内的账户信息将会被交换给相应税收居民国（地区）的税务当局，其中国境外的账户信息不会被交换给国家税务总局。

比如，内地与香港签订了信息互换协议。香港税收居民贾某在香港的金融机构设立账户，若贾某是内地的非税收居民，金融机构会将账户信息传递给国家税务总局。国家税务总局按照约定的时间，每年会将贾某的金融账户信息反馈给香港税务局，但是由于贾某是内地的非税收居民，因此，贾某在香港的金融账户信息不会被反馈给国家税务总局。

同理，如果贾某是内地税收居民，且为香港非税收居民，则贾某在内地金融机构的账户信息不会被传给香港税务局，但香港税务局会将贾某的香港金融机构账户信息传给国家税务总局。如果贾某在香港金融机构账户的所得未在内地履行纳税义务，则贾某在内地可能面临补税风险。

(3) 账户持有人为消极非金融机构的控制人，其中国境内的账户信息将会被交换给相应税收居民国（地区）的税务当局，其中国境外的账户信息将会被交换给国家税务总局。

消极非金融机构在开立金融账户时，需要详细填写账户持有人或控制人的税收居民身份声明文件，包括姓名（名称）、现居地址、税收居民国（地区）、居民国（地区）纳税人识别号、出生地、出生日期等信息，并应确保信息真实、准确。

3. 境外信息被交换至境内对我国税收居民的影响

共同申报准则的执行无疑对境外金融资产和账户带来了很大的合规性风险，以前无法被境内税务等主管部门掌握的交易信息，将趋于透明化。如果账户持有人产生海外收入，就需要按照相关国内税法的规定，在规定的期限内缴纳税款。在规定期限内未缴纳税款的，按日加收万分之五的滞纳金。根据《中华人民共和国税收征收管理法》（简称《税收征管法》）、《中华人民共和国税收征收管理法实施细则》（简称《税收征管法实施细则》）和《中华人民共和国刑法》（简称《刑法》）的相关规定，税务机关还可以区分不同情况，对负有中国纳税义务的高净值人群采取行政处罚甚至移送司法机关追究刑事责任的处罚措施。

(1) 补缴税款。

根据《税收征管法》的规定，纳税人未按照规定期限缴纳税款的，扣缴义务人未按照规定期限解缴税款的，税务机关除责令限期缴纳外，从滞纳税款之日起，按日加收滞纳税款万分之五的滞纳金。

因发生纳税人、扣缴义务人计算错误等失误，未缴或者少缴税款的，税务机关在三年内可以追征税款、滞纳金；有特殊情况的，追征期可以延长到五年。

对偷税、抗税、骗税的，税务机关追征其未缴或者少缴的税款、滞纳金或者所骗取的税款，无限期追征。

(2) 行政处罚。

根据《税收征管法》的规定：纳税人未按照规定的期限办理纳税申报和报送纳税资料的，由税务机关责令限期改正，可以处 2 000 元以下的罚款；情节严重的，可以处 2 000 元以上 10 000 元以下的罚款。

纳税人不进行纳税申报，不缴或者少缴应纳税款的，由税务机关追缴其不缴或者少缴的税款、滞纳金，并处不缴或者少缴的税款 50%以上 5 倍以下的罚款。

对存在偷税、逃避追缴税款行为的，由税务机关追缴其不缴或者少缴的税款、滞纳金，并处不缴或者少缴的税款 50%以上 5 倍以下的罚款。

(3) 刑事责任。

根据《刑法》的规定，对犯有逃税罪行为的纳税人，逃避缴纳税款数额较大并且占应纳税额10%以上的，处3年以下有期徒刑或者拘役，并处罚金；数额巨大并且占应纳税额30%以上的，处3年以上7年以下有期徒刑，并处罚金。

经税务机关依法下达追缴通知后，补缴应纳税款，缴纳滞纳金，已受行政处罚的，不予追究刑事责任；但是，5年内因逃避缴纳税款受过刑事处罚或者被税务机关给予二次以上行政处罚的除外。

根据《刑法》的规定：对犯有逃避追缴欠税罪的纳税人，数额在10 000元以上不满100 000元的，处3年以下有期徒刑或者拘役，并处或者单处欠缴税款1倍以上5倍以下罚金；数额在100 000元以上的，处3年以上7年以下有期徒刑，并处欠缴税款1倍以上5倍以下罚金。

第五章

家族财富传承与遗产税

第一节　家族财富传承

贝恩公司和招商银行连续多期联合发布的《中国私人财富报告》表明："保证财富安全"、"财富传承"和"子女教育"一直是高净值人群最关注的财富目标，"创造更多财富"被挤出前三位。调研数据显示，约60%的受访高净值人士认为，家族财富的保障和传承以及家族资产的配置管理是其主要需求。然而，因税收政策、家族企业经营风险、家族成员矛盾等复杂因素的存在，家族财富传承的过程具有高度的挑战性。成功的家族财富传承应该既能维持家族整体的长期利益，又能充分鼓励财富继承人追求个人幸福。失败的家族财富传承则可能会导致辛苦创造的家族财富被不必要地征税，被家族成员挥霍，遭到赔偿诉讼或债权人追索，甚至可能导致家族后代的颓废和家族血脉的衰败。

一、家族财产的分类

本章中的家族财富主要指家族财产。家族财产包括家族成员拥有的一切合法的不动产、动产和其他具有财产价值的权益与义务。不同类型财产在管理方式、估值方法、遗嘱验证、产权登记和税收规则等方面会有所不同，在家族财富传承和遗产筹划过程中，需要综合考虑财产类型不同所造成的各方面差异。按财产类型建立财产分类清单，有利于财产的清点、管理、税收筹划和传承规划。

（一）按财产的表现形式划分

1. 积极财产

（1）自然人享有财产所有权的财产。

①合法收入，如薪金、存款利息、合法经营的收入、红利、接受赠与或继承所得的财产。

②房产、存款和生活用品。

③文物、图书资料。自然人的文物一般指自然人收藏的书画、古玩、艺术品等。但是文物中如果有特别珍贵的文物，应按该国文物保护的有关规定处理。自然人个人所有的图书资料，如果涉及国家机密的，应按国家有关保密的规定处理。

④大宗物件，一般是指自然人个人购置的汽车、游艇、私人飞机等。

⑤金融资产，指以自然人名义持有的公司有价证券、人寿保险单、信托产品、投资基金产品、公司股权等合法财产。

(2) 他物权。

他物权，《民法通则》称之为与财产所有权有关的财产权，《中华人民共和国物权法》（简称《物权法》）直接将其称为用益物权和担保物权。他物权包括用益物权和担保物权。

① 用益物权。

用益物权是指对他人所有物在一定范围内进行占有、使用、收益的他物权。其特征为：标的物（又称标的）主要是不动产，以占有为前提，是他物权、期限物权、限制物权，是以使用、收益为目的的独立物权。

中国的用益物权主要包括国有土地使用权、土地承包经营权、宅基地使用权、典权。

国有土地使用权是依法使用国家所有土地的权利。

土地承包经营权就是公民集体对集体所有或国家所有的由全民所有制或集体所有制单位使用的国有土地的承包经营权。

宅基地使用权指的是农村集体经济组织的成员依法享有的在农民集体所有的土地上建造个人住宅的权利。

典权是不动产物权，是以支付典价而成立的物权，是占有、使用、收益他人不动产的物权。

② 担保物权。

担保物权是指以确保债务的清偿为目的，在债务人或第三人所有或经营管理的特定财物或权利之上设定的物权。担保物权包括抵押权、质权和留置权。

抵押权是债务人或第三人向债权人提供不动产或动产，作为清偿债务的担保而不转移占有所产生的担保物权。当债务人到期不履行债务时，抵押权人有权就抵押财产的价金优先受偿。抵押权人可以申请法院变卖抵押财产以抵偿其债权；如有剩余应退还抵押人，如有不足则仍可向债务人继续追索。但对不能强制执行的财产不能设定抵押权。

质权是指债务人或第三人将动产或一定的财产权利移交给债权人作为担保，当债务人不履行到期债务或发生当事人约定的事由时，债权人可对该动产或财产优先受偿的权利。其中，以动产出质的为动产质权，以财产权利出质的为权利质权。

留置权是指债权人按照合同的约定占有债务人的动产，债务人不按照合同约定的期限履行债务的，债权人有权依照法律规定留置财产，以该财产折价或者以拍卖、变卖该财产的价款优先受偿。

他物权中，属于用益物权的承包经营权和公共财产使用权依法不得转移，因而不能作为遗产；典权及属于担保物权的抵押权和留置权则属于遗产的范围。

（3）债权。

债权是得请求他人为一定行为（作为或不作为）的民法上的权利。一般来说，具有财产性质的债权应作为遗产转移给继承人。因第三方的合同行为、侵权行为、不当得利和无因管理等而使被继承人成为债权人的，且债权的标的为财产而不是一种行为，则这些债权可以由继承人继承。合同是当事人或当事双方之间设立、变更、终止民事关系的协议。合同依法成立并生效后即在当事人之间依据合同的约定产生债权、债务关系，因此合同是债的发生根据。基于合同所产生的债，称为“合同之债”。合同是债权的最主要发生原因，在债法中占有举足轻重的地位。

（4）其他权益。

例如，自然人在知识产权中的财产权等。

知识产权是在科学技术和文学艺术领域里从事智力创造活动所产生的民事权利，包括著作权、专利权、商标权、发明权和其他科技成果权等。

知识产权具有双重性，它既有人身权的内容，又有财产权的内容。知识产权中的人身权不可让渡，不能列入遗产范围。可以作为遗产的知识产权中的财产权如下。

① 著作权中的财产权，是指因著作权的行使而获得的经济利益，如取得报酬、稿酬的权利，可以作为遗产依法继承。一般来说，著作权中的人身权，如署名权、修改权和保护作品完整权只能由继承人来保护，不能作为遗产继承。

②专利权中的财产权。如果专利权人在专利权的有效期内死亡，则其权利由继承人继承。

③ 商标权中的财产权。商标权包括专有使用权、许可使用权和转让权。商标注册人死后，商标专有使用权由继承人继承。

④ 发现权、发明权和其他科技成果权中的财产权。在我国，自然人对自己的科学发现、创造发明和其他科技成果，例如合理化建议和技术改进，有权申请领取荣誉证书、奖金或者其他奖励。在获得的奖励中，荣誉证书、奖章和奖状与自然人的人身不可分离，不得转让与继承，而奖金和其他物质奖励属于财产权利，可以继承。

⑤ 商业秘密权。商业秘密权是指不为公众所知悉，能为权利人带来经济利益，具有实用性并经权利人采取保密措施的技术信息和经营信息，它具有一定的经济价值，具有可转让性，因此也可以继承。例如，在我国民间，有许多家传绝技、祖传秘方可以由继承人继承。

2. 消极财产

包括自然人生前依法应缴纳的税款和债务。

（二）按财产的所有权形式划分

家族财产中既有家族成员的个人特有财产，也可能有家族成员间的共同持有财产。

1. 个人特有财产（又称直接所有权）

在这种持有形式下，客户对该项资产拥有全部的所有权和处置权。无论客户希望何时或以何种形式安排该项财产，都受到法律的保护和认可。

需要注意的是，个人名下的财产并不一定就是个人特有财产，如张三银行卡上的存款，张三名下的房产、车辆、理财产品等。上述财产的归属还需要根据《中华人民共和国婚姻法》（简称《婚姻法》）和《中华人民共和国合同法》（简称《合同法》）等相关法律、法规以及当事人之间的约定等来判断。

2. 共同持有财产（又称联合所有权）

在共同持有形式下，客户拥有的财产又可分为四种：联合共有财产（joint tenancy）、合有财产（tenancy in common）、夫妻共同财产（community property）和完全共有财产（tenancy by entirety）。下面分别介绍这四种类型的财产。

（1）联合共有财产。

又称带幸存者所有权，是二人以上于生存期间共同持有、利益相同的财产。在这种形式下，共同持有财产的双方对被持有财产拥有相同的管理权；当一方去世后，该财产的所有权将无条件地转移给其他联合共有财产所有人。这意味着，如果将该资产作为遗产，则不需要考虑当事人的遗嘱，也不需要办理烦琐的转移手续和支付费用，就可以将其留给受益人。

（2）合有财产。

合有财产的持有人可以是两人或多人，而且各人在该财产上持有的份额不需要相同。合有财产的一方去世后，他在该财产上拥有的权利不会被无条件地转移给另一方，而是根据去世者的遗嘱进行处理。

（3）夫妻共同财产。

夫妻共同财产，是指受《婚姻法》调整的在夫妻关系存续期间夫妻所共同拥有的财产。持有一方去世后，其在该财产上的所有权同样不会被无条件地转移给另一方，也要根据去世者的遗嘱进行处理。与合有财产不同的是，夫妻共同财产的形式仅限于在客户与其配偶之间使用，而且双方各占有该项财产的一半。

（4）完全共有财产。

完全共有财产，仅指存在于夫妻之间的一种联合共有财产。与夫妻共同财产不同，这种仅存在于夫妻之间的财产共有形式，在财产分割前，夫妻二人对该财产享有共同、共有的权利，双方对该财产的权利平等，且该权利不可分割，即任何一方均有权享有该财产的全部权利。而当夫或妻一方去世后，该财产自动归属生存一方所有。对此财产，如一方以遗嘱处分给他人，则该遗嘱无效。完全共有财产关系可因配偶一方死亡、离婚、夫妻协定而终止。

二、家族财富传承的方式

自然人生存时，其所拥有的个人合法财产不能被称为遗产。但是，实际情况是，很多自然人生前通过遗产筹划已经对自己的财产进行安排。概括起来，家族财富传承有如下方式。

（一）生前传承

生前传承主要有以下几种形式。

1. 赠与

赠与是指财产所有人将自己的财产无偿地赠送给他人，经他人接收后发生所有权变更效力的行为。所赠与的财产包括动产、不动产以及其他以契约方式转移的财产或者财产权利。

2. 为受益人创建不可撤销信托

不可撤销信托是信托创建者活着时将信托财产转移给托管人，由托管人依据信托的内容，管理处分信托财产，并且信托创建者对信托条款不保留取消或者修正的权利。

赠与和不可撤销信托有相同的地方，就是财产所有人失去对这部分财产的控制权，即财产所有权发生变更。

3. 为受益人购买人寿保险

自然人生前通过购买人寿保险单，指定保险受益人，同样可以实现遗产转移的目的。

（二）死后传承

1. 遗产继承

遗产继承是指自然人死亡后，其遗留的个人财产被转移给他人所有的法律制度。遗留遗产的死者成为被继承人，依照法律规定或被继承人生前立下的合法有效遗嘱，有权获得遗产的人为继承人。继承人只能是自然人。

遗产继承可分为遗嘱继承和法定继承两大类。

遗嘱继承是指由被继承人生前所立的遗嘱来指定继承人及其继承的遗产种类、数额的继承方式。因而，遗嘱继承又叫“指定继承”。立遗嘱的被继承人叫遗嘱人，接受遗嘱指定继承的人叫遗嘱继承人。

遗嘱继承发生的法律事实构成是：被继承人立有合法有效的遗嘱及被继承人死亡。

法定继承又称无遗嘱继承，是指由法律直接规定继承人的范围、继承顺序、遗产分配的原则的一种继承方式。根据法定继承的方式，哪些人可以作为死者遗产的继承人，各个继承人按照什么样的继承顺序来继承死者的遗产，以及同一顺序中各个继承人根据什么原则分割死者的遗产等，都由各国法律予以明文规定。

法定继承与遗嘱继承不同。法定继承是指继承人的范围、继承顺序和遗产的分配原则等由法律直接规定。遗嘱继承是指遗产由谁继承、继承哪项遗产及继承多少，由被继承人依自己的意志立下的遗嘱来确定。在两种继承方式中：法定继承是从反映继承关系的一般条件来规定的，这种方式适用于被继承人未留有合法遗嘱的情况；遗嘱继承则是为了便于被继承人按自己的意志处分遗产以适应继承关系具体情况来规定的。被继承人立有合法遗嘱时，则不适用法定继承方式，因而遗嘱继承的效力高于法定继承。

2. 遗赠

遗赠是指自然人以遗嘱的方式将个人合法财产的一部分或全部赠送给国家、集体组织或法定继承人以外的人，并于遗嘱人死亡后生效的单方面民事法律行为。遗嘱人在遗赠中称为遗赠人，遗嘱指定接受遗赠财产的人称为受遗赠人，也称为遗赠受领人。

《中华人民共和国继承法》（简称《继承法》）规定：公民可以立遗嘱将个人财产赠给国家、集体组织或者法定继承人以外的人。遗赠以遗嘱的存在为前提，可以是遗嘱内容的一部分，而且受遗赠人取得的是遗赠人遗产的一部分或全部，所以，遗嘱应具有的条件和特征也适用于遗赠。

3. 遗嘱信托

当自然人生前以立遗嘱的方式，把财产交付信托时，就是遗嘱信托。也就是自然人预先以立遗嘱的方式，将财产的规划内容，包括交付信托后遗产的管理、分配、运用及给付等，详订于遗嘱中。等到遗嘱生效时，再将信托财产转移给托管人，由托管人依据信托的内容，管理处分信托财产。在委托人死亡后，信托契约才生效。

（三）中国法定继承的顺序

《继承法》规定，中国法定继承分为两个顺序。

第一顺序的法定继承人包括：配偶、子女、父母。子女，包括婚生子女、非婚生子女、养子女和有抚养关系的继子女。父母，包括生父母、养父母和有抚养关系的继父母。

第二顺序的法定继承人包括：兄弟姐妹、祖父母、外祖父母。兄弟姐妹，包括同父母的兄弟姐妹、同父异母或者同母异父的兄弟姐妹、养兄弟姐妹、有抚养关系的继兄弟姐妹。

在第一顺序的法定继承人存在并有继承权的情况下，第二顺序的法定继承人无权请求继承遗产。只有在没有第一顺序的法定继承人或第一顺序的法定继承人全部放弃继承权或被剥夺继承权的情况下，第二顺序的法定继承人才能继承遗产。

同一顺序继承人继承遗产的份额，一般应当均等。对生活有特殊困难的缺乏劳动能力的继承人，分配遗产时，应当予以照顾。对被继承人尽了主要赡养义务或者与被继承人共同生活的继承人，分配遗产时，可以多分。有赡养能力和有赡养条件的继承人，不尽赡养义务的，分配遗产时，应当不分或者少分。继承人协商同意的，也可以不均等。对继承人以外的依靠被继承人抚养的缺乏劳动能力又没有生活来源的人，或者继承人以外的对被继承人赡养较多的人，可以分给他们适当的遗产。继承人应当本着互谅互让、和睦团结的精神，协商处理继承问题。遗产分割的时间、办法和份额，由继承人协商确定。协商不成的，可以由人民调解委员会调解或者向人民法院提起诉讼。

被继承人的子女先于被继承人死亡的，由被继承人的子女的晚辈直系血亲代位继承。代位继承人一般只能继承他的父亲或者母亲有权继承的遗产份额。

丧偶儿媳对公、婆，丧偶女婿对岳父、岳母，尽了主要赡养义务的，作为第一顺序继承人。

相互有继承关系的几个人在同一事件中死亡，如不能确定死亡先后时间的，推定没有继承人的人先死亡。死亡人各自都有继承人的，如几个死亡人辈分不同，推定长辈先死亡，几个死亡人辈分相同，推定同时死亡，彼此不发生继承，由他们各自的继承人分别继承。

家族财富传承的方式见图 5－1。

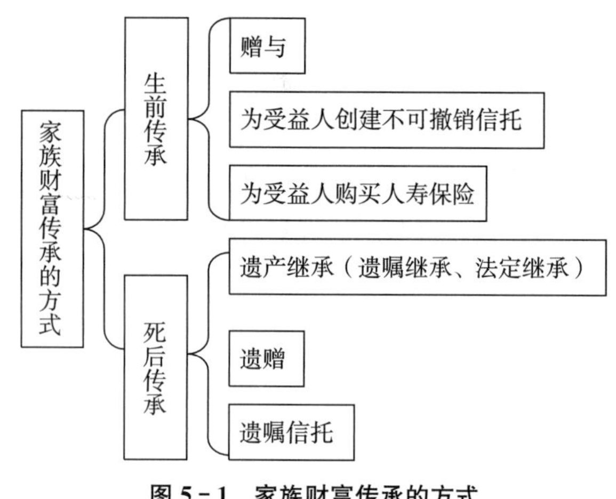

图 5－1　家族财富传承的方式

第二节　遗产与遗产筹划

一、遗产与遗产筹划的概念

1. 遗产的概念

遗产是指自然人死亡时遗留的个人合法财产，它包括不动产、动产和其他具有财产价值的权利。遗产是财产继承权的客体，在确权分割前，在同一财产之上，也有可能是被继承人与其他人共有。

自然人生存时拥有的财产不是遗产，只有在其死亡之后，遗留下来的财产才是遗产。遗产被处理之后，若已经转归继承人所有，则不再具有遗产的性质。

2. 遗产筹划的概念

遗产筹划是指自然人通过选择遗产筹划工具和制订遗产计划，对拥有或控制的各种资产或负债进行安排，从而保证在自己去世后尽可能实现个人为其家庭（也可能是他人）所确定的目标的安排。在税收导向的经济中，税收最小化是遗产筹划的一个重要动机，但是税收最小化并不是遗产筹划的唯一目标，不应该过度强调节税问题。

遗产筹划是理财规划中不可缺少的一部分。在西方发达国家，政府对遗产有严格的管理和税收规定，所以一般个人对遗产筹划服务有着相当的需求，遗产筹划计划是其理财规划中相当重要的一部分。但对于像中国这样的发展中国家，遗产筹划还是一个陌生的领域。这一方面是因为中国还没有开始对遗产征税，另一方面是因为价值观的不同，不少客户忌讳谈及这方面的话题。然而，随着经济的发展和人们遗产意识的提高，市场对遗产筹划的需求将会越来越大。

二、遗产的法律特征与范围

1. 遗产的法律特征

遗产具有如下法律特征。

（1）以自然人死亡为时间标准。

遗产必须以自然人死亡作为划分遗产的时间标准。自然人生前所拥有的个人合法财产只有在其死亡后方可被称为遗产。自然人生存时，其所拥有的个人财产不能被称为遗产；而遗产所有权移转给他人后，就使遗产转化为他人合法拥有的财产，也不能再被称为遗产。

（2）以财产和财产权为标的。

自然人享有的民事权利包括财产权和人身权两方面。各国一般都废除了身份继承，仅实行财产继承，而原属于被继承人的人身权，如姓名权、肖像权，不能作为遗产。只有财产和财产权才可作为遗产继承。

但是，必须指出的是，某些人身非财产权和某些带有人格权色彩的财产权，也可以作为遗产继承。例如，著作权中的发表权、复制权。

（3）具有权利可转移性。

遗产是可以与人身分离而独立转移给他人所有的财产。能够作为遗产转移给他人的并不是被继承人生前拥有的一切财产。一般说来，遗产仅指能够转移给他人的财产，如个人的财产所有权、一般性债权、知识产权中的财产权等。但是，与个人身份密切结合，一旦分离便不复存在的财产权，不能作为遗产。例如，房屋租赁权，领取养老金的权利，委托合同、演出合同等未履行的自然终止的部分所含有的权利，这些权利不能转移，也就不能作为遗产由他人承受。

（4）为生前个人合法所有。

自然人死亡时个人遗留的财产必须是合法财产，才具有遗产的法律地位，如为非法所得，以及法律规定的不得作为遗产进行继承的财产，不能作为遗产，继承人不得继承。遗产还必须是逝者个人所有的财产，如果不属于其个人的财产，不能作为遗产。如家庭共有财产、夫妻共同财产，不能直接作为遗产进行分割，只有将逝者的个人财产份额从中分离出来，才能将该财产份额作为其遗产进行继承。

实例 5－1　遗产的法律特征案例

某年某月某日，被继承人顾某订立遗嘱，遗嘱中写明“将本人自有财产，存于银行的现金 40 万元（肆拾万元）和位于×地块的两处回迁安置房（一处为×号，面积为 76.73 平方米；一处为×号，面积为 50.16 平方米）让女儿张某继承”。3 个月后，被继承人死亡，此时两处回迁房尚未实际取得，但顾某已在1年前签署回迁安置协议。

解析：

顾某生前虽然未取得两处回迁安置房的产权，但依据回迁安置协议，两处回迁安置房属于顾某生前可预期取得的财产，属于顾某的遗产，其女儿张某可以继承。

2. 遗产的范围

遗产包括自然人死亡时遗留的一切合法的不动产、动产和其他具有财产价值的权利。遗产不仅包括权益性的积极财产，也包括义务性的消极财产。

（1）自然人享有财产所有权的财产。

①合法收入，如薪金、存款利息、合法经营的收入、红利、接受赠与或继承所得的财产。

②房产和生活用品。

③金融资产、公司股权。

④自然人所有的生产资料，如机器设备、产品、原材料等。

⑤其他合法财产，如现金、有价证券，土地（林地、海洋）使用权，交通运输工具（汽车、游艇、私人飞机等），个人承包应得的个人收益、虚拟财产等。

（2）自然人在知识产权中的财产权。

具体可参考本章第一节的相关内容。

（3）自然人享有的他物权及债权。

中国的用益物权主要包括国有土地使用权、土地承包经营权、宅基地使用权、典权。担保物权包括抵押权、质权和留置权。他物权中，属于用益物权的承包经营权和公共财产使用权依法不得转移，因而不能作为遗产；典权及属于担保物权的抵押权和留置权则属于遗产的范围。

一般来说，具有财产性质的债权应作为遗产转移给其继承人。因第三方的合同行为、侵权行为、不当得利和无因管理等而使被继承人成为债权人的，且债权的标的为财产而不是一种行为，则这些债权可以由继承人继承。

具体可参考本章第一节的相关内容。

（4）自然人依法应缴纳的税款和债务。

《继承法》规定，继承遗产应当清偿被继承人依法应缴纳的税款和债务，缴纳税款和清偿债务以其遗产实际价值为限。超过遗产实际价值的部分，继承人自愿偿还的不在此限。继承人放弃继承权的，对被继承人依法缴纳的税款和债务可不负偿还责任。即便是在遗赠中，执行遗赠也不得妨碍清偿遗赠人依法应当缴纳的税款和债务。

继承人在承担纳税义务和偿还债务时仅以所继承的遗产实际价值为限，超过遗产实际价值的部分，继承人不再承担。

实例5-2　遗产范围案例

陈某向永康市农村信用合作联社贷款300万元，并请同村人李某做保证。几个月后，李某因病去世。陈某出逃。等合同到期时，信用社才发现陈某竟然不知所踪，而保证人李某也已经去世。不久，信用社决定向保证人李某的继承人催款，但继承人并不承认这笔债务。无奈之下，信用社将陈某以及李某的继承人一起告上法庭，要求陈某归还300万元本金和利息，李某的继承人在遗产范围内承担连带责任。

解析：

法院审理后认为，陈某作为借款人，应当承担还款责任；李某作为保证人，在陈某不能还款时，应负连带清偿责任。现李某死亡，保证债务转为其个人债务，其继承人理应在继承遗产的范围内进行清偿，除非继承人表示放弃继承。李某的继承人并不想放弃继承，因此，其继承人应在继承范围内对陈某的债务承担连带清偿责任。

三、遗产筹划的内容

适当的遗产筹划要求根据财产所有人想要达到的目标来考虑各种要素。遗产筹划一般要经历如下 6 个步骤：个人情况记录的准备、计算和评估遗产价值、决定遗产筹划的目标、制订遗产计划、有效遗嘱的准备、定期检查和修改。各步骤主要包括如下内容。

1. 个人情况记录的准备

金融理财师在进行遗产管理时，除了需要客户填写有关的个人资料外，还应该要求客户准备个人情况记录文件。这是因为，在客户去世时，如果这些文件齐全，将有利于其亲友办理有关的手续。个人记录应包括如下信息。

（1）财产清单与相关信息证明文件。

例如，现金与储蓄及银行卡、存单、支付宝、余额宝等账号，房屋与不动产权证书/房屋所有权证，国有/集体土地使用证、购房/租赁合同，车辆及机动车登记证书、机动车行驶证，企业出资权益及企业和公司股权证书、认股证书，知识产权及专利证书、使用/出版合同，文物、艺术品、奢侈品及其鉴定证书，虚拟货币（比特币、火币、Q 币），网络游戏等信息及产品等。

（2）人员信息与证明文件。

例如，遗产筹划中所涉及的客户、客户法定继承人、受遗赠人或相关债权人、债务人，遗产管理人和遗嘱执行人，顾问名单，孩子监护人的名单等自然人或法人的信息与身份证明文件。自然人的信息包括姓名、性别、年龄、身份证号、住址、联系方式（电话）；在国外的或已非中国国籍者，须提供护照号以及护照复印件、国外的社保号；如是法人或其他组织，则应提供名称、统一社会信用代码或组织代码、住所地、电话，法定代表人姓名、联系电话等。

（3）筹划文件及其存放地点、获取方式。

例如，遗嘱、信托文件、保险单、养老金计划等，甚至可以包括预先计划好的葬礼安排信息。

2. 计算和评估遗产价值

在准备好个人情况记录之后，要计算和评估客户的遗产价值。它的作用有以下几点。

（1）通过计算客户的遗产价值，可以帮助其对资产的种类和价值有一个总体的了解。

（2）使客户了解与遗产有关的税收支出。由于不熟悉遗产税的有关规定，客

户最终的税收支出常常远高于其预期，且数额较大，从而影响到遗产计划的实施。所以，在制订遗产计划之前，有必要对纳税额进行计算。

(3) 遗产的种类和价值是金融理财师在选择遗产工具和策略时需要考虑的重要因素之一。

客户的遗产种类和价值可以在金融理财师收集客户财务数据时获得，然后通过表 5－1 进行归纳和计算。

表 5－1　　遗产筹划中遗产种类和价值的计算

资产		负债	
种类	金额	种类	金额
现金等价物		**贷款**	
银行存款		消费贷款	
储蓄账户		一般个人贷款	
货币市场账户		投资贷款（房地产贷款等）	
人寿保单赔偿金额		房屋抵押贷款	
其他现金账户		人寿保单贷款	
小计		小计	
投资		**费用**	
股票		预期收入纳税额支出	
债券		遗产处置费用	
共同基金		临终医疗费用	
合伙人投资收益		葬礼费用	
其他投资收益		其他负债	
小计		小计	
退休基金		**其他负债**	
养老金（一次性收入现值）		负债总计	
配偶/遗孤年金收益（现值）			
其他退休基金			
小计			
个人资产			
主要房产			
其他房产			
收藏品			
汽车			
家具			
珠宝和贵重衣物			
其他个人资产		资产总计（＋）	
小计		负债总计（－）	
其他资产			
资产总计		净遗产总计	

表 5-1 类似于一般的资产负债表，但在其基础上增加了一些和遗产筹划相关的项目，如人寿保单赔偿金额、临终医疗费用、遗产处置费用和葬礼费用等。

金融理财师可以从表中的各资产项目了解到客户的遗产种类，然后将资产总计减去负债总计，就可以得到客户净遗产总计。最后，根据有关规定，计算出遗产的纳税金额。金融理财师和客户对有关的资产和负债有了清晰的认识后，才能够决定客户的遗产筹划目标。

在填写表 5-1 时，要注意以下两点。

第一，资产价值计算的是其目前的市场价值，而不是其购买时的支付价格。这一点对于房地产资产的价值计算特别重要。房地产的价格每年都有较大幅度的变化，其市价和历史购价通常相差甚远。此外，对于股票、债券等投资也需要准确估计其价值和相关收益。

第二，不要遗漏某些容易被忽略的资产和负债项目。很多客户对自身的财务状况并不是十分了解，填写有关内容时容易遗漏一些重要的项目，从而高估或低估自身遗产价值。比如，个人无形资产（如著作权等）和临终医疗费用等，都是容易被忽略的项目，但这些项目常常对客户的遗产计划有着重要的影响。

3. 决定遗产筹划的目标

在计算和估计了客户的遗产价值后，金融理财师对客户现时的遗产状况就有了大致的了解。下一步金融理财师要帮助客户确定其遗产筹划目标，这可以通过请客户填写调查表的形式来完成。

下面是具体的遗产筹划目标，对于大多数人来说，其中部分或者全部目标都是适用的。

(1) 确定客户通过遗产筹划所要达成的心愿。特别是在指定受益人接受遗产时，是否附有其他义务。如义务能够履行，而指定受益人无正当理由不履行时，心愿将如何处理。

(2) 确定谁将是所有者遗产的继承人（或者受益人），以及每位继承人或受益人获得的遗产份额和具体的遗产。

(3) 选择与确定财产移转的方式，如选择生前移转还是死后移转，是赠与、购买人寿保险，还是设置家族信托、慈善捐赠等。

(4) 降低遗产移转成本。在与遗产所有者的其他目标保持一致的情况下，将遗产转移的成本降低到最低水平。

(5) 提供足够的流动性资产以备偿还遗产中的债务及处置过程中产生的新债务。

(6) 保持遗产筹划计划的可变性。我们需要格外注意的是，不同客户在不同时期的遗产筹划目标有所不同。客户在不同时期的资产情况、婚姻状况、子女成长以及生活期望与安排均会发生变化。显然，金融理财师需要根据不同时期的情况帮助客户调整遗产筹划目标，并且调整遗产计划中的内容，修改该客户的遗产计划。金融理财师在为客户制订遗产计划时应该留有一定的变化余地，并且要和客户一起定期或不定期地审阅和修改遗产计划。

(7) 确定遗嘱执行人或遗产管理人，包括确定由谁来清算遗产。

实例 5-3　遗产筹划目标案例

2010 年 7 月 6 日，香港著名纺织商人罗某离世 14 年后，其遗嘱内容由香港高等法院（简称香港高院）曝光。罗氏第二代后人就父亲遗下的巨额遗产争讼，披露罗某生前决定将身家平分为三部分：一份行善，一份给罗氏后人发展，而余下一份则特别留给一个已经失踪的儿子。大律师指遗产目前账面值约为 10 亿元，即平均每份约 3 亿元。原诉人罗某的次子指出，父亲留给罗氏后人的 1/3 遗产，他是唯一的受益人，就此与其兄妹及子侄争讼。1996 年 4 月，罗某在病榻上要求下属代撰后签署意愿书，并由当时仍在世的妻子及六子见证。罗某于意愿书中委任其次子为执行人，罗某把所有遗产分配决策权尽交其次子，禁止其余后人异议。立下意愿书后 4 个月，罗某以 86 岁高龄撒手人寰。

香港高院裁定被委任为执行人的罗某的次子必须按照先父遗愿，将 10 亿元遗产的 1/3 分配给有困境或突出表现的后人，这部分遗产他无权独自继承，亦非其父亲所馈赠。

4. 制订遗产计划

金融理财师由于可以全面了解客户的目标期望、价值取向、投资偏好、财务状况和其他有关事宜，所以是为其进行遗产筹划和制订计划的最好人选。

（1）不同客户类型的遗产计划。

制订遗产计划是进行遗产筹划的关键步骤。由于客户的具体情况不同，每个客户的遗产计划中工具和策略的选择也有着很大的差别。这里仅针对几种不同客户类型的基本遗产计划进行简单介绍。

①无子女需要抚养。

这类客户的财产通常是与其配偶共同拥有的，遗产计划一般是将客户的遗产留给其配偶。如果其配偶将来也去世了，遗产则留给客户的子女或其他受益人。采用这一计划时要考虑两个因素：一是客户的财产数额大小，二是客户是否愿意将遗产交给其配偶。因为在一些国家，对于数额较大的遗产征税很重，所以如果客户很富有，则可以考虑采用不可撤销信托或捐赠的方式以减少缴税金额。如果客户不愿意由其配偶继承遗产，则应选择其他适合的方案。

②有子女需要抚养。

这类客户的基本遗产计划和第一类客户类似，但由于其子女未成年，所以在计划中要加入遗嘱信托工具。如果客户的配偶也在子女成年前去世，遗嘱信托可以保证有托管人来管理客户的遗产，并根据其子女的需要分配遗产。如果客户希望由自己来安排遗产在子女之间的分配比例，则可以将遗产加以划分，分别由几个不同的信托基金来管理。

③未婚/离异。

对于这类客户，遗产计划相对简单。如果客户的遗产数额不大，而其受益人也已经成年，则客户直接通过遗嘱将遗产留给受益人即可。如果客户的遗产数额较大，而且其并不打算将来更换遗产的受益人，则可以采用不可撤销信托或捐赠的方式，以减少纳税金额。如果客户遗产的受益人尚未成年，则应该使用遗产信托工具来进行管理。

④有需要扶养的人。

对于有年迈父母、伤病配偶与子女，以及其他对客户来说非常重要的人的，遗产筹划均要考虑这些需要扶养的人，为其安排份额和受益方式。

（2）制订遗产计划的原则。

在制订遗产计划时，金融理财师需要注意以下几个原则。

①不违背法定义务。

在遗产筹划中，首先不得违反法律的强制性与禁止性规定。例如，必须考虑特留份的规定。《继承法》规定，遗嘱应当对缺乏劳动能力又没有生活来源的继承人保留必要的遗产份额。根据这条规定，遗嘱不能将所有财产只给自己喜欢的人，对于特殊需要照顾的继承人，也应当保留必要的遗产份额。根据此规定，如采用遗嘱的方式进行筹划，必须为没有劳动能力又没有生活来源的配偶、父母、子女，甚至是祖父母、外祖父母、孙子女、外孙子女和兄弟姐妹保留必要的份额。

②保证遗产计划的可变性。

由于客户的财务状况和目标处于不断变化之中，其遗产筹划必须具有可变性。由于遗嘱和可撤销信托可以随时修改和调整，所以它们是保证遗产计划可变性的重要工具。金融理财师在制订遗产计划时，也要保证它在不同的时期都能满足客户的需要。这便于客户控制自己名下的所有财产，一方面将财产指定给有关的受益人，另一方面可以实现纳税金额的最小化。此外，可变性还体现在客户运用信托资产中使用财产处理权条款上，该条款授予指定人在当事人去世后拥有进行财产转让的权利。被指定的个人可以在必要时改变客户在遗嘱中的声明，将遗产分配给他认为最有需要的受益人。

值得一提的是，有时候遗产计划的可变性将会降低。比如，遗产中有客户与他人共同拥有的财产，客户将部分遗产作为礼物捐赠给他人，客户在遗产计划中采用了不可撤销信托条款。

③确保遗产计划的现金流动性。

西方国家对遗产继承有着严格的税法规定，个人遗产中有相当一部分要用于支付遗产税。此外，客户去世时，其家人还要为其支付有关的处置费用，如临终医疗费、葬礼费、法律和会计手续费、遗嘱执行费、遗产评估费等。在扣除应支付的这类费用并偿还其所欠的债务后，剩余部分才可以分配给受益人。所以，如果客户遗产中的现金数额不足，反而会导致其家人陷入债务危机。要避免这种情况的发生，金融理财师必须帮助客户在其遗产中提供充足的现金以满足支出，即确保遗产计划的现金流动性。

如果客户是某公司的股东，则也可以签署售出协议，在其去世后将本人在公司中所占份额依章程规定出售给他人。这样一方面可以获得现金收入，另一方面可以将公司的控制权转让给其信任的人，保证经营的持续性。

为了保证遗产计划中现金的流动性，客户应该尽量减少遗产中的非流动性资产，如房地产、长期债券、珠宝和收藏品等。这些资产不仅无法及时提供所需的现金，还会增加遗产处置的费用，所以客户应该选择性地将它们出售给他人，从而增加现金收入。

④减少遗产纳税金额。

多数客户都希望能够尽可能留下较多的遗产，然而，在遗产税很高的国家，客户（尤其是遗产数额较大者）的遗产往往要支付较高的遗产税。而且遗产税不同于其他税种，受益人要在将全部遗产登记并计算和缴纳税金之后，才可以处置财产。因此，受益人必须先筹一笔现金，把税款缴清，才可获得遗产。所以，减少税收支出也是制订遗产计划的重要原则之一。由于各个国家的税收制度有所差异，金融理财师需要根据不同客户的情况进行处理。一般而言，采用捐赠、不可撤销信托和资助慈善机构等方式都可以减少纳税金额。

这里需要强调的是，尽管使遗产纳税最小化在遗产筹划中相当重要，但这并不适用于所有的客户。像中国这样的国家，并未开征遗产税或其税率不高，因此，金融理财师在制订遗产计划时首先要考虑如何将遗产正确地分配给客户所希望的受益人，而不是减少纳税额。即使在遗产税率较高的国家，金融理财师也不能过于强调遗产税的影响，因为客户的目标和财务状况在不断变化，如果为了降低纳税额而采用许多降低遗产计划可变性的遗产筹划工具，则可能会导致客户的目标最终无法实现。

实例 5－4　日本皇后娘家缴不起高额遗产税

日本明仁天皇的皇后美智子是一位不具有皇室血统的皇后，她的父亲是日清制粉公司的创始人正田英三郎。1999 年 6 月，95 岁高龄的正田英三郎离开了人世，留下了时值 33 亿日元的巨额遗产。然而，这笔财富给家人带来了无奈，因为要支付高达 17 亿日元的财产继承税，美智子的娘家人不得不让他们共同居住过的、在全日本数一数二的豪宅“充公”。

这 33 亿日元的遗产包括股票、房地产和现金，但其中占主要部分的是美智子老家的豪宅。这座位于东京池田山高档住宅区的建筑占地近 1 000 平方米，房子是美智子的父亲所建。这座房子被誉为当时日本最新型住宅的样板建筑。在这栋房子里，除了两个房间有贴着草席的榻榻米之外，其余空间全采用欧式风格，根据美智子父亲的要求，在大厅里还设置了大型壁炉。美智子在这样的环境下生活了近 20 年。

日本法律规定，继承财产超过 4 亿日元的时候，继承者必须缴纳最高可达 60%的继承税。随着美智子父亲的去世，财产继承税问题开始困扰美智子的娘家人。

美智子由于考虑到自己已嫁入皇室，决定放弃财产继承权。其父亲的巨额财产由美智子的兄长正田严、弟弟正田修和妹妹惠美子平分，所以财产继承税也理所当然地由三人分摊。日本法律规定，继承者必须首先用现金支付税款，在现金不够的时候才可使用实物缴纳。正田严和正田修尽管都收入不菲，但要一下子拿出 17 亿日元的现金谈何容易。在一番激烈的思想斗争之后，兄妹三人做出了一个惊人的决定：除了老大正田严另建的一座公寓之外，包括老宅在内的大部分房产都将被上缴财务省，以填充财产继承税的不足部分。一般情况下，上缴的房地产由地方财务局进行拍卖，所得款项作为税收被纳入国库。

5. 有效遗嘱的准备

在遗产筹划里，非常重要的是准备一份在法律上有效的遗嘱，这对于确保意愿以最小成本和最少延迟被执行十分关键。遗嘱一般直到立遗嘱人死亡才会公开。在此之前，立遗嘱人均有权改变遗嘱的条款或是取消遗嘱，以应对现实财产、人情、事故，以及政策法规变化带来的影响。

根据《继承法》的规定，公民可以依照法律规定立遗嘱处分个人财产，并可以指定遗嘱执行人。公民可以通过立遗嘱将个人财产指定由法定继承人的一人或者数人继承。公民可以立遗嘱将个人财产赠给国家、集体或者法定继承人以外的人。

我国法律规定了公证遗嘱、自书遗嘱、代书遗嘱、录音遗嘱和口头遗嘱五种遗嘱形式。不同形式的遗嘱，成立的要件是不一样的。

（1）遗嘱的基本内容。

遗嘱应充分尊重与体现个人意思自治，记载内容与表达方式灵活多样。基本内容包括如下几项。

①遗嘱人的个人情况。包括遗嘱人的姓名、性别、出生日期、住址；遗嘱人的身体状况、精神状况；遗嘱人系老年人、间歇性精神病人、危重伤病人的，还应当记录其对事物的识别、反应能力。

②遗嘱人家庭成员情况。包括其配偶、子女、父母及与其共同生活人员的基本情况。

③遗嘱所处分财产的情况。包括财产的名称、数量、所在地点；是属于遗嘱人个人所有还是共有；以前是否曾以遗嘱或者遗赠扶养协议等方式进行过处分，是否有已设立担保、已被查封或扣押等限制所有权的情况。

④遗嘱的形成情况。包括遗嘱形成的时间、地点和过程，采用的形式，是自书、代书还是录音，是否为本人的真实意愿，有无修改、补充，对遗产的处分是否附有条件，代书人、见证人的情况，遗嘱签名、盖章或者手印是否其本人所为。

⑤遗产的分配。包括指定的受益人及其信息，受益顺序，分配份额，是否附有条件及所附条件的具体内容，遗产分配指示不能达成时的救济措施等。

⑥指定遗嘱执行与遗产管理。指定遗嘱执行人或遗产管理人的应当写明执行人或管理人的姓名、性别、年龄、住址等信息，授权范围，遗产管理与遗嘱执行的费用负担及支付等。

⑦遗嘱制作的日期以及遗嘱人的签名。有见证人、代书人或公证人的，需要一并签名。

（2）公证遗嘱的制作。

遗嘱公证是公证处按法定程序证明遗嘱人设立遗嘱行为真实、合法的活动。经公证处证明的遗嘱为公证遗嘱。遗嘱公证仅对立遗嘱人的身份、意愿、签署遗嘱的行为进行证明，不直接导致财产转移。立遗嘱人对遗嘱内容的真实性负责。

在中国境内，遗嘱公证由遗嘱人住所地或者遗嘱行为发生地公证处管辖。申办遗嘱公证，遗嘱人应当亲自到公证处提出申请。遗嘱人亲自到公证处有困难的，可以书面或者口头形式请求有管辖权的公证处指派公证人员到其住所或者临时处所办理。申办遗嘱公证，遗嘱人应当填写公证申请表，并提交下列证件和材料：居民身份证或者其他身份证件；遗嘱涉及的不动产、交通工具或者其他有产权凭证的财产的产权证明；公证人员认为应当提交的其他材料，例如精神评估测试报告；购房合同、购房发票、遗嘱草稿；丧偶或离婚的需要提供结婚证及配偶死亡证明，或离婚证、财产分割证明。

对于符合下列条件的，公证处才会出具公证书：遗嘱人身份属实，具有完全民事行为能力；遗嘱人意思表示真实；遗嘱人证明或者保证所处分的财产是其个人财产；遗嘱内容不违反法律规定和社会公共利益，内容完备，文字表述准确，签名、制作日期齐全；办证程序符合规定。不符合上述条件的，遗嘱公证会被拒绝。

遗嘱公证书范本如示样5－1：

示样5－1

<table><tr><td>
遗嘱公证书
（　）×字第×号
兹证明×（应写明姓名、性别、出生年月日和现住址）于×年×月×日在×（地点或者公证处），在我和×（可以是其他公证员，也可以是见证人）的面前，立下了前面的遗嘱，并在遗嘱上签名（或者盖章）。
经查，遗嘱人的行为和遗嘱的内容符合《中华人民共和国继承法》第十六条的规定，是合法有效的。
中华人民共和国×市（县）公证处
公证员：×（签名）
×年×月×日
</td></tr></table>

（3）其他形式的遗嘱制作。

自书遗嘱由遗嘱人亲笔书写，签名，注明年、月、日。自书遗嘱是不需要见证人的遗嘱。自书遗嘱要求遗嘱人亲笔书写遗嘱，每一个字都必须由自己亲笔书写，最后要亲笔签名，注明年、月、日。只有这样才能确保自书遗嘱的真实、安全，从而有效避免伪造。

用电脑书写、打印出来的打印遗嘱，只要确有达到排除合理怀疑程度的证据表明打印遗嘱由立遗嘱人全程制作完成，由立遗嘱人亲自签名，签注年、月、日的，也可以认定为有效遗嘱。

口头遗嘱、代书遗嘱和录音遗嘱都需要有两位合格的见证人。这两位见证人必须是完全行为能力人，不能是继承人、受遗赠人，也不能是与继承人、受遗赠人有利害关系的人。有利害关系的人，包括继承人、受遗赠人的继承人，如配偶、子女、父母、兄弟姐妹等，也包括他们的债权人、债务人。代书人可以作为见证人，但也必须符合见证人的要求。见证人应是当场见证立遗嘱的全部过程，不能事前预证，或事后补证。虽然网络技术已经很发达，但远程见证还是不能确保其安全性和真实性，目前还没有得到法律的认可。

（4）遗嘱的变更与撤销。

遗嘱是个人的意愿的表示。遗嘱的生效以遗嘱人死亡为前提。在生效前，即遗嘱人在生前均有权对遗嘱进行修改、变更，甚至撤销。

《继承法》规定，立有数份遗嘱、内容相抵触的，以最后的遗嘱为准。自书遗嘱、代书遗嘱、录音遗嘱、口头遗嘱不得撤销或变更公证遗嘱。

实例5－5　遗嘱案例（一）

家住上海市的史老太太有两个儿子，她与大儿子徐先生的关系甚好，想要立一份遗嘱，待自己死后，将所有财产（约70万元）全部交给徐先生一个人继承。

史老太太派人找到某律师事务所，约定由该所律师代其书写遗嘱，史老太太支付了1 000元代理费。翌日，该所指派宋律师接办此案。因代书遗嘱需要两位见证人，除了律师自己以外，史老太太请自己的弟弟，即徐先生的舅舅作为另一见证人。随后，史老太太在遗嘱上签字押手印，宋律师也签了字。过了几日，宋律师和徐先生一起拿着这份遗嘱到徐先生舅舅家里，由徐先生的舅舅在遗嘱见证人处签了名。之后，史老太太病逝。丧事完毕，徐先生即持遗嘱要求继承母亲的全部遗产，从而引发诉讼。

法院经审理认为，徐先生的舅舅作为见证人并没有在场见证，而是事后"补证"，所以该份遗嘱无效，最后判决史老太太的遗产按照法定继承的方式由徐先生、其父、其弟三人均分。

徐先生愤而将律师事务所告上法庭，认为律师在履行代书遗嘱义务中，存在重大过失，要求律师事务所赔偿损失 43 万元。

法院认为，原告与被告建立法律服务合同关系，其目的是代书遗嘱。律师事务所的合同义务就是为史老太太完成一份在法律上具有效力的代书遗嘱，现律师事务所履约不当，未完成这一义务，已构成违约。原告方聘请律师代书遗嘱，本身就是因为自己对法律专业知识欠缺才为之。律师事务所应知道另一见证人未到场签名的法律后果，但其并未将这一情况告知原告方。律师事务所应赔付遗嘱继承人徐先生 43 万元。

实例 5-6　遗嘱案例（二）

1990 年，龚某的丈夫王某被绑架后神秘失踪，9 年后，香港高等法院宣布王某法律死亡。根据王某于 1968 年所立遗嘱，他的父亲王某将继承他的 400 亿港元遗产。而就在此时，龚某突然声称自己才是丈夫王某遗产的唯一继承人，还向法院提交了一份密封信件，说是 1990 年王某在被绑架前一个月立过新的遗嘱。

2001 年 8 月 6 日，争产案正式在香港高等法院开庭审理。3 个月后，法庭裁定 1990 年的遗嘱是伪造的，龚某惨遭败诉。香港警方以涉嫌伪造遗嘱罪逮捕龚某，龚某付 500 万港元后保释外出。2003 年 9 月，龚某向香港高等法院上诉法庭提起上诉。然而，9 个月后，香港高等法院上诉法庭三位法官以二比一裁定龚某败诉。2004 年 11 月，香港高等法院上诉法庭准许龚某将争产案上诉至终审法庭。

终审法庭用了 10 天的时间，经过两轮聆讯之后，5 位法官一致裁定王某于 1990 年订立、把遗产全数交给龚某的一式四页纸遗嘱文件，乃王某生前最后的遗嘱，并非伪造，龚某胜诉。

2007 年 4 月 3 日，70 岁的龚某病逝，留下近千亿港元遗产。按遗嘱，受益人为某慈善基金。2007 年 4 月 20 日，龚某的御用风水师陈某突然向媒体宣称，根据龚某 2006 年的遗嘱，他是千亿港元遗产的"唯一受益人"。

2010 年 2 月 2 日，香港高等法院裁定神秘风水师、商人陈某，在已故龚某的遗嘱认证案中败诉，龚某近千亿港元的庞大遗产被拨归某慈善基金。世纪遗产争夺案终有定论。

（5）遗赠扶养协议的制作。

遗赠扶养协议是遗赠人和扶养人为明确相互间遗赠和扶养的权利义务关系所订立的协议。需要他人扶养，并愿将自己的合法财产全部或部分遗赠给扶养人的为遗赠人，对遗赠人尽扶养义务并接受遗赠的人为扶养人。遗赠人必须是具有完全民事行为能力，有一定的可遗赠的财产，并需要他人扶养的公民。扶养人必须是遗赠人法定继承人以外的公民或组织，并具有完全民事行为能力，能履行扶养义务。

申请办理遗赠扶养协议公证的，由遗赠人或扶养人的住所地公证处受理。办理遗赠扶养协议公证，当事人双方应亲自到公证处提出申请。遗赠人确有困难，公证人员可到其居住地办理。

遗赠扶养协议应包括下列主要内容。

①协议双方的姓名、性别、出生日期、住址，扶养人为组织的应写明单位名称、住址、法定代表人及代理人的姓名；

②协议双方自愿达成协议的意思表示；

③遗赠人受扶养的权利和遗赠的义务，扶养内容应写明提供扶养的具体内容、办法和期限；

④遗赠财产的保护措施或担保人同意担保的意思表示；

⑤协议变更、解除的条件和争议的解决方法；

⑥违约责任；

⑦协议双方签名，签订地点和时间。

6. 定期检查和修改

前文中已提到，客户的财务状况和遗产筹划目标往往处于变化中，遗产计划必须能够满足其不同时期的需求，所以对遗产计划的定期检查是必需的，这样才能保证遗产计划的可变性。金融理财师应该建议客户每年或每半年对遗产计划进行重新修订。下面列出了一些常见的事件，当这些事件发生时，客户的遗产计划常常需要进行调整。这些事件包括：

（1）本人健康状况的变化。例如，疾病、伤残与康复。

（2）子女变化。例如，子女的出生、成年或死亡。

（3）婚姻情况变化。例如，结婚或离异，配偶死亡。

（4）其他继承人的变化。例如，父母及兄弟姐妹的再婚、伤病、残疾或死亡。

（5）财产上的重大收益或损失，以及保有形态的变化。例如，接受了继承，出售了房地产，重大投资形成债权、债务等。

（6）遗产处分相关法律规定的变化。例如，相关税制及继承规则发生变化。

第三节　家族财富传承与遗产筹划

一、家族财富传承与遗产筹划的关系

自然人生存时，其所拥有的个人合法财产不能被称为遗产。但是，实际情况是，很多自然人生前通过遗产筹划已经对自己的财产进行安排。

二、家族财富传承与遗产筹划的主要工具

（一）遗嘱

遗嘱是遗嘱人生前在法律允许的范围内，按照法律规定的方式对其遗产或其他事务进行安排并于遗嘱人死亡时发生法律效力的法律行为。根据《继承法》的规定，遗嘱可以分为公证遗嘱、自书遗嘱、代书遗嘱、录音遗嘱和口头遗嘱。其

中，公证遗嘱的效力最强，是遗产筹划与财富传承中应用范围最广的遗嘱形式。

遗嘱给予客户很大的遗产分配权。客户的部分财产，如共同拥有的房产等，需要客户与其他持有人共同处置，但这类财产在客户的遗产中通常只占很小的比例。客户可以通过遗嘱来分配自己独立拥有的其他大部分遗产。遗嘱是遗产筹划中最重要的工具，现实中，多数客户的遗产筹划目标都是通过遗嘱来实现的。比如法律通常规定，居民的遗产应平均分配给去世者的配偶和子女；但如果客户比较疼爱妻子，而且子女也已经成年，就可以在遗嘱中将妻子指定为大部分遗产的受益人。遗嘱也常常被客户所忽视。许多客户由于没有制定或及时更新遗嘱而无法实现其目标。

遗嘱在家族财富传承中的作用包括：可以减少遗产纷争；按照个人意志传承财产；可以将财产传给非法定继承人；可以给遗嘱继承人和受遗赠人附加条件。

遗嘱在家族财富传承中的缺陷有：无法解决继承人无力管理财产的难题；无法解决财产的保值增值问题；遗嘱在继承人之间需要公开。

立遗嘱应严格遵守法律规定的条件和形式，否则，将无法产生立遗嘱人预先设想的法律效果。因此，遗嘱人应通过公证机关办理遗嘱或者在专业人士的指导下制作遗嘱并妥善保管。客户需要依照一定的程序订立遗嘱文件，明确如何分配自己的遗产，然后签字认可，遗嘱即可生效。一般来说，客户需要在遗嘱中指明各项遗产的受益人。金融理财师需要提醒客户在遗嘱中列出必要的补遗条款，借助这一条款，客户在希望改变其遗嘱内容时不需要制定新的遗嘱文件，而在原有文件上进行修改即可。另外，值得注意的是，在遗嘱的最后，客户还需要签署剩余财产条款声明，否则该遗嘱文件将不具有法律效力。

需要说明的是，尽管金融理财师不能直接协助客户订立遗嘱，但他们仍有义务为客户提供有关的信息，比如，需要的文件，以及在遗嘱订立过程中可能出现的问题等。这需要金融理财师对遗嘱术语、影响遗嘱的因素和有关法规有充分的了解。这些知识不仅能够帮助金融理财师拟订遗产筹划计划，还能够促进金融理财师和有关人士（律师和会计师等）之间的沟通。

（二）遗产授权委托书

遗产授权委托书是当事人授权他人在生前代表自己安排和分配其财产，并在自己死亡后办理有关遗产手续、完成遗产分配的法律文书。

被授予权利代表当事人处理其遗产的一方称为代理人。

遗产委任书是遗产筹划的另一种工具，它授权当事人指定的一方在一定条件下代表当事人指定其遗嘱的订立人，或直接对当事人遗产进行分配。在遗产委任书中，当事人一般要明确代理人的权利范围。代理人只能在此范围内行使其权利。

客户通过遗产委任书，可以授权他人代表自己安排和分配其财产，从而不必亲自办理有关的遗产手续。

理财规划涉及的遗产委任书有两种：普通遗产委任书和永久遗产委任书。如果当事人本身去世或丧失了行为能力，普通遗产委任书就不再有效。所以必要时，当事人可以拟订永久遗产委任书，以防范突发意外事件对遗产委任书有效性产生影响。永久遗产委任书的代理人，在当事人去世或丧失行为能力后，仍有权处理当事人的有关遗产事宜。所以，永久遗产委任书的法律效力要高于普通遗产委任书。在许多国家，对永久遗产委任书的制定有着严格的法律规定。

（三）遗产信托

遗产信托是一种法律上的契约，当事人通过它指定自己或他人来管理自己的部分或全部遗产，从而实现各种与遗产筹划有关的目标。

根据制定方式，可将遗产信托分为生前信托和遗嘱信托。

1. 生前信托

生前信托是指当事人仍健在时设立的遗产信托。生前信托又可以分为可撤销信托和不可撤销信托。可撤销信托具有很强的可变性，它允许客户随时对之进行修改，受到大众的欢迎。此类信托不仅可以作为遗嘱的替代文件帮助客户进行遗产安排，而且可以节约昂贵的遗嘱验证费用。不可撤销信托则只能在有限的情况下进行修改，但按照美国相关税法，它能够享受一定的税收优惠，也能更好地起到资产隔离和保护的作用，所以当客户不打算对信托中的条款进行调整时，可以采用这一信托形式。

2. 遗嘱信托

遗嘱信托是指根据当事人的遗嘱条款设立的遗产信托，它是在当事人去世后遗嘱生效时，再将信托财产转移给托管人，由托管人依据信托的内容，管理处分信托财产。

遗嘱信托架构如图 5-2 所示。

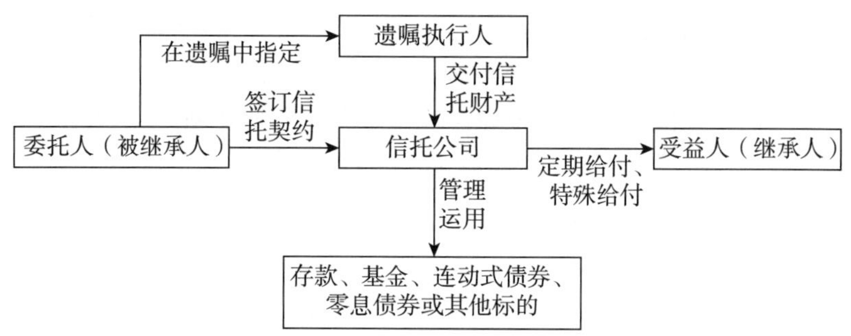

图 5-2 遗嘱信托架构

遗嘱信托在家族财富传承中的作用包括：可以减少遗产纷争；按照个人意志传承财产；可以将财产传给非法定继承人；可以保持财产的完整性；可以免于偿还死者债务；可以解决财产接受者无力管理财产的难题；可以减少纳税金额；实现传承财产的保值增值；实现财产传承的保密性。

遗嘱信托在家族财富传承中的缺陷有：手续较复杂，设立成本和门槛较高。

实例 5-7 生前信托案例

2004 年 4 月，年仅 37 岁的长江集团主席李嘉诚次子李泽楷，宣布为个人日后遗产做出安排，将名下控股公司（包括电盈和盈保）的私人公司股权，注入两个信托基金之内，被注入的资产估计时值约为 48 亿元。

2012年8月，48岁的地产界女富翁吴某与丈夫蔡某离婚。此前，二人曾合计持有地产公司股票39.06亿股，占比75.6%。二人通过持有信托基金的方式，轻描淡写地完成了离婚财产分割。2008年6月11日，吴某与蔡某分别设立了吴氏家族信托、蔡氏家族信托，并作为受托人将其交由管理人汇丰国际信托持有。两只信托基金的受益对象分别是吴氏家族、蔡氏家族。吴某的离婚并未给地产公司造成股权纷争，对股票市场的冲击也不大。

实例5-8　遗嘱信托案例

苹果公司前董事长、联合创始人乔布斯辞世后，名下至少三座房产被置于信托机构名下，这一举动使得乔布斯的巨额财产数额和分配成谜。乔布斯拥有555万股苹果公司股票（市值约为20.5亿美元）及1.38亿股迪士尼股票（价值约为47.4亿美元）。乔布斯去世后，其遗产被交由一个信托基金管理，以避免遗嘱认证税。

一代歌后梅某生前知道母亲覃某不善理财且喜挥霍，如果把财产一下子全给母亲，母亲则可能会一次性把遗产花尽，或被别有居心的人骗走。因此，梅某选择了遗嘱信托，将近亿港元财产委托给专业的机构打理，信托基金每月支付7万港元生活费给母亲，一直持续到她去世。但覃某对女儿的遗嘱不满，认为自己应该独得遗产，一度质疑梅某生前成立的信托基金是否有效，但最后法院的判决是覃某败诉，梅某的生前遗嘱有效。

（四）人寿保险

人寿保险产品在遗产筹划中也有着很大的作用。客户如果购买了人寿保险，在其去世时就可以获得一大笔保险赔偿金。而且，它是以现金形式支付的，所以能够增加遗产的流动性。由于上述优点，人寿保险在遗产筹划中受到金融理财师和客户的重视。

然而，在有些国家，人寿保险赔偿金和其他遗产一样，也要支付税金。此外，客户在购买人寿保险时，需要每年支付一定的保险费。如果客户在规定的期限内没有去世，虽然可以获得保险费总额及其利息，但利率通常低于一般的储蓄利率。但如果客户在其将近去世时才购买人寿保险，保险费就会很高。所以，客户应该大致估计自己的生存时间，然后做出选择。

人寿保险赔偿金属于受益人个人财产，不列入死者遗产，不需要用来偿还死者生前所欠债务和税款，不需要考虑遗嘱，也不需要考虑法定继承顺序和份额。

人寿保险在家族财富传承中的作用包括：可以减少遗产纷争；按照个人意志传承财产；可以免于偿还死者债务；可以减少纳税金额；实现传承财产的保值增值；操作简便、快捷，成本低；实现财产传承的保密性。

人寿保险在家族财富传承中的缺陷有：无法传承非货币财产。

根据《中华人民共和国保险法》（简称《保险法》）的规定，受益人明确的，被保险人身故后，人寿保险的保险金直接归受益人所有，不属于被保险人的遗产，受益人不需要清偿被保险人生前所欠的税款和债务。《保险法》第二十三条规定：任何单位和个人不得非法干预保险人履行赔偿或者给付保险金的义务，也不得限制被保险人或者受益人取得保险金的权利。

根据《个人所得税法》的规定，保险赔款免纳个人所得税。受益人取得保险金不需要缴纳个人所得税。

实例 5－9　人寿保险案例①

王某在驾驶摩托车外出办事时，与一辆汽车发生交通事故，身受重伤的王某最终抢救无效死亡。王某在生前曾办理人身保险，根据保险合同，保险公司赔偿了 2.6 万元人身保险金及 3 200 元财产保险金。当年王某投保人身保险的受益人为妻子范某，因此范某认为这 2.6 万元归她个人所有，而王某父母认为这笔钱是儿子用命换来的，和 3 200 元一样都是儿子的遗产，做父母的享有继承权，应当和范某平分这部分钱，双方因此发生争执。

最高人民法院《关于保险金能否作为被保险人遗产的批复》（简称《批复》）规定：人身保险金能否列入被保险人的遗产，取决于被保险人是否指定了受益人。指定受益人的，被保险人死亡后，其人身保险金应付给受益人；未指定受益人的，被保险人死亡后，其人身保险金应作为遗产处理，可以用来清偿债务或者赔偿。同时，《批复》规定：财产保险与人身保险不同。财产保险不存在指定受益人的问题，因而，财产保险金属于被保险人的遗产。最终法院判决，2.6 万元属于范某个人财产，3 200 元属于王某的遗产，由王某的第一顺序法定继承人平分。

（五）赠与

赠与是指当事人为了实现某种目标将某项财产作为礼物赠送给受益人，而使该项财产不再出现在遗嘱条款中。客户采取这种方式一般是为了减少税收支出。对于赠与，多数国家和地区会规定每年有一定的赠与免税额，因此，提早规划赠与可以多享受免税额，生前多赠与可以降低死后的遗产额，降低遗产税。

赠与在家族财富传承中的作用包括：可以减少遗产纷争；可以使当事人按照个人意志传承财产；可以减少纳税金额；可以实现财产传承的保密性。

赠与在家族财富传承中的缺陷有：当事人失去对该财产的控制，将来也无法将其收回；无法解决受赠人没有管理能力的问题。

根据我国《合同法》的规定，赠与合同是赠与人将自己的财产无偿给予受赠人，受赠人表示接受赠与的合同。赠与人在赠与财产的权利转移之前可以撤销赠与。具有救灾、扶贫等社会公益和道德义务性质的赠与合同或者经过公证的赠与合同，不适用上述规定。赠与的财产依法需要办理登记等手续的，应当办理有关手续。具有救灾、扶贫等社会公益和道德义务性质的赠与合同或者经过公证的赠与合同，赠与人不交付赠与的财产的，受赠人可以要求交付。因赠与人故意或者重大过失致使赠与的财产毁损、灭失的，赠与人应当承担损害赔偿责任。

赠与可以附义务。赠与附义务的，受赠人应当按照约定履行义务。赠与的财产有瑕疵的，赠与人不承担责任。附义务的赠与，赠与的财产有瑕疵的，赠与人在附义务的限度内承担与出卖人相同的责任。赠与人故意不告知瑕疵或者保证无瑕疵，造成受赠人损失的，应当承担损害赔偿责任。

受赠人有下列情形之一的，赠与人可以撤销赠与：（1）严重侵害赠与人或者赠与人的近亲属。（2）对赠与人有扶养义务而不履行。（3）不履行赠与合同约定的义务。赠与人的撤销权，自知道或者应当知道撤销原因之日起一年内行使。因受赠人的违法行为致使赠与人死亡或者丧失民事行为能力的，赠与人的继承人或

① 资料来源：中南财经政法大学“保险学”课程网站。

者法定代理人可以撤销赠与。赠与人的继承人或者法定代理人的撤销权，自知道或者应当知道撤销原因之日起六个月内行使。撤销权人撤销赠与的，可以向受赠人要求返还赠与的财产。赠与人的经济状况显著恶化，严重影响其生产经营或者家庭生活的，可以不再履行赠与义务。

实例 5－10 赠与案例①

老陆生有三个女儿，大女儿和二女儿在镇上共有一处门面房，因两个女儿平时在市里上班，并没有时间打理门面房，也照顾不到老父亲，老陆平时一直由小女儿照顾。2011 年 1 月 6 日，一家四口经过商量，大女儿和二女儿决定将房屋赠与父亲，以作养老，今后这两个女儿不再承担养老的义务，并签下协议一份，该协议由三个女儿及父亲共同签字确认，并有动迁部门的皋某等人共同签字见证。协议签订后不久，该房屋面临拆迁，动迁部门依据该协议，与老陆签订了动迁协议，并实际拆除了房屋。在可观的经济利益面前，大女儿和二女儿反悔了，向老陆及动迁办发出通知，要求撤销之前的协议，不再将房屋赠与老陆。由于收到了两个女儿的反悔通知，动迁部门迟迟无法办理拆迁相关手续，老陆及这两个女儿均无法取得拆迁房屋，无奈，老陆诉至法院，请求确认所签协议有效。经过庭审，法院最后判决协议有效，诉争房屋拆迁相关权益归老陆所有。

（六）公益捐赠

公益捐赠在家族财富传承中的作用包括：可以减少遗产纷争；可以使当事人按照个人意志传承财产；可以提高家族的名誉与知名度；可以减少纳税金额；可以实现个人的宗教信仰。

公益捐赠在家族财富传承中的缺陷有：无法将财产传给继承人。

根据《中华人民共和国公益事业捐赠法》（简称《公益事业捐赠法》）的规定，自然人、法人或者其他组织自愿无偿向依法成立的公益性社会团体和公益性非营利的事业单位捐赠财产，用于公益事业的属于公益捐赠。公益事业是指非营利的下列事项：（1）救助灾害、救济贫困、扶助残疾人等困难的社会群体和个人的活动；（2）教育、科学、文化、卫生、体育事业；（3）环境保护、社会公共设施建设；（4）促进社会发展和进步的其他社会公共和福利事业。

公司和其他企业依照《公益事业捐赠法》的规定捐赠财产用于公益事业，依照法律、行政法规的规定享受企业所得税方面的优惠。自然人和个体工商户依照《公益事业捐赠法》的规定捐赠财产用于公益事业，依照法律、行政法规的规定享受个人所得税方面的优惠。境外向公益性社会团体和公益性非营利的事业单位捐赠的用于公益事业的物资，依照法律、行政法规的规定减征或者免征进口关税和进口环节的增值税。对于捐赠的工程项目，当地人民政府应当给予支持和优惠。

《中华人民共和国慈善法》（简称《慈善法》）同样规定，慈善组织及其取得的收入依法享受税收优惠。自然人、法人和其他组织捐赠财产用于慈善活动的，依法享受税收优惠。企业慈善捐赠支出超过法律规定的准予在计算企业所得税应纳税所得额时当年扣除的部分，允许结转以后三年内在计算应纳税所得额时扣

① 资料来源：中国山东网官网。

除。境外捐赠用于慈善活动的物资，依法减征或者免征进口关税和进口环节增值税。受益人接受慈善捐赠，依法享受税收优惠。国家对开展扶贫济困的慈善活动，实行特殊的优惠政策。

《企业所得税法》规定：企业发生的公益性捐赠支出，在年度利润总额12%以内的部分，准予在计算应纳税所得额时扣除；超过年度利润总额12%的部分，准予结转以后三年内在计算应纳税所得额时扣除。符合条件的非营利组织的收入为免税收入。

《个人所得税法》规定：个人将其所得对教育、扶贫、济困等公益慈善事业进行捐赠，捐赠额未超过纳税人申报的应纳税所得额30%的部分，可以从其应纳税所得额中扣除；国务院规定对公益慈善事业捐赠实行全额税前扣除的，从其规定。

三、家族财富传承综合案例

（一）洛克菲勒家族财富传承案例

在20世纪的绝大部分时期，“洛克菲勒”就是“美国财富和权力”的同义词，家族创始人老洛克菲勒的财产在今天约值2 000亿美元，远超当今任何富豪。令人称奇的是，如此空前绝后的财富，经历了几代人，不但没有引发任何争产风波，更是打破了“富不过三代”这个魔咒，如今洛克菲勒家族仍是美国富豪的典范。这种良好的家族财富传承不仅依靠道德约束，而且得益于财富传承制度——用信托机制看守家族财富，避免后代争产和滥用财产。

因为巨额财富，这个家族的姓氏曾被认为是“原罪”。洛克菲勒家族兴起于1870年，老洛克菲勒创立了标准石油公司，并称霸石油产业。虽然在积累财富上用尽一切手段，但并非为富不仁，因为信仰的缘故，他一生崇尚节俭，热衷施舍财富，他和钢铁大王卡内基都认为，将巨额财富留给子女就是一种耻辱，他们开创了美国富豪捐出财产做慈善的先例。

老洛克菲勒的资产大部分以股票形式存在，有数据显示，1882—1906年，老洛克菲勒从标准石油公司获得分红1.45亿美元，平均每年有600万美元，当时一个工人的年收入仅为700美元。

如此多的财富如何处置，是老洛克菲勒面临的难题。他有5个孩子，其中一个是儿子。他深知财富可以造就人，也可以毁灭人，为培养接班人，他时刻给子女灌输勤俭节约的价值观。老洛克菲勒从第一份薪水开始，就固定将其中1/10捐给教会，直到去世。为了防止孩子挥金如土，老洛克菲勒不让孩子知道自己身在豪门。几个孩子在长大前，从没去过父亲的办公室和炼油厂。

老洛克菲勒对待财富的态度深刻影响了家族后代，他把财富和慈善事业传给了家族后代，含着金汤匙出生的洛克菲勒后代们没有过着奢靡的“啃老”生活，反而是家族财富接力棒的传承者。

1913年，一场激烈的劳资冲突使洛克菲勒家族在纽约的宅院受到袭击，这彻底改变了洛克菲勒家族传承财产的态度。小洛克菲勒一方面选择了以信托的形式将财富传承给后代，一方面将家族财富拿出来彻底从事慈善事业，他一生捐出了5亿美元，这个数字超过了他一半的身家，消解了在民众眼中他的家族财富是原罪的印象。

小洛克菲勒在他60岁时为妻子和孩子设立了信托，他的妻子得到了1 800万美元，6个孩子每人分别得到1 600万美元。

信托的具体信息是家族机密，外界所知的是，这些信托的受益人是小洛克菲勒的后代。一份信托协议对应一个受益人，每份信托的本金自动传给其受益人的子女，委托人把资产注入信托之后，即在法律上完全失去该资产的所有权以及控制权。受益人在30岁之前只能获得分红收益，不能动用本金，30岁之后可以动用本金，但要信托委员会同意。

这种机制使遗产始终是一个整体，家族企业既不会因为分家而变小或终止，也不会因为代代传递而被逐渐分割成若干个部分，从而可以发挥规模优势，获得更好的经济效益。

现在的洛克菲勒家族到底有多少资产？据悉，洛克菲勒家族持有美国50家最主要公司的大量股权，还控制着美国50家最大商业银行25%的资产和50家最大保险公司30%的资产。

洛克菲勒家族在建立良好财富传承方式的同时，还主动打破家族企业的最大弊病，即子承父业造成企业阶层流动僵化，不利于企业的创新。创始人老洛克菲勒退休时，并没有将宝座传给儿子，而是让基层员工出身的阿奇博尔德接任自己的位置。此后的洛克菲勒家族后代，只有能者才可以参与企业管理，凭自己的实力担任一定的职务。这也就是洛克菲勒家族到了第三代仍能人才辈出的原因，洛克菲勒家族的后代有美国副总统、大慈善家、风险投资业开创者、摩根大通银行董事长。

（二）比尔·盖茨家族财富传承案例

2008年6月27日，比尔·盖茨这个垄断了“世界首富”之名长达13年之久的人，最后一次作为微软的总舵手，走出自己的办公室。比尔·盖茨把市值为580亿美元的个人资产悉数捐给比尔和梅琳达·盖茨基金会。该基金会于2000年由盖茨夫妇创立，致力于在全球推广卫生和教育项目，时下已经成长为美国规模最大的民间慈善机构。

盖茨夫妇曾打算在去世后留给三个子女数百万美元遗产，捐出其余资产。如今，他们连遗产也无意留下。盖茨说：“我们决定不将财产留给子女，我们希望以最能产生正面影响的方式回馈社会。”

2010年，比尔·盖茨和沃伦·巴菲特发起的“捐赠誓言”活动在欧洲国家遭到质疑和批评，许多德国富豪拒绝跟随他们的步伐捐出财产。带头的德国汉堡船运巨头彼得·克雷默表示，富豪捐身家的承诺等于将应该缴税的钱捐出去，令富人凌驾于国家之上，影响公众利益。

按照美国的法律，如果富豪要把遗产留给子女，美国联邦政府会从中抽掉过半的遗产税。事实上，许多美国富豪都以慈善捐款的手段规避遗产税。欧洲媒体也对此次活动大泼冷水，很多评论都表示美国富豪与其参加“捐赠誓言”行动承诺捐款，不如按时交税。

（三）李嘉诚财富传承案例

2012年5月，84岁的华人首富李嘉诚正式向媒体公布了自己的财产分配方案。

按照李嘉诚的财产分配方案，李泽钜将得到超过40%的长江实业及和记黄埔的股权，以及加拿大最大的能源公司——赫斯基能源35%的股权，这三块业务约有2 000亿港元。而对于小儿子，李嘉诚也丝毫没有吝啬，李泽楷得到的现金相当于现在资产的数倍。

港媒称，从分配的公平性角度来说，李嘉诚的两个儿子分到的财产无论是实物还是股票、现金，在数量上应该是旗鼓相当的。

此外，李嘉诚还表示要留足资产给他的“第三个儿子”——李嘉诚慈善基金会。李嘉诚在自己身体还很健康的时候，就向社会公布了其财产安排，令股民和社会没有受到不必要的冲击，也没有引来不必要的争论。

第四节　遗产税制度

一、遗产税的含义与特点

（一）遗产税的含义与历史发展

遗产税是对自然人去世以后遗留的财产征收的税收，通常包括对被继承人的遗产征收的税收和对继承人继承的遗产征收的税收。遗产税具有财产税的典型特征。

遗产税历史悠久，古埃及、古希腊和古罗马时期就曾被作为军费的重要来源。罗马帝国灭亡后，在封建社会初期，遗产税停征。中世纪教会曾强制规定教区内居民必须立遗嘱把一部分财产捐献给教区教堂。12—13世纪，意大利逐渐恢复征收遗产税。

近代遗产税的征收始于1598年的荷兰，采用比例税率，并按继承人与被继承人的亲疏关系等具体情况设置不同税率。之后，英国于1694年、法国于1703年、美国于1788年、意大利于1862年、日本于1905年、德国于1906年、新加坡于1926年先后开征此税。北京师范大学中国收入分配研究院承担的“遗产税制度及其对我国收入分配改革的启示”课题中期成果披露，该课题进行了188个国家的信息收集和检索，截止到2013年，其中114个国家在开征遗产税或对遗产课征其他税收，对遗产征税的国家大多是当今最具效率和竞争力、科技领先的国家。

不过，近几十年，遗产税在筹集财政收入中的作用日渐降低，这对一国的经济特别是国外资本流入和国内资本流出产生了一定的影响，因此，部分已开征遗产税的国家有弱化或者取消该税种的趋势。如加拿大于 1972 年、澳大利亚于 1978 年、新西兰于 1992 年、意大利于 2001 年、瑞典于 2005 年、新加坡于 2008 年、挪威于 2014 年相继停征了遗产税。

（二）遗产税的补充——赠与税

赠与税是自然人将自己的财产赠与他人时，依法对赠与财产应缴纳的税款。赠与税的征税客体除包括赠与人无偿赠送给他人的货币和实物外，还包括无偿免除的债务人的债务或无偿为他人承担的债务，以及无偿提供给他人的预期可得的财产。

赠与税是遗产税的补充税种，目的是减少遗产税的逃漏和公平税负。赠与税开征得较晚，美国于 1924 年率先开征了赠与税，其他西方发达国家大都在开征遗产税的同时开征了赠与税。

（三）遗产税的特点

从世界各国征收遗产税的情况来看，遗产税具有以下特点。①

一是征税范围复杂。遗产形态多种多样，既包括房地产等不动产，也包括银行存款、现金、股票、证券、古玩、字画、珠宝等动产，还包括知识产权等无形资产。

开征遗产税需要全面、准确地掌握居民财产信息，以及遗赠、继承等具体情况。

二是征管程序复杂。遗产税需要对各类财产进行合理估价，需要大量专业人员从事相关估价工作，征管中极易产生争议，争议解决程序通常也较为复杂。

三是征管配套条件要求高。开征遗产税还需要具备相应的征管条件，如不同政府部门的紧密配合、对拒不缴税的纳税人在法律中做出税收保全和强制措施制度安排等。

二、遗产税制度类型及比较

（一）遗产税制度与赠与税制度分类

1. 遗产税制度类型

目前世界各国实行的遗产税制度，按照课税主体来划分，大体可分为总遗产税制、分遗产税制和混合遗产税制。

总遗产税制是指对被继承人死亡时遗留的财产总额征收遗产税的制度。即一次性地先征税，然后进行财产的分割继承。分遗产税制是指对被继承人遗留的财产先进行分割，然后就各个继承人继承的遗产份额分别征收遗产税的制度。混合

① 引自《关于政协十二届全国委员会第五次会议第 0107 号（财税金融类 018 号）提案答复的函》。

遗产税制是指先对被继承人的遗产总额征收遗产税，然后分别对继承人继承的遗产份额征收遗产税的制度。

2. 赠与税制度类型

赠与税制度类型包括总赠与税制和分赠与税制。总赠与税制指按赠与人一定时期内赠与财产的总价额课税，赠与人为纳税人。分赠与税制指按受赠人一定时期内受赠财产的价额征收，受赠人为纳税人。

在实行总遗产税制的国家，一般采取总赠与税制。在实行分遗产税制的国家，一般采取分赠与税制。

（二）不同类型遗产税制度比较

1. 总遗产税制

总遗产税制是指对被继承人死亡时遗留的财产总额征收遗产税的制度。在遗产处理上采用“先税后分”的方式，即不管这项财产的去向如何，先征遗产税，然后才能将税后遗产分配给继承人或受遗赠人。在税率设计方面依据遗产总额确定，而不考虑继承人的多少及其与被继承人的亲疏关系。目前选择此模式的国家有美国、英国等。

从各国或地区的实践看，总遗产税制在设计上有如下特点：一是纳税主体只有一个，遗产继承人或者遗产管理人为纳税人；二是规定起征点或者免征额，对小额遗产免征遗产税；三是按照遗产总额扣除负债以后的净遗产额征收；四是按照遗产转移次数的多少征收不同的累进税；五是准许分期缴纳或者以实物缴纳。因此，总遗产税制具有课税主体单一、税率设计简单、易控制税源、征税简便、征税成本低等优点，但由于总遗产税制不考虑各继承人纳税能力的差异，因此在一定程度上削弱了遗产税调节财富分配的功能。

2. 分遗产税制

分遗产税制又称继承税制，是指对被继承人遗留的财产先进行分割，然后就各个继承人继承的遗产份额分别征收遗产税的制度。在遗产的处理上“先分后税”，即先按国家有关继承法规分配遗产，然后就各继承人分得的遗产课税，在税率设计方面考虑被继承人与继承人关系的亲疏程度以及继承人的负担能力等因素。目前选择该模式的国家有日本、德国、智利、委内瑞拉等。

从各国或地区的实践看，分遗产税制在设计上有如下特点：一是以各继承人或受赠人分别取得的遗产份额为课税对象，以遗产继承人或受赠人为纳税人；二是按照继承人继承的遗产份额的多少，采取高低不同的税率；三是对直系亲属继承的遗产征税较轻，对其他人继承的遗产征税较重。与总遗产税制相比，分遗产税制具有公平合理的优点，但税源难以控制，征管过程复杂，征收成本较高。

3. 混合遗产税制

混合遗产税制又称总分遗产税制，即将总遗产税制和分遗产税制综合在一起，先对被继承人的遗产总额征收遗产税，然后分别对继承人继承的遗产份额征收遗产税的制度。在遗产处理上表现为“先税后分再税”。虽然从理论上讲，混合遗产税制兼有总遗产税制和分遗产税制的长处，既控制了税源，又体现了公平负担原则，但实践表明，混合遗产税制计算起来不方便，加大了税务机关的工作难度，征管成本太高，不符合便利原则。目前，世界上只有极少数国家采用这种模式，如伊朗、菲律宾等。

在以上三种遗产税制度中，总遗产税制因其税源集中、充分，考虑因素较少，征收管理较易，受到很多征收遗产税国家的追捧。分遗产税制既考虑了继承人的个人经济能力、生活境况，又考虑了其与被继承人的亲疏关系，适用不同税率，可确定减免扣除，能体现量能负担，鼓励财富分散，故被认为是最科学、最合理的遗产税制度。但是，分割财产后再征税，其征收管理复杂，征收成本加大，对税务征管能力要求较高，目前采用分遗产税制的多为经济发达国家。混合遗产税制要对被继承人所留遗产先征收一次税，税后遗产被分配给各继承人时，再依据各继承人继承份额征收遗产税。这种税制不仅征管非常复杂，而且形成严重的重复课税，故除极少数贫困国家基于财政的目的采用这种体制外，很少有国家采用。

三、遗产税制度要素

遗产税制度的基本要素包括纳税人、征税范围、税率、税收减免等。

（一）纳税人

纳税人是指税法规定的负有纳税义务的单位和个人。遗产税的纳税人既可以是遗产继承人，也可以是受遗赠人，纳税时可以由遗嘱执行人或者遗产管理人代扣代缴（也有一些国家规定遗嘱执行人或者遗产管理人为遗产税的纳税人）。

在不同的遗产税征收制度下，纳税人也存在一定的差异：在实行总遗产税制的国家，纳税人为遗产继承人和受遗赠人，应纳税款通常由遗嘱执行人或者遗产管理人代扣代缴。在实行分遗产税制的国家，遗产税通常由遗产继承人（多数国家规定为法定继承人）、受遗赠人自己缴纳。在实行混合遗产税制的国家，则实行由遗嘱执行人、遗产管理人代扣代缴税款，以及由遗产继承人、受遗赠人自己缴纳税款相结合的做法。

遗产税的纳税人与税收管辖权有着直接联系：凡实施地域税收管辖权的国家或地区，纳税人只需要就境内的有关遗产缴纳遗产税；凡实施居民税收管辖权的国家或地区，居民纳税人应当就来自世界范围内的遗产缴纳遗产税。

（二）征税范围

多数国家或地区对课税的对象采用宽税基，即居民个人境内、境外取得的遗产和非居民个人从境内取得的遗产，包括不动产、动产和其他具有财产价值的权利。其中：不动产主要是指土地、房屋、矿产；动产是指现金、银行存款、其他金融资产（如股票、债券等）、金银珠宝和收藏品等；其他具有财产价值的权利主要指智力成果权、保险权益、土地使用权及债权等。

对上述财产应根据市场价值予以评估。各国或地区对遗产税征税对象的价值的确定都有严格的规定。有些财产的价值是确定的，如现金、存款和债权等；而有些财产的价值是不确定的，如有价证券、房地产等，需要根据市场价格确定。对于不确定的财产价值，在各国或地区的实践中，大多以一个时期内平均的市场价格为基础评估确定。为了评估的公正性，税务部门内部设置了专门的评估机构，从市场的角度对某些财产进行评估。

（三）税率

税率是指应纳税额与计税依据之间的比例，比较常见的有比例税率和超额累进税率等。

遗产税的税率一般采用超额累进税率。在税率的级次上，一般都设置多个级次，如美国现行的遗产税税率有 12 个级次，日本现行的遗产税税率有 8 个级次，德国现行的遗产税税率有 7 个级次。

在税负负担方面，遗产税的税负比较高。在 20 世纪 50 年代至 80 年代，大多数国家遗产税的最高边际税率都超过 50%，经过最近 20 多年的税制改革，各国遗产税的最高边际税率普遍下降。

（四）税收减免

在计算遗产税应纳税遗产额的时候，允许有一定的税收减免。世界上大多数国家对遗产税都规定了相应的减免扣除，包括扣除项目、免征额和免税额等。

可以从遗产总额中扣除的项目主要有以下几类：

（1）基本扣除，主要用于满足继承人（特别是配偶、子女、老人、残疾人等被赡养人员）的基本生活要求。

（2）丧葬费扣除，主要有丧葬费、墓地费等。

（3）管理费用扣除，主要有遗产管理费、律师费等。

（4）社会公益性捐赠扣除，主要有社会公益、慈善和教育等方面的捐赠。

第五节　国外遗产税制度介绍

一、美国的遗产税制度

（一）美国遗产税制度的发展

1. 早期遗产税与赠与税

（1）早期遗产税。

为筹集海军发展经费，美国于 1788 年首次开征遗产税，并于 1802 年废止。1862 年，为筹集南北战争经费，美国第二次开征遗产税，并采用分遗产税制，并于 1870 年废止。1898 年，美国第三次开征遗产税，采用总遗产税制，目的是为美国与西班牙的战争筹集经费，随后于 1902 年废止。1916 年，美国第四次开征遗产税，为第一次世界大战筹集经费。自此以后，遗产税成为美国联邦政府的固定税收。

(2) 早期赠与税。

1924—1925 年，美国联邦政府曾开征过两年赠与税，而后停征。从 1932 年开始，美国联邦政府通过立法长期开征赠与税。

2. 合并遗产税和赠与税

美国 1977 年的税收改革法案合并了遗产税和赠与税，统一了税率表和宽免项目。从 1977 年开始，美国联邦政府不仅征收统一的遗产税和赠与税，而且开征了隔代转让税。

3. 税率变化

1976 年以前，美国遗产税和赠与税的税率和免税额的变化很小；1977 年以后，美国遗产税和赠与税的免税额逐渐提高，遗产税和赠与税的税率则逐渐降低。当前，美国联邦遗产税适用 18%～40%的 12 级累进税率。

(二) 美国遗产税制度的基本内容

美国联邦遗产税实行总遗产税制，即“先税后分”模式；但是美国一些州政府的遗产税实行分遗产税制（“先分后税”模式）。美国各州的遗产税法由各州自行制定，1999 年有 49 个州征收遗产税，州与州之间的税率差异较大；有 12 个州征收赠与税。

我们在本节主要介绍美国联邦遗产税与美国联邦赠与税。美国联邦政府开征美国联邦遗产税和美国联邦赠与税，两税使用同一综合抵免额，亦适用同一税率。美国联邦遗产税和美国联邦赠与税收入占美国联邦政府财政收入的比重一直很小，近 20 多年来一直徘徊在 1%～2%。

1. 纳税人

美国联邦遗产税的纳税人是遗产管理人。遗产管理人有义务计算遗产的价值，在把遗产分给继承人以前管理该遗产，缴纳遗产税，并把遗产分给遗产的继承人。

美国联邦赠与税的纳税人是财产的赠与人。此外，对祖父母直接向孙子女(或者小于赠与者 37.5 岁的个人）赠与财产的行为，美国政府还在遗产税和赠与税的基础上加征隔代转让税。

2. 计税方法

美国实行总遗产税制，其计税方法大致如下。

(1) 计算遗产总额。

当遗产总额超过一定数额时，必须进行遗产税申报。遗产总额不仅包括被继承人留下的财产的价值，而且包括对财产的控制权、拥有权和享用权等其他广泛的形式。

(2) 计算经济遗产额。

用遗产总额减去被继承人的各项债务、丧葬费用、遗产损失、借贷、应付账款等，就可以得出经济遗产额。

（3）计算应纳税遗产额。

求出经济遗产额以后，还可以根据具体情况扣除某些项目，如扣除应当缴纳的税金、认证和管理费用、赠送未亡配偶的财产、捐献财产调整额等，然后就可以得到遗产净额，也就是应纳税遗产额。

（4）计算应纳遗产税税额。

根据应纳税遗产额和税率，计算得出应纳遗产税税额。

3. 应税范围

（1）美国联邦遗产税的应税范围。

美国联邦遗产税以被继承人留下的全部财产为课税对象，财产包括动产和不动产、有形资产和无形资产、被继承人去世时财产取得的利息、夫妻共同拥有的财产、被继承人行使委派权的财产、人寿保险、年金和退休计划的收入、为被继承人保留的对某些财产或所得的使用权或者行使权等。另外，遗产总额还包括被继承人在去世以前3年之内转移的各类财产的价值。接下来介绍几种特殊类型财产的处理方式。

① 夫妻共同拥有的财产。如果夫妻共同拥有的财产是由夫妻双方各自投入一定款项购置的，或者出于赠与、遗赠、继承等原因获得的，在确定应计入遗产总额的共同拥有的财产数额时，应当只计入被继承人在共同拥有遗产中所占的财产份额。

如果夫妻共同拥有的财产已经出租，则出租收入或者其他收入应当属于共同拥有的收入，该项收入的50%应当被计入遗产总额。

② 在被继承人去世以前3年之内转移的财产。在被继承人去世以前3年之内转移的财产包括普通转移的财产、被继承人去世时生效的转移的财产、秘密转移的财产、转移的人寿保险和转移的财产的获利。

③ 过多的退休计划累积。为了限制被继承人累积过多的退休基金，美国税法规定，对于被继承人超过一定数额的退休计划、年金和个人储蓄账户的价值部分，要征收额外的遗产税。

（2）美国联邦赠与税的应税范围。

赠与人直接、间接或者以信托赠与形式赠与的不动产或者动产、有形资产或者无形资产都应当缴纳美国联邦赠与税，具体包括现金、珠宝、股票、年金、人寿保险、房地产等。

4. 美国联邦遗产额和美国联邦赠与额的估价

（1）美国联邦遗产额的估价。

美国税法规定，原则上将根据被继承人去世之日或者其他可替代的估价日的公平市价估算遗产的价值。

① 估价日期的选择。遗产管理人可选择被继承人去世之日或者被继承人去世以后6个月之内一个可替代的日期作为估价日期。可替代的日期是指被继承人去世以后6个月之内的财产分配日、销售日、交易日或者其他处置日。

遗产管理人需要在第一次申报遗产税的时候做出上述选择，选择一经做出，不得更改。

② 不动产的估价。通常要按照不动产当前的用途，使用公平市价进行估价。美国税法还规定，如果不动产满足 6 项条件（如占遗产总额的 50%以上，被继承人是美国公民或者美国居民等），遗产管理人可以选用特殊的估价方法。这一选择必须在美国国家税务局发出征税通知以后的 90 天之内做出。并且，与公平市价的估价相比，使用特殊的估价方法对遗产总额估价的减少额不得超过 75 万美元。

③ 股票和债券的估价。对于股票和债券的估价，要使用估价日的最高售价和最低售价之间的中间价。如果在估价日没有开盘，则要依据估价日前一日的售价估算。如果没有售价，则应当使用买方开出的买价进行估价。

对于美国储蓄债券，应当使用估价日的偿还价格计价。

对于市价低于面值的美国国库券，应当使用面值计价。

对于共同基金的份额，应当使用偿还价格计价。

④ 经营企业权益的估价。如果被继承人拥有个人独资企业，或者是一名合伙人，其拥有的企业财产或者合伙财产应该使用估价日的合理价格进行估价。估价可以参照有意购买方按照该企业的资产和获利能力所出的买价。

⑤ 年金、保险金等的估价。对于被继承人去世时的剩余年金、人寿保险等的估价，应根据专门的表格进行计算。

（2）美国联邦赠与额的估价。

对于赠与的财产，应当使用赠与日该财产的公平市价进行估价。对于股票和债券、共同基金的份额、普通信托基金、人寿保险、年金、经营企业的权益等特殊类型赠与财产的估价，与前述遗产额的确定原则相同。

5. 费用扣除

在计算应纳税遗产额和应纳税赠与额的时候，可以按照美国税法的规定扣除一些必要的费用支出。

（1）与遗产有关的费用扣除。

在计算应纳税遗产额的时候，可以扣除的必要的费用支出包括：实际由遗产支付的丧葬费用，管理者的佣金和律师费等管理费用，要求取得遗产的费用，在被继承人去世以前已经发生纳税义务但尚未缴纳的税款，被继承人尚未偿还的债务，火灾、水灾、海难、意外或者偷盗等损失未获保险赔偿的部分。

（2）与赠与有关的费用扣除。

在计算应纳税赠与额的时候，可以扣除赠与人所负担或者用于支付受赠人的医疗和培训费。

6. 其他扣除项目

美国联邦遗产税和美国联邦赠与税的扣除项目主要有婚姻扣除、慈善捐赠扣除、年度赠与免征额等。

（1）婚姻扣除。

美国公民或者美国居民纳税人可以享受婚姻扣除。对于美国联邦遗产税而言，婚姻扣除是指归属于被继承人配偶的遗产价值可以从遗产总额中全额扣除；对于美国联邦赠与税而言，婚姻扣除是指向配偶的赠与额可以全额扣除。

如果被继承人或者赠与人的配偶不是美国公民，则通常不能享受婚姻扣除。但是从1989年以后，美国税法规定被继承人或者赠与人的配偶若满足一定条件，也可以享受婚姻扣除。

（2）慈善捐赠扣除。

美国税法允许对慈善捐赠或者类似的财产转移予以扣除，但捐赠的财产要符合一定的条件。比如，赠与美国联邦、州政府领地范围以内的任何政治机关或者哥伦比亚特区，或者赠与财产供以上政治机关使用，并且仅用于公共目的。

对于美国公民或者美国居民纳税人向美国国内公司、协会或者在美国使用信托的慈善捐赠的扣除，美国税法没有规定上限，即这类捐赠可以全额扣除。

（3）年度赠与免征额。

在美国联邦政府层面，赠与可分为年度赠与和终身赠与。

年度赠与免征额是每个纳税年度可以不列入税基中的赠与数额。也就是说，在美国联邦政府层面，除每位被继承人一生的综合免税额外，每位赠与税申报纳税人每年还可以获得一定金额的赠与而不需要缴纳赠与税。年度赠与免征额从1998年开始随着通货膨胀指数的变化而每年调整。2018年，年度赠与免征额提高到1.5万美元。如果纳税人的配偶不是美国公民，纳税人对其非美国公民身份配偶的赠与的年度赠与免征额为15.2万美元。

终身赠与免征额和遗产税免税额相连，简称“遗赠统一免税额”，以防止纳税人为逃避缴纳遗产税而在生前将财产悉数转给受益人现象的发生。当赠与人当年的赠与金额超过年度赠与免征额时，超额部分可以利用终身赠与免征额“宽免”当年所需缴纳的赠与税。2018年，个人终身赠与免征额的金额为1 118万美元。例如，钱先生于2018年赠与儿子20万美元，因为超额的18.5万美元赠与并没有超过1 118万美元的遗赠统一免税额，因此，钱先生不需要为此缴纳赠与税，但为其身后财产计算遗产税时，免税额剩余1 099.5万美元。

7. 税率

美国联邦遗产税和美国联邦赠与税适用统一的税率表。2017年12月22日，美国政府公布的《减税和就业法案》继续保留该类税种。美国联邦遗产税和美国联邦赠与税税率表（2018年）如表5-2所示。

表5-2　美国联邦遗产税和美国联邦赠与税税率表（2018年）

级数	应纳税遗产额	税率	速算扣除数（美元）
1	不超过10 000美元的部分	18%	0
2	超过10 000美元至20 000美元的部分	20%	200
3	超过20 000美元至40 000美元的部分	22%	600
4	超过40 000美元至60 000美元的部分	24%	1 400
5	超过60 000美元至80 000美元的部分	26%	2 600
6	超过80 000美元至100 000美元的部分	28%	4 200
7	超过100 000美元至150 000美元的部分	30%	6 200

续前表

级数	应纳税遗产额	税率	速算扣除数（美元）
8	超过 150 000 美元至 250 000 美元的部分	32%	9 200
9	超过 250 000 美元至 500 000 美元的部分	34%	14 200
10	超过 500 000 美元至 750 000 美元的部分	37%	29 200
11	超过 750 000 美元至 1 000 000 美元的部分	39%	44 200
12	超过 1 000 000 美元的部分	40%	54 200

资料来源：美国国家税务局官网。

8. 抵免规定

美国联邦遗产税和美国联邦赠与税实行统一的综合免税额。此外，美国税法对美国联邦遗产税还给予了一些特殊的抵免项目，而美国联邦赠与税没有特殊的抵免项目。

(1) 综合免税额。

综合免税额是指遗产中的一部分可以免于征税，遗产总额不超过该数额时可以免于申报。在美国，美国联邦赠与税与美国联邦遗产税共享综合免税额。例如，2018 年，美国公民个人遗产免税额是 1 118 万美元，如果被继承人生前超额赠与 100 万美元，且该部分赠与未缴纳美国联邦赠与税，则被继承人的遗产免税额还剩 1 018 万美元。

综合免税额每年由美国国家税务局依照通货膨胀指数变化而调整公布。美国政府税改后，2018 年，美国公民个人遗产免税额为 1 118 万美元，夫妻共同遗产免税额为 2 236 万美元。既不是美国公民也不持美国绿卡的个人，遗产免税额则只有 6 万美元。在美国遗产税制度中，如果夫妻双方均为美国公民，则可以享受无限婚姻扣减待遇，即配偶之间的财产继承不需要缴纳遗产税，待另外一个配偶也过世了，转给子女时再缴纳遗产税。如果夫妻双方有一方为美国公民，另一方为美国绿卡持有人。当先去世的一方是美国绿卡持有人时，健在的美国公民则可以享受无限婚姻扣减待遇；当先去世的一方为美国公民时，其名下的财产在扣除遗产综合免税额后必须马上缴纳遗产税。如果夫妻双方都是美国绿卡持有人，则不享有无限婚姻扣减，任一方去世后，其名下的财产在扣除遗产综合免税额后必须马上缴纳遗产税。

(2) 统一抵免税额。

统一抵免税额是基于综合免税额按照现行美国联邦遗产税或美国联邦赠与税适用税率及速算扣除数计算出的税额。例如，2018 年综合免税额为 1 118 万美元，按照 2018 年税率表计算的统一抵免税额为：

$$11\ 180\ 000 \times 40\% - 54\ 200 = 4\ 417\ 800 (\text{美元})$$

统一抵免税额可以在被继承人一生中的任何时候（包括去世的时候）使用，用完为止。被继承人可以自行决定使用该抵免项目抵免美国联邦遗产税或者美国联邦赠与税。美国税法只是规定了统一抵免税额，对抵免的用途则没有限制。但是如果应纳税额低于统一抵免税额，则不能获取退税。

美国综合免税额及统一抵免税额如表5－3所示。

表5－3　美国综合免税额及统一抵免税额表

年度	综合免税额（美元）	按2018年税率计算的统一抵免税额（美元）
1997	600 000	192 800
1998	625 000	202 050
1999	650 000	211 300
2000—2001	675 000	220 550
2002—2003	700 000	229 800
2004	850 000	287 300
2005	950 000	326 300
2006—2010	1 000 000	345 800
2011	5 000 000	1 945 800
2012	5 120 000	1 993 800
2013	5 250 000	2 054 800
2014	5 340 000	2 081 800
2015	5 430 000	2 117 800
2016	5 450 000	2 125 800
2017	5 490 000	2 141 800
2018	11 180 000	4 417 800

资料来源：美国国家税务局官网。

（3）美国联邦遗产税的特殊抵免项目。

除综合免税额外，美国联邦遗产税的特殊抵免项目还包括：对美国州遗产税或者继承税的抵免、对美国联邦赠与税的抵免、对外国遗产税的抵免，以及对以前缴纳的财产转移税的抵免。

①对美国州遗产税或者继承税的抵免。如果一项遗产已经缴纳美国州遗产税或者继承税，则该项遗产在缴纳美国联邦遗产税的时候可以获得对美国州遗产税或者继承税的抵免。

②对美国联邦赠与税的抵免。在计算美国联邦遗产税应纳税额的时候，被继承人在1977年以前进行的赠与，其已经缴纳的赠与税税款可以获取抵免。并且，如果应纳税遗产中包括1977年以后进行的赠与，则该赠与的应纳赠与税税款也可以获得抵免。

③对外国遗产税的抵免。已经向外国政府缴纳遗产税的遗产，在计算美国联邦遗产税的时候，可以获得遗产税的抵免。

④对以前缴纳的财产转移税的抵免。为了减轻应纳税遗产中多次被转移的财产的税负，美国税法规定了对以前缴纳的财产转移税的抵免。该抵免主要适用于在10年以内缴纳了不止一次遗产税的遗产。

9. 应纳税额的计算

遗产税应纳税额的计算步骤如下：

经济遗产额＝遗产总额－费用支出

遗产净额＝经济遗产额－扣除项目＋调整后的应税赠与

遗产税应纳税额＝遗产净额×适用税率－速算扣除数－已付的赠与税

遗产税实际应纳税额＝遗产税应纳税额－统一抵免税额和其他抵免项目

实例 5－11 2018 年，美国公民布朗先生的遗产总额为 2 000 万美元，其中1 118万美元的综合免税额部分不用纳税。假设布朗先生未使用过终身赠与免征额，各项费用支出及扣除项目合计金额为 200 万美元。不考虑其他抵免项目，请计算布朗先生的遗产税实际应纳税额。

解析：

布朗先生的遗产净额为：

2 000－200＝1 800(万美元)

2018 年，布朗先生遗产的适用税率是 40%，速算扣除数为 5.42 万美元。因此，布朗先生的遗产税应纳税额为：

1 800×40%－5.42＝714.58(万美元)

2018 年，美国公民遗产税综合免税额为 1 118 万美元，按 2018 年税率计算的统一抵免税额为 441.78 万美元，因此，布朗先生的遗产税实际应纳税额为：

714.58 －441.78＝272.80(万美元)

10. 纳税申报

遗产继承人必须在被继承人去世后 9 个月之内进行遗产税的申报。因故不能申报可提交申请，获准后可以给予 6 个月的延期。

美国联邦赠与税按年计算、申报和纳税。

美国联邦遗产税和美国联邦赠与税的税款缴纳期限与申报期限相同。如果纳税人不能按期纳税，则可以申请延期缴纳。美国国家税务局通常会给予美国联邦遗产税不超过 12 个月的延期纳税、美国联邦赠与税不超过 6 个月的延期纳税。延期缴纳的税款必须按照当期的利率缴纳滞纳金。

二、英国的遗产税制度

(一) 英国遗产税制度的发展

英国是欧洲较早实行遗产税的国家之一。1789 年法国大革命后，受英法战争的庞大军费开支以及“平等、博爱、互助”的启蒙思潮影响，英国于 1796 年就开始征收遗产税。不过，当时英国遗产税的规模较小，与印花税类似。

到 19 世纪中期，英国阶层分化变得非常严重。一方面大量农民失去土地，工人一贫如洗，另一方面传统贵族及新兴工业家拥有大量资产。为抑制贫富差距，不少经济学家和法学家开始主张以累进税率的方式对遗产征税。在这种背景下，英国政府在19世纪晚期进行了财税制度改革——建设性税制改革。在遗产税方面，英国最终采用对富裕阶层的遗产按比例征税的做法，并不断提高起征点，使遗产税负担只落在极富者的头上。

为了避免死后被征收高额税收，握有大量资产的极富人士将其财产事先转移，或者将其分给亲属。同时，随着股份有限公司等新的企业形式的出现以及20世纪的经济繁荣，社会财富分配又朝着相对均等化的方向发展，造就了一批中产阶级，遗产税改革不再显得那么紧迫，甚至遗产税在英国成为有政治争议的调控政策。1986年，英国政府改革遗产税，规定了很多税收扣免项目。工党执政之后，2007年，财政大臣戈登·布朗又主持了改革，改变了过去根据通货膨胀因素不断调高起征点的习惯做法，将起征点固定为个人32.5万英镑。

（二）英国遗产税制度的基本内容

1. 纳税人

英国遗产税的纳税人为遗嘱执行人、遗产管理人和赠与人。通常情况下，住所在英国的个人需要就全球资产在英国缴纳遗产税；对于住所不在英国的个人，一般仅就位于英国的资产在英国缴纳遗产税。

在英国法下，住所是在居民、国籍之外的一个单独的法律概念。在英国，有以下三种住所。

（1）出生住所，指依据出生获得的住所，通常是出生时父亲的住所。该住所非常难以丧失。如果一个人根据其他方式获得了新的住所，但后来又丧失了该住所，出生住所自动复位。

（2）依附住所，指个人在16岁之前根据其监护人的住所而获得的住所。

（3）选择住所，指个人在16岁以后获得的住所。获得选择住所，其关键是个人在一个新的国家永久生活的意图，并无法定的步骤。

除上述三种住所外，移民英国的个人可能会基于以下“视同住所”规则，被视同在英国有住所。

（1）在其死亡之前的3年内的任何时间里，其永久家庭在英国。

（2）“15/20”标准。即个人在进行资产转让或者死亡当年之前的20年内有至少15年是英国的税务居民。如果纳税人基于“视同住所”规则被视同住所在英国，则其需要离开英国5年，才能隔断该规则。

2. 课税对象及征税范围

英国遗产税以死者的遗产及生前的赠与财产为课税对象。因此，征收遗产税的财产除被继承人死亡时遗留的财产外，还包括被继承人生前赠与的财产。个人在赠与行为发生后的7年以后死亡的，该赠与财产不属于遗产税应税范围。

3. 税率

英国遗产税采用比例税率。具体税率如下。

（1）遗留财产的税率。

个人死亡时遗留的财产，遗产税税率为40%。

（2）生前赠与财产的税率。

在英国，还是鼓励生前赠与的。个人在赠与行为发生后的 7 年内死亡的，超过遗产税免税额的部分，适用分级递减的比例税率。具体税率表见表 5－4。

表 5－4　英国生前赠与分级递减税率表

赠与行为距离死亡时点的时长	适用税率
3 年以下	40%
3～4 年	32%
4～5 年	24%
5～6 年	16%
6～7 年	8%
7 年及以上	0

资料来源：英国税务及海关总署网站。

实例 5－12[①]　萨莉于 2018 年 7 月 1 日去世，去世时萨莉的遗产为 50 万英镑，没有结婚且没有同居伴侣。萨莉在去世前的 7 年里赠与了三次：①在她去世前 6.5 年，赠与她的哥哥 30 万英镑的礼物；②在她去世前 4.5 年，赠与她的姐姐 5 万英镑的礼物；③在她去世前 3.5 年，赠与她的朋友 15 万英镑。

那么，应如何计算遗产税？

解析：

2018 年，英国遗产税免税额度为 32.5 万英镑，低于此金额的任何赠与都是免税的。因此：

①萨莉送给她哥哥的礼物耗费了 30 万英镑的免税额度，此笔赠与不需要缴纳赠与税。免税额度还剩下 2.5 万英镑。

②萨莉赠与了价值 5 万英镑的礼物给她的姐姐，这部分超出免税额度 2.5（＝5－2.5）万英镑，需要缴纳税款。因在离世前 4.5 年赠与，税率为 24%。

③萨莉去世前 3.5 年送给她朋友的 15 万英镑应缴纳税款，适用税率为 32%。

④萨莉去世时的剩余财产价值为 50 万英镑，将按照通常的 40%遗产税税率缴纳税款。

4. 遗产评估

遗产评估的基本原则是遗产的价值按被继承人死亡时其财产的公开价格评估。

5. 免税额

目前，在英国遗产税相关法律下，每人的遗产税免税额度是 32.5 万英镑，夫妻或同居伴侣一方没有用完的额度部分，可以转给配偶和同居伴侣。

如果被继承人遗留的财产中含房产，且该房产是被继承人生前拥有并居住的房子，则可以适用附加免税额度。2018 年最高附加免税额度为 17.5 万英镑，即以 17.5 万英镑与房产价值较低者为附加免税额度。值得注意的是，附加免税额度只能适用一套房产。

被继承人生前赠与时，每年的免税额为 3 000 英镑，当年未使用的年度免税

① 案例来源：英国税务及海关总署网站。

额可以在次年继续使用（仅限一年）。

实例 5-13 英国公民约翰在 2018 年去世，留下价值 30 万英镑的房产和 19 万英镑的其他财产给他的孩子。假设约翰生前未做任何赠与。约翰的遗产该如何缴纳遗产税？

解析：

2018 年，英国公民遗产税免税额度为 32.5 万英镑。

约翰去世后的遗产包括房产，且该房产价值 30 万英镑，按照房产价值与 17.5 万英镑孰低的原则，约翰的附加免税额度为 17.5 万英镑。

约翰的遗产总计免税金额为 50（=32.5+17.5）万英镑，超出其遗产总额 1（=50−30−19）万英镑。即约翰尚有 1 万英镑的免税额度没有使用，他可以将此额度转移给他的配偶或伴侣。

6. 扣除项目

被继承人死亡时所负的债务将在应纳税遗产总额中被扣除，被继承人生前所应缴纳的一些费用也包含在内。

三、日本的遗产税制度

（一）日本遗产税制度的发展

从日本现行的法律看，遗产税被称为继承税。为了便于大家理解，本书中统一使用“遗产税”，不使用“继承税”。

为了筹措战争军费，日本于 1905 年开始征收遗产税，采取的是总遗产税制。为顺应旧宪法制度下民法中的家族制度，日本将家庭继承和遗产继承分开，使其分别适用不同的税率。

为了抑制财富过度集中，促进财产分割，并鼓励按继承人的纳税能力进行公平征税，1950 年，在美国哥伦比亚大学夏普教授的提议下，日本政府将总遗产税制改为分遗产税制，同时，遗产税吸收赠与税，对公民一生中通过继承、遗赠以及赠与所得的财产进行累积性的综合性课税。改革后，分遗产税制虽然消除了被继承人可能通过生前多次赠与从而逃避纳税义务的弊病，但征收管理相当烦琐。1953 年，日本再次将遗产税与赠与税分开征收，直到今天。

1953 年后，日本的遗产税法历经多次增删修订，其中最大的一次修改发生在 2003 年。2003 年的修改内容主要包括三个方面：一是降低最高税率，将遗产税的最高税率由原来的 70%大幅降为对超过 3 亿日元的部分一律征收 50%；二是简并税率级次，遗产税由原来的九级累进税率简并到六级累进税率；三是创立了继承精算课税制度。2003 年大改后，日本的遗产税法又经过数次修正，主要体现在税率调整、免税额调整、扣除项目调整等方面，但未发生根本性变化。

（二）日本遗产税制度的基本内容

1. 纳税人

日本遗产税的纳税人是因继承或受遗赠而获得财产的人，包括在日本境内有住所的继承遗产的个人和虽在日本境内无住所，但是继承在日本境内的遗产的个人。凡在日本拥有住所的个人，需要就来源于日本境内、境外的财产承担纳税义务；凡是在日本境内无住所但继承在日本境内的财产，需要就来源于日本境内的财产承担纳税义务。对于放弃遗产的继承人，也视其为纳税人。

2. 课税对象及征税范围

日本遗产税的课税对象为继承人和受遗赠人取得的一切财产。财产是指一切具有经济价值的财产，包括动产和不动产、有形资产和无形资产等。财产形式非常广泛，如船舶或飞机、采矿或采石权、钓鱼特许经营权、银行存款、保险收益、退休津贴、贷款、债券或公司股票、投资利润、应收账款等。

3. 税率

2018年，日本的遗产税实行10%～55%的八级累进税率，详见表5-5。

表5-5　日本遗产税税率表

序号	应税财产	税率	速算扣除数
1	不超过1 000万日元的部分	10%	0
2	超过1 000万日元至3 000万日元的部分	15%	50万日元
3	超过3 000万日元至5 000万日元的部分	20%	220万日元
4	超过5 000万日元至1亿日元的部分	30%	700万日元
5	超过1亿日元至2亿日元的部分	40%	1 700万日元
6	超过2亿日元至3亿日元的部分	45%	2 700万日元
7	超过3亿日元至6亿日元的部分	50%	4 200万日元
8	超过6亿日元的部分	55%	7 200万日元

资料来源：日本国税厅官网。

4. 扣除项目

（1）基础扣除额。

日本遗产税的基础扣除额分为两部分：一部分是标准金额，为3 000万日元；另一部分是600万日元与继承人数量的乘积。

例如，在日本的一个四口之家，丈夫去世了，妻子和家里两个孩子为法定继承人。那么，基础扣除额为4 800（=3 000+600×3）万日元。也就是说，当家里持有的现金、金融资产以及不动产的评价额总计超过4 800万日元时，超过部分要按照规定缴纳遗产税。

（2）其他扣除项目。

除基础扣除额外，日本遗产税扣除项目还有债务扣除、丧葬费扣除、配偶继承扣除、公益捐赠扣除、未成年人继承扣除、残障继承扣除、其他扣除（每位法定继承人可以扣除500万日元的人寿保险收益、500万日元的退休津贴）等。比如，抵免主要是已纳外国遗产税的税额抵免。

5. 税收减免

在日本的遗产税法中，还规定了一些减免措施。如配偶税额减免，即被继承人的配偶的课税价格、法定继承份额均在1.6亿日元以内的，不需要缴纳遗产税。

6. 应纳税额的计算

日本遗产税应纳税额的计算过程比较复杂。

第一步，将各继承人或受遗赠人因继承或遗赠而获取的财产部分，减去被继承人债务及丧葬费用，加上继承前3年内的赠与财产额，计算出每个继承人的课税价格。

第二步，合并每个继承人或受遗赠人的课税价格，减去基础扣除额，求出应纳税遗产总额。

第三步，按照法定继承份额计算各继承人或受遗赠人的应税财产，各自按照相应税率和速算扣除数分别计算各自应税财产的应纳税额。

第四步，汇总各继承人或受遗赠人的应纳税额，形成总的遗产税应纳税额。

第五步，按照每个继承人的课税价格在应纳税遗产总额中的占比，分别乘以总的遗产税应纳税额，得出每个继承人的遗产税实际应纳税额。

日本法定继承份额表见表5-6。

表5-6　日本法定继承份额表

	继承人	法定继承份额	
被继承人	有子女	配偶	1/2
		子女	1/2
	无子女	配偶	2/3
		父母	1/3
	无子女、无父母	配偶	3/4
		兄弟姐妹	1/4

注：子女、父母、兄弟姐妹为一人以上的，平分法定的继承份额。

资料来源：日本国税厅官网。

实例5-14①　在日本的一个四口之家，丈夫去世了，妻子和家里两个儿子为法定继承人。妻子、儿子继承的财产以及承担的债务和丧葬费用等如表5-7所示。假设除基础扣除额外无其他扣除项目。请计算每个继承人各自应缴纳的遗产税金额。

表5-7　财产继承及费用承担情况　单位：万日元

法定继承人	妻子	子1	子2	合计
继承财产的价值	10 000	1 000	1 000	12 000
债务和丧葬费用等	2 000	0	0	2 000

解析：

（1）每个继承人的课税价格。

妻子的课税价格＝10 000－2 000＝8 000（万日元）

子1、子2的课税价格均为1 000万日元。

① 资料来源：日本国税厅官网。

(2) 计算应纳税遗产总额。

总课税价格=8 000+1 000+1 000=10 000(万日元)

应纳税遗产总额=10 000−3 000−600×3=5 200(万日元)

(3) 计算每个继承人各自应税财产的应纳税额。

按照日本法定继承份额，妻子继承1/2，子1、子2均分剩余的1/2，即儿子们每人的继承份额为1/4。因此，妻子的应税财产金额为2 600 (=5 200×1/2) 万日元，子1、子2的应税财产金额均为1 300 (=5 200×1/4) 万日元。

妻子应税财产的应纳税额=2 600×15%−50=340(万日元)

子1应税财产的应纳税额=1 300×15%−50=145(万日元)

子2应税财产的应纳税额=1 300×15%−50=145(万日元)

(4) 计算总的遗产税应纳税额。

总的遗产税应纳税额=340+145+145=630(万日元)

(5) 计算每个继承人的遗产税实际应纳税额。

按照个人课税价格在应纳税遗产总额中的占比，计算每个继承人的遗产税实际应纳税额。其中，妻子因为继承的财产课税价格、法定继承份额均在1.6亿日元以内，因此免于缴纳遗产税。

子1遗产税实际应纳税额=630×[1000÷(8 000+1 000+1 000)]=63(万日元)

子2遗产税实际应纳税额=630×[1000÷(8 000+1 000+1 000)]=63(万日元)

第六节 中国境内遗产税

一、中国境内遗产税开征历史

我国早在1950年就将遗产税作为拟开征的税种之一，但限于当时的条件未予开征。

1993年11月，中共十四届三中全会通过的《中共中央关于建立社会主义市场经济体制若干问题的决定》指出，要适时开征遗产税和赠与税。1994年，《工商税制改革实施方案》开始施行，确定开征遗产税。1996年1月，《国民经济和社会发展“九五”计划和2010年远景目标纲要》提出逐步开征遗产税和赠与税。

2017年，财政部在《关于政协十二届全国委员会第五次会议第0107号（财税金融类018号）提案答复的函》中明确指出：我国目前并未开征遗产税，也从未发布遗产税相关条例或条例草案。提案中提到的“2004年版、2010年版《中华人民共和国遗产税暂行条例（草案）》”来源未知。从十三届全国人大常委会立法规划来看，遗产税尚未成为目前中央政府考虑的立法项目。

二、中国境内对房产继承和赠与的征税制度

虽然我国没有开征遗产税和赠与税，但是在房产的继承和赠与上，还是有相关的涉税规定的。

1. 房产继承的税收规定

中国的房产继承分为法定继承和遗嘱继承两类，在税收规定上差异不大。

（1）增值税。

《关于全面推开营业税改征增值税试点的通知》规定：房屋产权所有人死亡，法定继承人、遗嘱继承人或者受遗赠人依法取得房屋产权，免征增值税。

（2）土地增值税。

《中华人民共和国土地增值税暂行条例实施细则》规定：转让国有土地使用权、地上的建筑物及其附着物并取得收入，是指以出售或者其他方式有偿转让房地产的行为，不包括以继承、赠与方式无偿转让房地产的行为。法定继承人、遗嘱继承人或者受遗赠人依法取得房屋产权，对被继承人、遗赠人不征收土地增值税。

（3）个人所得税。

《关于个人无偿受赠房屋有关个人所得税问题的通知》规定：房屋产权所有人死亡，对依法取得房屋产权的法定继承人、遗嘱继承人或者受遗赠人，不征收个人所得税。

（4）契税。

《关于继承土地、房屋权属有关契税问题的批复》规定：对于《中华人民共和国继承法》（简称《继承法》）规定的法定继承人（包括配偶、子女、父母、兄弟姐妹、祖父母、外祖父母）继承土地、房屋权属，不征契税。《继承法》规定：非法定继承人根据遗嘱承受死者生前的土地、房屋权属，属于赠与行为，应缴纳契税。

因此，法定继承人取得房产，免纳契税。法定继承人以外的人取得房产，应按照3%～5%的税率缴纳契税。

（5）印花税。

《中华人民共和国印花税暂行条例施行细则》明确规定：产权转移书据，是指单位和个人产权的买卖、继承、赠与、交换、分割等所立的书据。因此，继承房产应缴纳印花税。

2. 房产赠与的税收规定

中国房产的赠与分为生前赠与和身后赠与（遗赠）两类，两种方式下税负无差异。

（1）增值税。

个人无偿赠与房产，属于下列情形之一的，暂免征收增值税：①离婚财产分割；②无偿赠与配偶、父母、子女、祖父母、外祖父母、孙子女、外孙子女、兄弟姐妹；③无偿赠与对其承担直接抚养或者赡养义务的抚养人或者赡养人；④房

屋产权所有人死亡，依法取得房屋产权的法定继承人、遗嘱继承人或者受遗赠人。

除以上情形外，对于个人无偿赠与房产，按照5%的税率征收增值税。其中不足2年的住房，全额征收增值税；已满2年的住房，免征增值税（北京、上海、广州、深圳除外）。商业用房，不分年限，一律按照销售收入减去购买房产的价款后的差额征收增值税。

（2）契税。

房产赠与需要由受赠人按照房屋价值的3%～5%缴纳契税。

在婚姻关系存续期间，房屋、土地权属原归夫妻一方所有，变更为夫妻双方共有或另一方所有的，或者房屋、土地权属原归夫妻双方共有，变更为其中一方所有的，或者房屋、土地权属原归夫妻双方共有，双方约定、变更共有份额的，免征契税。

父母将房产赠与子女，兄弟姐妹之间互相赠与房产，都需要缴纳契税。

（3）个人所得税。

以下情形的房屋产权无偿赠与，对当事双方不征收个人所得税：房屋产权所有人将房屋产权无偿赠与配偶、父母、子女、祖父母、外祖父母、孙子女、外孙子女、兄弟姐妹；房屋产权所有人将房屋产权无偿赠与对其承担直接抚养或者赡养义务的抚养人或者赡养人；房屋产权所有人死亡，依法取得房屋产权的法定继承人、遗嘱继承人或者受遗赠人。除上述情形以外，房屋产权所有人将房屋产权无偿赠与他人的，受赠人因无偿受赠房屋取得的受赠所得，按照“经国务院财政部门确定征税的其他所得”项目缴纳个人所得税，税率为20%。

对受赠人无偿受赠房屋计征个人所得税时，其应纳税所得额为房地产赠与合同上标明的赠与房屋价值减除赠与过程中受赠人支付的相关税费后的余额。赠与合同标明的房屋价值明显低于市场价格或房地产赠与合同未标明赠与房屋价值的，税务机关可依据受赠房屋的市场评估价格或采取其他合理方式确定受赠人的应纳税所得额。

受赠人转让受赠房屋的，以其转让受赠房屋的收入减除原捐赠人取得该房屋的实际购置成本以及赠与和转让过程中受赠人支付的相关税费后的余额，为受赠人的应纳税所得额，依法计征个人所得税。受赠人转让受赠房屋价格明显偏低且无正当理由的，税务机关可以依据该房屋的市场评估价格或以其他合理方式确定的价格核定其转让收入。

实例5-15 张某是国内某大学的退休教授，子女定居在美国。张教授夫妇平时的生活主要由张教授的侄女小张照料。随着年龄的增长，张教授夫妇的日常起居逐渐不便，为了更好地照顾张教授夫妇，小张和丈夫从2018年1月开始搬过来和张教授夫妇一起居住，实际上承担起了赡养他们的责任。张教授为了表示感谢，于2019年3月决定将自己闲置的一套房产无偿赠送给小张。张教授签订了赠与合同并到公证部门进行了公证，赠与合同上注明的该房产的价值为100万元。该房产系张教授在2010年购进的普通住房，当时的购买价为36万元。

解析：

（1）若张教授和小张能提供公证机构出具的赡养关系公证书原件，或者乡镇政府（街道办）出具的赡养关系证明，则张教授可以免纳增值税，小张可以免纳个人所得税，但需要缴纳 3（＝100×3％）万元契税和 500（＝1 000 000×0.05％）元印花税。

（2）若张教授和小张未能提供公证机构出具的赡养关系公证书原件，或者乡镇政府（街道办）出具的赡养关系证明，则该赠与行为可能涉及增值税及其附加、契税和个人所得税。

其中，因该普通住房购于 2010 年，已满 2 年，因此，张教授可免交增值税及其附加税。

过户时，小张需要缴纳 3（＝100×3％）万元契税和 500（＝1 000 000×0.05％）元印花税；缴纳 19.39［＝（100－3－0.05）×20％］万元个人所得税。

三、中国境内对股权赠与的征税制度

将股权赠与配偶、父母、子女、祖父母、外祖父母、孙子女、外孙子女、兄弟姐妹以及对转让人承担直接抚养或者赡养义务的抚养人或者赡养人，不征收个人所得税。

将股权赠与其他人，需要由赠与人按照财产转让所得缴纳 20％的个人所得税。因赠与无转让收入，因此，转让价格由税务机关按照以下方法核定：参照每股净资产或纳税人享有的股权比例所对应的净资产份额核定股权转让收入；参照相同或类似条件下同一企业同一股东或其他股东股权转让价格核定股权转让收入；参照相同或类似条件下同类行业的企业股权转让价格核定股权转让收入。

四、中国境外部分地区取消遗产税带来的变化

虽然遗产税是一项不折不扣的“富人税”，其主要作用是调节贫富差距，但随着富人全球配置资产能力的提高，遗产税的弊端也越来越明显。一是遗产税调节贫富差距的作用降低。高净值人士可以通过多种方式转移财产以达到规避遗产税的目的，中产阶级则因为缺少避税工具而成为负担遗产税的中坚力量。二是遗产税造成资产外流。如果一个国家或地区征收遗产税，而相邻的国家或地区不开征遗产税，投资者在选择投资地点时，则会考虑遗产税因素。因此，取消遗产税越来越成为各国或地区争夺投资的武器。有报道称，新西兰在 1992 年取消遗产税后，翌年直接外来投资骤增 103％，之后两年亦保持了 20％的增长速度。新西兰政府坚持认为，新西兰直接投资增加与遗产税的取消有着必然联系。

在我国香港地区，2006 年，香港税务局的年报分析，2002—2006 年，香港遗产税占香港税收 1.1％～1.5％，占香港总收入只有 0.7％～0.8％。虽然香港遗产税占香港总收入的比例不大，但是，遗产税的存在令香港地区外的投资者不会贸然将他们的资产转移至香港。综合考虑各方呼声及切实因素后，2006 年 2 月 11 日，香港特区政府决定停止征收遗产税。取消遗产税在一定程度上增加了香港对投资者的吸引力，大量投资回流或进入香港，增加了香港的股票及土地物业的交投量，为政府带来了庞大的印花税收入。同时，香港逐渐成为亚洲地区首选的资产管理中心，并为金融、会计、法律等相关行业带来更多的生意和就业机会，有力地拉动了香港经济。一些通过投资香港地区外的资产以避缴遗产税的人

将投资调回了香港，鼓励了香港人在香港投资的信心。

新加坡于 2008 年 2 月 15 日起停止征收遗产税。长期以来，新加坡一直以低税负闻名全球，包括极低的企业所得税、个人所得税等。取消遗产税进一步增强了新加坡作为“富人天堂”的地位。

五、中国境内开征遗产税遇到的现实困难

中国境内当前开征遗产税遇到的困难包括：

第一，法律准备不够。财产与财产保护制度尚不完善，财产申报登记、评估制度有待建立，民法对遗产让渡的规定、继承人的确定、权利与义务的关系等问题的规定都需要修改。

第二，遗产税的征收成本太高。遗产税的征收成本较高，甚至可能得不偿失，这一问题在已实施多年遗产税制度的美国、英国、日本、德国等国家一直存在。以美国遗产税为例，2017 年，美国联邦遗产税为 228 亿美元①，占美国联邦总税收 3.37 万亿美元②的比重不到 1%。综合考虑政府的征税成本以及纳税人的申报成本，有人估计遗产税的征收成本可能超过 500 亿美元，成本与收益严重不对称。

若开征遗产税，我国则也会面临征税成本过高的问题。

第一，征收遗产税需要先完成遗产的核实、评估和征收工作，在当前我国个人财产的信息不透明的情况下，其所需的经费投入可想而知。

第二，除了我国公民的纳税意识淡薄外，传统的“子承父业”的观念也是开征遗产税的重大障碍。

第三，技术问题。遗产税的课征对象是被继承人遗留的财产总值，因此，开征遗产税要首先对遗产进行价值评估。除货币性资产外，很大一部分遗产属于非货币性资产，如不动产包括房子、工厂等，具有财产价值的权利包括商标权、专利权、债权、保险权益等。虽然国际上对遗产估价的通行做法是采用市场价值法，但我国在确立非货币性资产的估价程序、估价方法等方面确实面临技术难题。

第四，经济影响。被继承人为了规避高额遗产税从而在生前转移财产的事例，在开征遗产税的国家或地区并不罕见。征收遗产税和赠与税可能会对一国的经济特别是国外资本流入和国内资本流出产生一定的影响。正如财政部在《关于政协十二届全国委员会第五次会议第 0107 号（财税金融类 018 号）提案答复的函》中所言：是否征收遗产税和赠与税已逐步成为国家和地区间税收竞争、吸引投资的一项重要内容。部分开征遗产税和赠与税的国家和地区近年来出现了取消或弱化该税种的趋势，中国开征遗产税有资金外流的风险。

综上所述，虽然开征遗产税有利于缓解社会分配不公，但开征遗产税有可能造成国际资本逃离我国，更有可能影响到民众的投资热情，对我国经济发展造成负面影响。因此，综合考虑开征遗产税的现实困难，在全球经济不景气的环境下，我国在未来一段时间开征遗产税的可能性并不大。

---

①② 数据来源于美国财政部网站。

税款计算常用税率表

个人所得税税率表

（非居民个人工资、薪金所得，劳务报酬所得，稿酬所得，特许权使用费所得适用）

级数	全月应纳税所得额	税率（%）	速算扣除数（元）
1	不超过 3 000 元的部分	3	0
2	超过 3 000 元至 12 000 元的部分	10	210
3	超过 12 000 元至 25 000 元的部分	20	1 410
4	超过 25 000 元至 35 000 元的部分	25	2 660
5	超过 35 000 元至 55 000 元的部分	30	4 410
6	超过 55 000 元至 80 000 元的部分	35	7 160
7	超过 80 000 元的部分	45	15 160

个人所得税税率表

（居民个人综合所得汇算清缴适用，居民个人工资、薪金所得预扣预缴适用）

级数	全年应纳税所得额	税率（%）	速算扣除数（元）
1	不超过 36 000 元的部分	3	0
2	超过 36 000 元至 144 000 元的部分	10	2 520
3	超过 144 000 元至 300 000 元的部分	20	16 920
4	超过 300 000 元至 420 000 元的部分	25	31 920
5	超过 420 000 元至 660 000 元的部分	30	52 920
6	超过 660 000 元至 960 000 元的部分	35	85 920
7	超过 960 000 元的部分	45	181 920

个人所得税税率表

（经营所得适用）

级数	全年应纳税所得额	税率（%）	速算扣除数（元）
1	不超过30 000元的部分	5	0
2	超过30 000元至90 000元的部分	10	1 500
3	超过90 000元至300 000元的部分	20	10 500
4	超过300 000元至500 000元的部分	30	40 500
5	超过500 000元的部分	35	65 500

土地增值税四级超率累进税率表

级数	增值额与扣除项目金额的比率	税率（%）	速算扣除系数（%）
1	不超过50%的部分	30	0
2	超过50%至100%的部分	40	5
3	超过100%至200%的部分	50	15
4	超过200%的部分	60	35

消费税税目税率表

税目	税率
一、烟	
1. 卷烟	
（1）甲类卷烟	56%加0.003元/支
（2）乙类卷烟	36%加0.003元/支
（3）卷烟批发	11%加0.005元/支
2. 雪茄烟	36%
3. 烟丝	30%
二、酒	
1. 白酒	20%加0.5元/500克（或者500毫升）
2. 黄酒	240元/吨
3. 啤酒	
（1）甲类啤酒	250元/吨
（2）乙类啤酒	220元/吨
4. 其他酒	10%
三、高档化妆品	15%
四、贵重首饰及珠宝玉石	
1. 金银首饰、铂金首饰和钻石及钻石饰品	5%
2. 其他贵重首饰和珠宝玉石	10%
五、鞭炮、焰火	15%
六、成品油	

续前表

税目	税率
1. 汽油	1.52元/升
2. 柴油	1.20元/升
3. 航空煤油	1.20元/升（暂缓征收）
4. 石脑油	1.52元/升
5. 溶剂油	1.52元/升
6. 润滑油	1.52元/升
7. 燃料油	1.20元/升
七、摩托车	
1. 气缸容量（排气量，下同）为250毫升的	3%
2. 气缸容量在250毫升以上的	10%
八、小汽车	
1. 乘用车	
(1) 气缸容量（排气量，下同）在1.0升（含1.0升）以下的	1%
(2) 气缸容量在1.0升以上至1.5升（含1.5升）的	3%
(3) 气缸容量在1.5升以上至2.0升（含2.0升）的	5%
(4) 气缸容量在2.0升以上至2.5升（含2.5升）的	9%
(5) 气缸容量在2.5升以上至3.0升（含3.0升）的	12%
(6) 气缸容量在3.0升以上至4.0升（含4.0升）的	25%
(7) 气缸容量在4.0升以上的	40%
2. 中轻型商用客车	5%
九、高尔夫球及球具	10%
十、高档手表	20%
十一、游艇	10%
十二、木制一次性筷子	5%
十三、实木地板	5%
十四、电池	4%
十五、涂料	4%

1.《关于安置残疾人员就业有关企业所得税优惠政策问题的通知》
2.《关于车船税征管若干问题的公告》
3.《关于撤县建市城市维护建设税具体适用税率的批复》
4.《关于储蓄存款利息所得有关个人所得税政策的通知》
5.《关于创业投资企业和天使投资个人税收政策有关问题的公告》
6.《关于单位低价向职工售房有关个人所得税问题的通知》
7.《关于单位为员工支付有关保险缴纳个人所得税问题的批复》
8.《关于地方政府债券利息所得免征所得税问题的通知》
9.《关于调整房地产交易环节契税 个人所得税优惠政策的通知》
10.《关于调整房地产交易环节税收政策的通知》
11.《关于调整增值税税率的通知》
12.《关于调整住房租赁市场税收政策的通知》
13.《关于对营业账簿减免印花税的通知》
14.《关于发布〈股权转让所得个人所得税管理办法（试行）〉的公告》
15.《关于发布〈印花税管理规程（试行）〉的公告》
16.《关于房产税城镇土地使用税有关政策的通知》
17.《关于房产税若干具体问题的解释和暂行规定》
18.《关于房地产开发企业土地增值税清算管理有关问题的通知》
19.《关于非居民个人和无住所居民个人有关个人所得税政策的公告》
20.《关于夫妻之间房屋土地权属变更有关契税政策的通知》
21.《关于个人股票期权所得征收个人所得税问题的通知》
22.《关于个人所得税法修改后有关优惠政策衔接问题的通知》
23.《关于个人投资者收购企业股权后将原盈余积累转增股本个人所得税问题的公告》
24.《关于个人无偿受赠房屋有关个人所得税问题的通知 》
25.《关于个人转让股票所得继续暂免征收个人所得税的通知》
26.《关于个人转让上市公司限售股所得征收个人所得税有关问题的补充通知》
27.《关于个人转让上市公司限售股所得征收个人所得税有关问题的通知》

28.《关于股份制企业转增股本和派发红股征免个人所得税的通知》

29.《关于股权转让有关营业税问题的通知》

30.《关于雇主为其雇员负担个人所得税税款计征问题的通知》

31.《关于贯彻执行〈中华人民共和国城市维护建设税暂行条例〉几个具体问题的规定》

32.《关于基本养老保险费基本医疗保险费失业保险费住房公积金有关个人所得税政策的通知》

33.《关于继续实施企业改制重组有关土地增值税政策的通知》

34.《关于继续支持企业　事业单位改制重组有关契税政策的通知》

35.《关于加强和规范个人取得拍卖收入征收个人所得税有关问题的通知》

36.《关于加强企业债券利息个人所得税代扣代缴工作的通知》

37.《关于离退休人员再任职界定问题的批复》

38.《关于廉租住房经济适用住房和住房租赁有关税收政策的通知》

39.《关于明确金融　房地产开发　教育辅助服务等增值税政策的通知》

40.《关于企业促销展业赠送礼品有关个人所得税问题的通知》

41.《关于企业关联方利息支出税前扣除标准有关税收政策问题的通知》

42.《关于企业国债投资业务企业所得税处理问题的公告》

43.《关于企业年金　职业年金个人所得税有关问题的通知》

44.《关于企业所得税若干优惠政策的通知》

45.《关于企业为个人购买房屋或其他财产征收个人所得税问题的批复》

46.《关于企业研究开发费用税前加计扣除政策有关问题的公告》

47.《关于企业以免费旅游方式提供对营销人员个人奖励有关个人所得税政策的通知》

48.《关于全面推开营业税改征增值税试点的通知》

49.《关于深化增值税改革有关政策的公告》

50.《关于实施上市公司股息红利差别化个人所得税政策有关问题的通知》

51.《关于实施小微企业普惠性税收减免政策的通知》

52.《关于统一增值税小规模纳税人标准的通知》

53.《关于完善股权激励和技术入股有关所得税政策的通知》

54.《关于下发〈货物期货征收增值税具体办法〉的通知》

55.《关于修订印发〈高新技术企业认定管理办法〉的通知》

56.《关于研发费用税前加计扣除归集范围有关问题的公告》

57.《关于印发〈企业研究开发费用税前扣除管理办法（试行）〉的通知》

58.《关于印发〈土地增值税清算管理规程〉的通知》

59.《关于印发〈征收个人所得税若干问题的规定〉的通知》

60.《关于印花税若干政策的通知》

61.《关于营改增后契税　房产税　土地增值税　个人所得税计税依据问题的通知》

62.《关于营改增后土地增值税若干征管规定的公告》

63.《关于在中国境内无住所的个人居住时间判定标准的公告》

64.《关于〈中华人民共和国消费税暂行条例实施细则〉有关条款解释的通知》

65.《关于资管产品增值税有关问题的通知》

66.《关于租入固定资产进项税额抵扣等增值税政策的通知》

67.《国务院关于废止〈中华人民共和国营业税暂行条例〉和修改〈中华人民共和国增值税暂行条例〉的决定》

68.《全国人民代表大会常务委员会关于修改〈中华人民共和国企业所得税法〉的决定》

69.《增值税一般纳税人登记管理办法》

70.《中华人民共和国车船税法》

71.《中华人民共和国车船税法实施条例》

72.《中华人民共和国车辆购置税法》

73.《中华人民共和国城市维护建设税暂行条例》

74.《中华人民共和国房产税暂行条例》

75.《中华人民共和国环境保护税法》

76.《中华人民共和国环境保护税法实施条例》

77.《中华人民共和国企业所得税法》

78.《中华人民共和国企业所得税法实施条例》

79.《中华人民共和国契税暂行条例》

80.《中华人民共和国契税暂行条例细则》

81.《中华人民共和国土地增值税暂行条例》

82.《中华人民共和国土地增值税暂行条例实施细则》

83.《中华人民共和国消费税暂行条例》

84.《中华人民共和国消费税暂行条例实施细则》

85.《中华人民共和国印花税暂行条例》

86.《中华人民共和国印花税暂行条例施行细则》

87.《住房公积金管理条例》

图书在版编目（CIP）数据

个人税务与遗产筹划/北京当代金融培训有限公司组织编写.—北京：中国人民大学出版社，2019.7
ISBN 978-7-300-27068-5

Ⅰ.①个… Ⅱ.①北… Ⅲ.①个人所得税-税收管理-基本知识-中国 ②财产继承-基本知识-中国 Ⅳ.①F812.424②D923.5

中国版本图书馆 CIP 数据核字（2019）第 131382 号

个人税务与遗产筹划
北京当代金融培训有限公司　组织编写
Geren Shuiwu yu Yichan Chouhua

出版发行	中国人民大学出版社		
社　　址	北京中关村大街 31 号	**邮政编码**	100080
电　　话	010－62511242（总编室）		010－62511770（质管部）
	010－82501766（邮购部）		010－62514148（门市部）
	010－62515195（发行公司）		010－62515275（盗版举报）
网　　址	http://www.crup.com.cn		
经　　销	新华书店		
印　　刷	涿州市星河印刷有限公司		
规　　格	185 mm×260 mm　16 开本	**版　　次**	2019 年 7 月第 1 版
印　　张	15.5　插页 1	**印　　次**	2022 年 4 月第 7 次印刷
字　　数	375 000	**定　　价**	46.00 元